国連を読む

私の政務官ノートから

田仁揆
Hitoki Den

The Japan Times

プロローグ

九月のニューヨークの空はどこまでも青くて高い。夏の湿気はどこかに去り、まるでパリパリと音がしそうな、さわやかでクリスプな空気が街を覆う。この時期、マンハッタンの中心部、イーストリバー沿いの東四二丁目と四九丁目に挟まれた国連本部では、一九三の加盟国の国旗が九月の涼風にはためき、夏の間枯れていた前庭の噴水にも水が張られ、毎年九月の第三火曜日に招集される国連総会に向けての準備が進められる。

総会は、国連にとっても、ホストシティであるニューヨークにとっても、一大イベントだ。加盟国の元首、政府首班、外務大臣などが一堂に会し一般演説が行われる九月下旬には、国連本部に面した一番街は封鎖され、一般車両の通行が止められる。さらに、マンハッタンの主だったホテルに宿泊している各国代表の移動のために、市内のあちらこちらで交通規制が敷かれ、ニューヨーカーたちは、そうした交通規制を報じるテレビのニュースを見ては、今年も「国連総会の季節が来たか」と思うのである。

総会期間中、国連本部では、国家元首や政府首脳を含む一九三カ国の代表によってさまざまな二国間や多国間の外交が繰り広げられる。国連事務総長は、言わば国連のホストであり、毎年百を超える国の代表との会談に臨む。事務総長の会談にあたっては、会談する相手のプロフィールから、その国の最新情勢、懸案事項の有無、そして国連として相手方に申し入れるべき点をまとめた想定問答集などの詳細な資料が準備される。そうした資料を作成するのが「政務官」と呼ばれる国連のプロフェッショナル集団だ。国連政務官にとって毎年九月は、一年で最も忙しい時期と言っても過言ではない。

私が国連政務官の仲間入りをしたのは、かれこれ四半世紀前に遡る。当時私は、東京で、英字新聞の報道記者として政治外交問題を中心に忙しく取材活動に従事していた。一九八三年からは外務省担当となり、「霞クラブ」（外務省記者クラブ）に在籍していた。そんなあるとき、外務省の知人から、「日本は国連予算の分担金負担率に比べて職員数が著しく少ない。国連で働いてみる気はないか？」とのお話を頂いた。元々ニューヨーク近郊で大学生活を送ったこともあり、私としても、将来機会があれば国際機関で働いてみたいという気持ちは持っていた。一九八五年には、数年ぶりに日本人職員の採用を目的とした国別の選抜競争試験が東京で行われることになったとのことで、その知人に背中を押される形で試験に挑戦した。

その年の国連競争試験は政務関連分野で、筆記と面接の二段階で実施された。筆記試験は時事問題に関する設問と、与えられたテーマについて自分の考えを述べるエッセイ方式の二種類からなり、エッセイ方式の問いには、自分の意見をとにかく書いて書いて書きまくった記憶がある。長文を書いたせいか無事筆記試験に合格し、続いて面接試験を受けることになった。面接試験では、筆記試験に合格した候補者がニューヨークの国連本部に招かれることもあったが、その年は、国連本部から人事担当の幹部数人が来日し、東京で面接が行われた。

幸いに、面接試験にもパスし、その数週間後には国連本部の人事部から競争試験合格の手紙を頂いた。ところが、国連職員への道は平坦ではなく、合格通知を受け取った二週間後には、再び国連から、財政難により総会が新規採用を含むすべての職員採用を凍結したとの通知が届いた。一九八五年当時、国連の財政は、アメリカの分担金未払いもあって破綻寸前の状況にあり、本部からの手紙にも、採用がいつ再開できるかはまったくわからないと書かれていた。

一九八五年は国連にとって創立四〇周年の節目の年であり、九月の国連総会には各国の首脳が参加した。日本からも当時の中曽根康弘首相が出席し、官邸記者クラブに在籍していた私も、首相に同行してニューヨークの国連総会を取材する機会を頂いた。その頃世界はまだ冷戦の真っ只中にあり、取材を通して見た、財政難にあえぐ国連への期待は決して高いものではなかった。総会出席者の間からも、国連の将来を憂い、果たして国連が創立五〇周年まで存続できるのか疑う声さえ聞こえたほどであった。

国連では、いわゆる「新卒採用」を行っていない。本来、専門分野での知識が求められる職場であることから、採用は空席が生じて初めて、それぞれの分野ですでに経験を積んだ人を対象に職員を公募する。したがって、財政難により採用が凍結されたということは、国連への就職に関する限り、将来の展望がまったく開けないという状況であった。私の場合は、東京でのジャーナリスト生活もすでに足掛け一〇年にわたり、責任ある仕事を任されていたこともあり、国連の採用凍結がすぐに自らの生活に影響することがなかったのが幸いであった。

競争試験に合格してから約三年が経ち、試験のことも忘れかけていた一九八八年四月のある朝、午前五時という異常に早い時間に自宅の電話が鳴った。受話器を取ると、先方は国連本部人事担当官だと名乗り、「あなたはまだ国連の仕事に興味があるか?」と尋ねてきた。半分寝ぼけた頭で、「まだ興味はある」と答えると、先方は「それではすぐにニューヨークに赴任して欲しい」とのこと。先方には、日本の社会では退社手続き、挨拶回りなどに相応の時間が必要で、すぐに赴任してくれと言われても少なくとも数カ月の猶予が必要だということを説明し、八月の赴任をめどに努力することで了解してもらった。

それからの約四カ月は、それまでの私の人生で最も慌ただしい時間だったと思う。日本でのすべての手続きを終えて、ニューヨークに赴任したのは暑さも峠を越し、そろそろ秋風が吹き始めた八月下旬であった。国連本部に出頭するその日も、ニューヨークの空は限りなく青かった。緊張と期待に胸をふくらませ、四二丁目の職員用通路から初めて国連事務局ビルに足を踏み入れた時のことは今でもよく覚えている。エレベーターで事務局ビルの三七階へ上がり、政治総会局のマリーベス・スパーロック総務部長に面会し、女史から初めて、私の配属先がハビエル・ペレス－デクエヤル事務総長の官房にある政治・総会担当事務次長室であり、私の直属の上司がアメリカ人のジョセフ・バーナー・リード大使であることなどの詳細なブリーフィングを受けた。私の所属するオフィスは、事務総長室がある国連事務局三八階の三八六二室であり、そこでリード大使およびその他の事務次長室の職員にも紹介された。その日、いくつもの書類に署名した私は、一九八八年八月二七日付で、正式に国連職員となった。そして、その日から、政務担当事務次長特別補佐官や政務官という立場での日々の活動を「政務官ノート」として綴り始めた。

国連は一九三の加盟国で構成される国際機構であり、そこでは大国と中小国、あるいは先進国と開発途上国など加盟国間の国益が衝突し、さらに加盟国と事務局との利害が複雑に絡み合う。そしてそれぞれが国連の政策形成および実施過程で協力し、かつ牽制し合う。本書は、私のそうした国際政治の現場での二五年余の経験とそこで書かれたノート（忘備録）やメモを基に、国連が国際平和と安全の維持という分野でどんな活動をしているかをまとめたものである。

第一章では、加盟国と事務総長を頂点とした事務局に反映される国連の二つの「顔」について、第二章から第四章までは、国連の主要機関として国際平和と安全の維持に役割を果たす総会、安全保障理事会と事務局について、第五章から第七章は、主に国連事務総長の役割と事務総長の外交努力を支える政務局の仕事について、第八章は地域機構などの国連のパートナーの役割について、そして第九章は、国連が抱える課題と挑戦に光をあてた。もとより、限られた経験で巨大機構国連のすべてを語ることなど望むべくもないが、本書が設立七〇年を迎えた国連をもっとよく知りたいという方々の一助になればと思う。

国連を読む　私の政務官ノートから

目次

第五章　三八階の住人たち――139

第六章　政務局の誕生――193

第七章　平和と安全を求めて――217

第八章　国連のパートナー――289

装丁　大森裕二
編集協力　佐藤淳子

第一章

二つの顔を持つ国連

国連の主要機関

国際連合（以下、国連）は今年設立七〇年を迎えた。人間で言えば古希である。七〇年の時は国連を取り巻く国際環境を一変させ、一九四五年に五一カ国でスタートした国連の加盟国は現在一九三カ国と四倍近くに激増した。しかし、国際平和と安全の維持という人類共通の願いを実現するという国連設立当初からの目的は変わっておらず、そのための多角間外交がニューヨークの国連本部を中心に日々続けられている。

国連には二つの顔がある。一つは、一九三の主権国家が構成する政府間機構としての国連。そしてもう一つは、事務総長を頂点とする国際官僚集団からなる国連。政府間機構としての国連は、加盟国が国連に派遣する国家公務員によって代表され、彼らはそれぞれの国の国連常駐代表部に外交官として席を置き、総会や安全保障理事会といった主要機関、あるいはその下部機関などでおのおのの国益を踏まえて国連の政策形成に携わる。そうした外交官とは違い、出身国の別にとらわれず事務総長にのみ忠誠を誓い、国際公務員として加盟国による国連の政策形成を側面から援助し、かつ決定された政策の履行にあたるのが事務総長率いる事務局だ。

国連憲章第七条は、（一）総会、（二）安全保障理事会、（三）経済社会理事会、（四）信託統治理事会、（五）国際司法裁判所、（六）事務局を国連の主要機関と定めている。

総会は国連の全加盟国によって構成され、議決にあたっては国の大小にかかわらずすべての加盟国が平等に一票を持つ。国連憲章の範疇に入るすべての事案について議論することができる、まさに人類の「議会」とも言える存在が総会だ。

憲章は国際の平和と安全の維持に関しては、その主たる責任を安全保障理事会に託している。安全保障理事会は、五つの常任理事国と総会によって選出される一〇の非常任理事国によって構成され、その決定が加盟国に対し拘束力を持つ唯一の国連機関である。

経済社会理事会は、総会によって選出される五四の加盟国によって構成され、経済、社会、開発、文化、教育、衛生などの分野で国際社会が抱える問題に関して、議論、研究および報告を行う。

信託統治理事会は、第二次世界大戦終結時に置かれた信託統治地域の住民の自立と独立を助ける機関として設立されたが、一九九四年に信託統治領として最後に残ったアメリカ領パラオが独立したことから、その実質的役割を終えた。本来であれば、役割を終えた機関は廃止されるべきだが、国連主要機関である信託統治理事会の廃止には全加盟国の三分の二の多数による国連憲章の改正が必要であることから、現在も「開店休業」の状態にある。憲章改正は単に三分の二の過半数を得ることの難しさのほかに、いざ改正するとなると安全保障理事会の改革など、他の機微に触れる政治問題に飛び火しかねず、そのため信託統治理事会の廃止問題も棚上げされているのである。

国際司法裁判所は、国連の主要司法機関であり、加盟国間に発生した紛争を裁判によって解決、あるいは法律的問題にアドバイスを与えることを主な役割としている。ニューヨークの国連本部ではなくオランダのハーグに置かれている唯一の主要機関であり、「世界裁判所」としても知られている。

六番目の主要機関である事務局は、ニューヨークの本部に加え、スイスのジュネーブ、オーストリアのウィーン、そしてケニアのナイロビなどに地域事務所を持っている。第六九回総会に提出された事務局の構成に関する報告書によれば、二〇一四年六月三〇日現在でニューヨークの国連本部事務局には六三八九人が、ジュネーブ事務所には三二二三人が、ナイロビ事務所には一七一一人が、そしてウィーン事務所には一一四七人の国際公務員が働いている。また、世界各地に散在する大小のさまざまな事務局の部署を含めると、職員総数は四万人以上になる。[1] こうした事務局職員の長として事務局全体を治めるのが事務総長だ。現在の潘基文事務総長まで計八人の事務総長が誕生している。事務総長は外交儀典上では外務大臣相当とされているが、実際は一国の首相あるいは元首と同等に扱われることが多く、その職務の重要性から「世界のトップ外交官」とも呼ばれている。

事務局以外の国連関連機関としては、開発途上国支援を目的とした国連開発計画（ＵＮＤＰ）や児童と母親を守る国連児童基金（ＵＮＩＣＥＦ＝ユニセフ）、食糧問題を担当する世界食糧計画（ＷＦＰ）、難民問題を主管する国連難民高等弁務官事務所（ＵＮＨＣＲ）や人権問題を扱う国連人権高等弁務官事務所（ＵＮＨＣＨＲ）など、総会決議によって総会の下部機関として設立された、いわゆる「ファンド＆プログラム」がある。さらに国連ファミリーの一環を成す専門機関には、近年エボラ出血熱など疫病対策で知られる世界保健機構（ＷＨＯ）、世界遺産の認定で知られる国連教育科学文化機関（ＵＮＥＳＣＯ＝

ユネスコ）や国際労働機関（ＩＬＯ）などがあり、国連全体の活動範囲は人類が直面するあらゆる問題と困難を網羅すると言ってよいほど広いものになる。しかし、国連本体であろうと関連諸機関であろうと、加盟国が構成する意思決定機関、そして加盟国に対し責任を負い決定された政策を履行する事務局という構成は基本的に変わらない。

鍵を握る加盟国と事務局の関係

国際平和と安全分野での国連の関与は、ある時は安全保障理事会や総会を構成する加盟国が主導する形で行われ、またある時は国連事務総長を頂点とする事務局の主導で行われる。いずれにしろ、加盟国と事務局間の緊密な連携が特定案件への国連の関与の成否を決める必要不可欠な条件だ。いかに加盟国が協調し、総会や安全保障理事会で効果ある政策形成をしても、事務局サイドにそうした政策の十分な執行能力がなければ政策の成功はおぼつかないであろうし、反対にいかに事務総長が問題解決のためリーダーシップを発揮しても、加盟国側に事務総長への政策、物質両面での支援を惜しまない政治的意思、あるいは用意がなければ問題の解決は不可能となる。

日々われわれが目にする「国連の顔」は、ある時は事務総長であったり、国連本部の事務局ビルであったり、またある時は安全保障理事会であったり総会であったりする。主権国家からなる国連、事務総長率いる国際官僚集団からなる国連、いずれも国連を代表する顔であり、国際平和と安全の維持にそれぞれが重要な役割を果たしていることは間違いない。そして、それぞれ違った立場にある「二つの国連」がニューヨーク本部でどんな仕事をしているのか、また加盟国と事務局がいかに有機的に連携、協力し、あるいは時として牽制し合うのかを理解することは、国連が現実にどう機能しているのか、そしてその可能性と限界を理解するうえで極めて重要だ。

ニューヨークにある国連本部

ニューヨークのマンハッタン島中心部、通称タートルベイ（亀の子湾）と呼ばれる東四二丁目から四八丁目と一番街とイーストリバーに囲まれた一八エーカーの敷地に建つ国連本部は、高層ビルが林立するマンハッタン島のスカイラインの中でもひときわ瀟洒《しょうしゃ》な佇まいを誇っている。高さ一五四メートル、三九階建ての事務局ビルを中心に、正面向かって右にはダグ・ハマショルド図書館、左には安全保障理事会や経済社会理事会などが入る会議場ビル、そしてさらにその左には巨大なドーム型屋根を頂いた白亜の大理石造りの総会ビルが並ぶ。ホスト国アメリカとの協定で、国連本部の敷地は「国際領土」とされ、国連事務総長の許可なくしては、アメリカの官憲も自由に出入りすることはできない。現在の本部ビルは一九四八年に建設が始まり、一九五二年に完成した。築五〇年を超え、さすがに老朽化が進んだことから、二〇一〇年五月に初の全面改修作業が始まり、二〇一四年までに事務局ビルや安全保障理事会、そして総会など主要施設の化粧直しが終了した。

全体を緑色ガラスと白い大理石で覆われた事務局ビルは、事務総長をはじめとする国際公務員が勤務する場だ。三八階には事務総長室、副事務総長室および事務総長官房が置かれ、政務局、平和維持活動局、人道問題調整室、経済社会開発局、法務部、広報局など事務局の主要部局がその他の階に配置されている。

(UN Photo 200707 by Yutaka Nagata)
国連本部

一方、加盟国から派遣された国連外交官たちは、国連本部近辺に配された常駐代表部にそれぞれ席を置き、国連本部で開催される会議に出席する。国連の会議予定は毎日の日報に掲載され、国連外交官たちは各人の担当する分野に応じて、総会や安全保障理事会の会議に出席するべく、代表部と国連本部を行き来する。

加盟国の中でも先進諸国、あるいは地域を代表する有力国は、おおむね国連本部に近いマンハッタンの一等地に常駐代表部を置いている。国連本部前の一番街を挟んだ向かいにはホスト国のアメリカの常駐代表部がその威容を誇っており、四九丁目にはドイツが自前の常駐代表部ビルを構えている。日本国国連代表部も四八丁目を挟んだ向かい側のツインタワービル内にあり、自前のビルでこそないが、恵まれたロケーションにある。一方、国連の加盟国の半数以上は人口一千万未満の中小国で、地理的に近い国同士が同じ賃貸ビルに代表部を置いていることが多い。各国の代表部の入口にはそれぞれの国旗が掲げられており、毎日国連本部前にアルファベット順に掲揚される一九三の加盟国の国旗と共にマンハッタンの国際性を彩っている。

本部がニューヨークに置かれた直接の要因は、一九四六年一二月、ジョン・D・ロックフェラー二世が当時食肉処理場だった現在の敷地を八五〇万ドルで購入し、ニューヨーク市に国連本部誘致のために寄贈したことだ。それまでニューヨーク以外にもサンフランシスコやニューヨーク郊外のウェストチェスター、ボストン、フィラデルフィアなどが新しい国際機関の本部候補地として検討されたが、そもそも本部をヨーロッパではなくアメリカに作る決定がなされた背景には、当時のアメリカ大統領フランクリン・D・ルーズベルトの第二次世界大戦後の新世界秩序構築への強い思い入れがあった。

機能しなかった国際連盟

国連憲章は「われら連合国の人民は、われらの一生のうちに二度まで言語に絶する悲哀を人類に与えた戦争の惨害から将来の世代を救い…[2]」といった書き出しで始まる。言うまでもなく、この一文には、第一次世界大戦と第二次世界大戦という大規模な戦争を経験し、二度とそうした戦争の惨禍を繰り返さないという人類の強い願望が込められている。

第一次世界大戦の終結を受けて開催されたパリ平和会議の結果、翌一九二〇年一月、国際社会はスイスのジュネーブに本部を置く国際連盟という国際組織を設立した。しかし、設立にあたって強い指導力を発揮したウッドロー・ウィルソン米大統領の願いも虚しく、アメリカ上院はアメリカの新しい国際機構への参加を認めず、国際連盟の命運は出だしからつまずいた。また、連盟の決定が加盟国に対し何の拘束力も持たなかったことは、結果として一九三〇年代のヨーロッパにおけるドイツのナチズムやイタリアのファシズム、そしてアジアにおける日本の軍国主義の台頭を許した。

一九三一年の満州事変に端を発した日本の満州侵攻に対し、国際連盟は調査団を派遣し、日本の満州における行為を侵略行為と認定するとともに、日本が満州から撤退するよう求めた決議案を採択した。日本はこの決議案を不服として一九三三年に国際連盟から脱退、またドイツも同年、欧州軍縮提案を拒否して連盟からの脱退を発表、さらにイタリアも一九三七年に、二年前のアビシニア（現エチオピア）侵攻を巡って科された経済制裁に抗議して連盟から脱退した。日、独、伊以外にも多くの加盟国が脱退する中、国際連盟は有効な手立てを講じることもできず、徐々に世界機構としての威信と有用性を失っていった。一九三七年、アジアでは日本の中国侵略となる日華事変が勃発、一方ヨーロッパでは一九三九年、ドイツのポーランド侵攻が始まり、人類の願いも虚しく国際社会は再び地球規模の戦争の惨禍に巻き込まれていった。

一九三三年、第三二代アメリカ大統領に就任したルーズベルトは、アジアとヨーロッパに再び戦火が広がる中、次第にイギリスおよび中国への経済支援を強めていき、アメリカ外交の舵をそれまでの中立主義から日本、ドイツ、イタリアなど枢軸国と対峙する方向へと切っていった。一九四〇年一二月二九日のラジオ放送で、アメリカを枢軸国の侵略と戦うための「民主主義の兵器庫」と位置づけたルーズベルト大統領は、翌一九四一年一月六日の議会施政方針演説で、言論の自由、信仰の自由、貧困からの自由、恐怖からの自由という「四つの自由」を全地球規模で確立するという外交政策を発表した。[3] この時点でアメリカはまだ第二次世界大戦に参戦してはいなかったが、ルーズベルトの議会演説はアメリカの戦争への立場を明確にするものであった。同年八月、ニューファンドランド島沖に停泊する英戦艦プリンス・オブ・ウェールズ上でウィンストン・チャーチル英首相と会談したルーズベルト大統領は、アメリカとイギリスの領土拡大意図の否定、領土変更における当事国の人々の意思の尊重、人々の民族自決権、自由貿易の拡大、経済協力の発展など戦争終了後の世界秩序構築に関する八項目の基本原則を盛り込んだいわゆる「大西洋憲章」に調印した。

日本の真珠湾攻撃によりアメリカが太平洋戦争に参戦した直後の翌一九四二年一月、ルーズベルトは枢軸国に対抗する二六カ国の代表を首都ワシントンに招き、枢軸国との徹底抗戦および大西洋憲章の順守を誓った「連合国宣言」を採択した。この連合国宣言の中で、枢軸国と戦闘関係にある国々に対し初めて「ユナイテッドネーションズ（United Nations）」という呼称が使われたが、ユナイテッドネーションズという用語は、そのワシントン会議の直前に開かれた米英首脳会談で、ルーズベルト米大統領とチャーチル英首相が相談してその使用を決めたとされている。[4]

ワシントンに集った二六カ国には、アメリカ、イギリス、ソビエト連邦と中華民国の当時の四強に加え、オーストラリア、ベルギー、カナダ、コスタリカ、キューバ、チェコスロバキア、ドミニカ共和国、エルサルバドル、ギリシャ、グアテマラ、ハイチ、ホンジュラス、インド、ルクセンブルク、オランダ、ニュージーランド、ニカラグア、ノルウェー、パナマ、ポーランド、南アフリカ、ユーゴスラビアが含まれていた。連合国宣言には、第二次世界大戦が終了するまでにさらに二一カ国が署名し、この四七カ国にデンマーク、白ロシア、ウクライナとアルゼンチンの四カ国を加えた五一カ国が、その後国連創設時の原加盟国となった。

新国際機構発足への道のり

連合国宣言の採択を受け、一九四三年から一九四四年にかけて、アメリカ、イギリス、中国、そしてソ連という当時の四大国を中心とした戦争終了後の世界秩序の構築に関する議論が本格化していった。一九四三年一〇月には、米英中ソ四カ国の外相がモスクワに集い、連合国宣言に沿って、国際連盟に代わる主権平等の原則に基づいた新国際機構をできるだけ早い時期に創設するとした「四カ国宣言」（通称モスクワ宣言）に調印した。[5]翌一一月には、ルーズベルト大統領、チャーチル首相と中国蒋介石総統によるカイロ会議が、同じく一一月にはルーズベルト大統領、チャーチル首相とソ連指導者ヨシフ・スターリンとの初会合がテヘランで開かれ、一九四四年八月には四強の代表がワシントン郊外ジョージタウンにあるダンバートン・オークス邸に集い、戦争終了後の新国際秩序および新しい国際機構設立に関する話し合いが持たれた。

ダンバートン・オークス邸は米外交官ロバート・ウッド・ブリス氏が所有していたが、一九四〇年にハーバード大学に寄贈され、第二次世界大戦中いくつもの外交会議の舞台となっていた。「国際的平和と安全機構に関するワシントン対話」と名付けられたダンバートン・オークス会議は、八月二一日から一〇月七日まで開催されたが、ソ連が中国との同席を拒んだことから、米英ソによる会議が八月二一日から九月二八日まで、米英中による会議は九月二九日から一〇月七日までと二段階で行われた。会議では新国際機構の目的、原則、構成、加盟国など幅広い問題が議論され、十月七日にはアメリカ、イギリス、ソ連、中国の代表によって「国際機関設立のための提案」が採択され、すべての連合国に提案された。

この提案はまず新国際機構が「ユナイテッドネーションズ（国際連合）」という名称の下に設立されることを定め、さらにその設立の主要目的を国際平和と安全の維持とし、平和への脅威の除去、侵略行為の鎮圧や平和を脅かす国際紛争の平和的解決を図るため、一致結束した効力ある施策を取ることとした。そして新国際機構の主要機関としての総会、安全保障理事会、国際司法裁判所および事務局の設立、さらに侵略の予防と鎮圧を含む国際平和と安全の維持や国際経済および社会協力などに関する取り決めなどを盛り込んだ新しい国際機構の憲章の制定が決定された。また、米英中ソの四カ国および将来のある時点でフランスが安全保障理事会の常任理事国となることも合意された。また、常任理事国五カ国と非常任理事国六カ国の一一カ国で構成される安全保障理事会の重要事項である「実質事項」の採決にはすべての常任理事国を含む七カ国の賛成が必要とされ、常任理事国の実質的な拒否権が認められた。[6]

（筆者撮影）
ダンバートン・オークス邸

ダンバートン・オークス会議で採択された国際機関の設立に関する提案は、翌一九四五年サンフランシスコ国際会議で採択されることになる国連憲章の土台を成すものであった。しかし、安全保障理事会の表決手続き、ソ連の構成国の新国際機構への加盟、信託統治に関する問題や自衛権に関する問題など若干の問題については明確な合意に至らず、新国際機構設立への最終的な詰めは、一九四五年二月、ルーズベルト、チャーチル、スターリンの三首脳がヨーロッパとアジアでの戦争をいかに終わらせるかを話し合ったヤルタ会談の場へと持ち越された。

スターリンはそれまでソ連の一六共和国すべての新国際機構への加盟を求めていたが、アメリカの強い反対に遭い、ヤルタ会談ではソ連に加えて白ロシアとウクライナが加盟することで合意ができた。[7] スターリンは、ルーズベルトの要請を受け、ソ連の新国際機構への参加を明言し、三首脳はダンバートン・オークス会議での提案に沿った形で、新しい国際組織設立のための憲章を準備する国際会議を、サンフランシスコで一九四五年四月二五日に開催することで合意したと宣言した。

ヤルタから戻ったルーズベルト大統領は、三月一日の議会演説で、アメリカは平和のための国際機構作りを戦争終結まで待つといった間違いを再び犯すことはないと述べ、国際機構の設立を急ぐ考えを協調した。[8] しかし、当時ルーズベルト大統領は病に冒されており、サンフランシスコ国際会議の開催を目前に控えた四月一二日、その六三年の生涯を閉じた。

加盟五一カ国で国連が誕生

ルーズベルトの死後、彼の国連設立の願望はハリー・S・トルーマン大統領によって引き継がれ、一九四五年四月二五日、アメリカの強いリーダシップの下、五〇カ国の連合国の代表が参加して「国際機関に関する連合国会議」がサンフランシスコで開催された。ダンバートン・オークス会議の提案に沿って、アメリカ、イギリス、ソ連、中国と共にフランスも当時の大国の一角に加わることが合意され、五大国が主導するその後の国連の枠組みが確認された。また、総会、安全保障理事会、国際司法裁判所、事務局と並んで、戦争終結後に新国際機構の信託統治下に置かれる地域を管轄する信託統治理事会と、経済社会問題が国際平和と安全に与える影響に鑑み経済社会理事会が国連の主要機関と定められた。

サンフランシスコでの会議には、当時のアメリカの理想主義と新国際機構への期待を反映して、公式な国務省の代表団に加えて民間からのコンサルタントやアドバイザーが数多く参加した。民間からの代表者は、特に教育、人権そして民間団体との協力に関する憲章の条文起草に影響を及ぼした。[9] 人権の尊重の必要性は憲章の序文を始め第一三、五五、六二、六八および七六条に盛り込まれ、政治や経済、文化などと並んで教育の重要性も憲章のいたるところで確認された。また憲章第七一条は、非政府組織（NGO）や民間団体に経済社会理事会との協議資格を正式に認め、将来の国連活動への民間団体の参加の道を開いた。

民間からの代表者の中には、ルーズベルト大統領によって米代表団の唯一の女性メンバーに任命されたバージニア・ギルダースリーブ女史がいた。ニューヨーク市にある名門女子大バーナードカレッジの学長を長く務めたギルダースリーブ女史は、国連憲章起草という作業の中で、世界の人々の生活水準の向上や人権の尊重を主張し、貧困からの自由や恐怖からの自由を含む、ルーズベルトが提唱した「四つの自由」という理想を国連憲章の中に反映していった。また女史は、国連憲章序文の書き出しにある「われら連合国の人民は、われらの一生のうちに二度まで言語に絶する悲哀を人類に与えた戦争の惨害から将来の世代を救い…」という一節を国連憲章に盛り込むことにも貢献したとされる。[10]

九週間に及ぶ起草作業を終えた六月二六日、国連憲章が五〇カ国の代表により調印され、その後サンフランシスコ会議に代表を送らなかったポーランドも国連憲章に調印し、五一カ国の原加盟国によってユナイテッドネーションズと呼ばれる新しい国際機構が発足した。国連の正式な設立は、憲章が五大国を含む過半数の国によって批准された一〇月二四日とされ、この日は「国連デー」として毎年ニューヨークの国連本部を始め世界各地で記念行事が行われている。

国連は日本語でこそ「国際連合」と称されるが、英語ではルーズベルトが提唱した「ユナイテッドネーションズ（United Nations）」、中国語でも「聯合国」であり、その意図したところは、第二次世界大戦時に枢軸国に対抗した連合国（Allied Powers）を中心とした世界秩序の構築を目指したものであった。こうした歴史的背景は憲章の中にも明確に反映されており、その象徴とも言えるものが、憲章の第五三条と一〇七条にある、いわゆる「敵国条項」だ。第五三条は地域機構による強制行動の発動は安全保障理事会の承認なしに行うことができないことを規定しているが、第二次世界大戦の敵国に関する強制行動は例外とされている。第一〇七条は、憲章の署名国が第二次世界大戦の敵国に対し取った、あるいは取ることを認められたいかなる行動も無効にしたり排除したりするものではないとしている。戦後七〇年が経ち、いずれの条項も事実上死文化しているとも考えられるが、第五三条、第一〇七条ともに、現在まで憲章から削除されていない。

また、第二次大戦後の国際政治の現実は国連創設時の理想からはほど遠く、戦後ほどなくして始まった米ソ間の冷戦により大国の協力を前提とした国際平和と安全の維持という構想はあえなく破綻した。冷戦下では米ソが国連安全保障理事会の舞台でも相互に拒否権を行使し合い、国連が本来意図された役割を果たすことはほとんど不可能であった。国連への加盟は、すべての平和愛好国に対し門戸が開かれているが、こうした冷戦の影響もあり、イタリアの加盟は一九五五年、日本の加盟は一九五六年、ドイツにいたっては一九七三年と、第二次世界大戦において連合国の敵国であった国々の国連加盟への道は必ずしも平坦ではなかった。

一九九〇年のソビエト連邦の崩壊による冷戦の終焉とともに、国連への期待が高まり、国連が世界平和と安全の維持に適切な役割と責任を果たせる環境は好転したかに思われた。しかしながら、現実の国際政治における加盟国、特に安全保障理事会の常任理事国間の利害の衝突は相変わらず存在し、国連の場を通して自らの国家利益をいかに最大限確保していくかという熾烈な外交戦は依然として続いている。そして国連事務総長は、政府間機構である総会や安全保障理事会の場で、そうした加盟国を相手に国連の中立的立場を維持しつつ、国際平和と安全の維持という究極の目標に向かって、「世界で最も不可能」と言われる仕事に従事しているのである。

第二章

総会——人類の議会

「人類の議会」

国連本部のほぼ中心部、一番街沿いの四四丁目から四六丁目までを占める大きなドーム型の屋根を有する白亜の建物が総会議場である。総会は、国連に加盟するすべての国が、その大小あるいは経済力の強弱にかかわらず、等しく一票により代表される唯一の主要機関であり、その決定には法的拘束力こそないが、地球市民の声を反映するという観点から「人類の議会」に最も近い存在とも言われる。三階建て総会ビルの二階と三階部分を占める総会議場は、国連本部で最大かつ議場内に国連の紋章を有する唯一の会議場である。

第一回総会は一九四六年二月一〇日から一四日まで国連の原加盟国五一カ国が参加して、ロンドンのウェストミンスター中央ホールで開かれた。ニューヨークの国連本部で開かれた最初の総会は、本部ビルが完成した一九五二年の第七回通常総会になる。総会を訪れる各国代表団は四四丁目の入口からエスカレーターで二階へ昇り、議場へ入る。約一八〇〇人を収容できる総会議場は長さ約五〇メートル、幅約三五メートル、高さ約二三メートル。議場の正面最上部には、黄金色に輝く国連の紋章を背に緑色の大理石でできた演壇があり、一段低い所には同じく緑色の大理石造りの演台がある。

会期中、演壇の中央には総会を主催する総会議長が、その向かって左隣には国連事務総長が、右隣には総会担当事務次長がそれぞれ座る。演壇の左右には表決を表す電光掲示板、そしてガラス張りの同時通訳者のブースが並ぶ。さらにその後方、総会議場の左右の側壁を飾るのは、米国国連協会を通じて寄贈されたフランスの芸術家フェルナン・レゲールの二枚の巨大抽象画だ。演壇の前には一九三カ国の代表団席が扇形に広がり、代表団席の両横には事務局幹部や専門機関代表の、また二階後方および三階にはプレスや傍聴人のための席が設けられている。代表団席については毎年開期前に行われるくじ引きでその年の議場左最前列に座る国が決められ、以下、英語のアルファベット順となる。各国代表団には前列、後列に三席ずつ計六席が与えられるが、加盟国の増加に伴い代表団席はかつての二階傍聴席にまで拡張され、議場最後部に席を割り当てられた代表団席からは演壇がはるか遠くに感じられる。

近年総会議場の手狭感は否めなくなってきており、二〇一三年には初の総会議場の全面改装が行われた。この年の第六八回通常総会は本部敷地北側に建てられた仮議場で開催され、新装なった総会議場のデビューは二〇一四年の第六九回通常総会となった。

重要な議長ポスト

総会は毎年九月の第三火曜日に開会し、会期の冒頭、正副議長および主要委員会議長が構成する一般委員会が、その年の暫定議題を審議し総会に勧告する。総会を主催する議長および二一人の副議長、ならびに六つの主要委員会の委員長は、通常総会が開かれる遅くとも三カ月前までに、総会により決められる。地理的均等配分の原則にのっとり、アフリカ、アジア太平洋、東欧、ラテンアメリカとカリビアン、西欧とその他の各地域グループでまず調整され、一年の任期で、それぞれ持ち回りで選出される。[11] 直近では、第六七回総会の議長は東欧からセルビアのブーク・イエレミッチ氏、第六八回総会はラテンアメリカとカリビアンからアンティグア・バーブーダのジョン・アッシュ氏がそれぞれ選ばれ、二〇一四年六月一一日にはアフリカグループからウガンダのサム・クテサ外相が第六九回総会の議長に全会一致で選出された。

総会議長は一見儀礼的なポストと見られがちだが、本会議の主催および運営や全加盟国を代表する主要機関の長として行う数々の国家元首や首相およびその他各国政府の要人との会談、そうした会談を通して得られる膨大な量の情報、さらに、総会の円滑な運営を図るために重要な局面で議長に期待される斡旋、国連改革や特定のテーマに絞った事案を討議する非公式グループの設置等々、その役割には単なる儀礼的なもの以上に重要なものがある。

議長を補佐する副議長はアフリカ地域から六名、アジア太平洋地域から五名、ラテンアメリカとカリビアン地域から三名、西欧とその他地域から二名、東欧地域から一名、さらに安全保障理事会常任理事国五カ国からそれぞれ一名ずつ任命され、その年議長を輩出した地域から割り当てが一名減らされて二一人となる。また国連の慣例により、安全保障理事会の常任理事国を務める五大国からは議長を出さないことになっている。

六つの主要委員会

総会では、国連憲章に定められた趣旨と目的に従い、国際社会の平和と安全を含む人類が直面するほとんどすべての問題が議論される。それだけに議題の数も膨大だ。総会改革の一環として議題数を減らす努力はされているものの、毎年一六〇を超える議題が採択され、総会の本会議ならびに主要委員会に付託される。

総会には六つの主要委員会があり、それぞれ担当する分野が決まっている(左表)。

通常、第一委員会は一一月初旬、第四委員会と第六委員会は一一月中旬、第二委員会と第三委員会は一一月下旬、そして第五委員会は一二月中旬までにすべての審議を終え、各事案に関する決議案あるいは決定を採択する。また、どの委員会にも付託されず総会の本会議で直接審議される議題も多く、総会の集中審議は毎年九月から一二月にかけて続く。

議題によっては、加盟国の国益がぶつかり合い、委員会での審議が難航し、審議の終了が大幅に遅れることもある。特に、予算を審議する第五委員会では、予算案の採択がクリスマス休暇直前までずれこむことや越年してしまうこともしばしばある。各主要委員会で採択された決議案や決定はその後、総会本会議にかけられ、正式に総会決議案あるいは決

主要委員会の担当分野

第一委員会	軍縮・安全保障
第二委員会	経済・金融
第三委員会	人権・人道・文化問題
第四委員会	特別政治問題
第五委員会	行政・予算
第六委員会	法律

定として採択される。総会の会期は、一九八九年の第四四回通常総会以降、毎年九月から翌年九月までと定められ、一二月のクリスマス休暇を挟んで、集中審議期間に積み残した議題や新しい議題の審議のために再開される。

投票vsコンセンサス方式

総会の意思は、決議案あるいは決定という形で表明される。決議案や決定は、国際平和と安全に関する勧告、新加盟国の承認、安全保障理事会非常任理事国や経済社会理事会など国連主要機関および総会下部機関の選挙、通常予算の採択などの実質事項は三分の二の多数、それ以外の問題は過半数をもって採択される。安全保障理事会の決議案と違い、総会の決議案は法的拘束力を持たない。しかしその一方で、国連に加盟する一九三の国が一堂に会する総会の決定には世界の声を代弁する力がある。

全加盟国の意思を普遍的に表すことが望まれる場合、決議案や決定はコンセンサス方式で採択される。決議草案がコンセンサスで合意されると、議長がその旨を説明し無投票での採択を宣言する。一方、投票で表決が行われる場合は、各国代表団はそれぞれの席にある青、赤、黄色のボタンを押し、賛成、反対、あるいは棄権の意思表示をする。投票結果はすぐさま総会議場演壇の左右に設置された電光掲示板に国名とともに表示される。一般に、加盟国すべての意思が全会一致で表示されるコンセンサス方式が良しとされるが、あまりにコンセンサスに固執すると、肝心の決議案の内容が加盟国間の妥協を得んがために薄められ、結果、全会一致で採択されても、加盟国間の「最低公約数」を反映するばかりの意味のないものになってしまう危険性もある。

一方、加盟国間の調整がつかずコンセンサス方式が不可能な場合は、決議案や決定の採決は投票に持ち込まれる。こうした場合、たとえ決議案や決定が採択されても、全地球的な意思の表示という総会の持つ強みが失われることになる。また、選挙は原則秘密投票で、事務局職員が代表団席を回って投票用紙を回収し、総会議場裏の小会議室で集計した後、結果を総会議長が発表する。

「平和のための結集」決議

国連憲章第一〇条は、「総会は、この憲章の範疇にある、またはこの憲章に規定されている機関の権限および任務に関連するあらゆる問題もしくは事案を討議し、かつ第一二条に規定される場合を除き、このような問題または事案について国連加盟国もしくは安全保障理事会、またはこの両者に対して勧告することができる」と総会の責務と権限を定めている。憲章第一二条は、国際平和と安全に関する事案については安全保障理事会に審議の優先権があることを認めており、従って、総会は国際平和を脅かす恐れのある紛争もしくは事態が安全保障理事会によって審議されている間は、その事案に関する勧告をすることができない。

しかし、安全保障理事会が常任理事国による意見の不一致、さらに拒否権の行使により国際平和への脅威、平和の破壊、あるいは侵略行為に対して機能不能に陥った場合はこの限りでなく、総会はただちにそうした脅威あるいは事態を討議し、国際平和と安全の維持および回復に必要とされる武力行使をも含む集団安全保障措置を加盟国に対し勧告することができる。

この総会の権限は一九五〇年一一月三日、朝鮮戦争最中の安全保障理事会におけるソ連による拒否権の行使に対抗して採択された「平和のための結集」決議にその基をたどり、安全保障理事会の九カ国の要請、または国連全加盟国の過半数の要請により「緊急特別会期」（緊急総会）が二四時間以内に招集されるとしている。[12] 一九五〇年六月二五日の朝鮮戦争勃発時、ソ連は国連による中華人民共和国政府の未承認に抗議してたまたま安全保障理事会をボイコットしており、このためアメリカ主導による国連軍の介入を認める決議案の採択が可能となった。しかし一九五〇年八月、ソ連が安全保障理事会に復帰するや、ソ連の拒否権により理事会はたちまち機能不能に陥った。こうした状況下で採択された「平和のための結集」決議案は、決して安全保障理事会の国際平和と安全に関する優位性を否定するものではないが、同時に総会がこの分野で果たす責務と権限を確認したものと言える。

総会による緊急特別会期は現在まで一〇回設定されており、第一回会期は一九五六年十一月一日から一〇日まで、第二次中東戦争（スエズ危機）をめぐって、当事者の英仏二常任理事国による安全保障理事会での拒否権行使を受けて開かれた。第二回会期は、同じく一九五六年一一月にソ連によるハンガリー侵攻、第三回会期は一九五八年八月に米英を巻き込んだレバノン危機、第四回会期は一九六〇年九月にコンゴ危機、第五回会期は一九六七年六月に中東六日戦争、第六回会期は一九八〇年一月にソ連によるアフガニスタン侵攻、第七回会期は一九八〇年七月にイスラエル-パレスチナ紛争、第八回会期は一九八一年九月に南アフリカによる南西アフリカ（ナミビア）の占領、そして、第九回会期は一九八二年一月にのイスラエルによるゴラン高原の占領をめぐってそれぞれ開かれた。

直近の第一〇回会期緊急特別総会は、一九九七年四月二四日にカタールよって提起され、加盟国過半数の要請によって「占領下にある東エルサレムおよびその他のパレスチナ領土におけるイスラエルによる非合法活動」について開かれた。この特別会期は休会こそすれ、いまだ閉会されておらず、一九九七年以降必要に応じて再開され、この議題に関する討議を断続的に続けている。[13]

パレスチナ問題は、国連創設以来長く議論されている事案の一つだが、一九八九年の通常総会では、アメリカが明らかにイスラエルへの配慮から、パレスチナ問題討議のために招かれた当時のアラファト・パレスチナ解放機構議長のアメリカへの入国を拒否した。国連の会議には、原則すべての国連の加盟国やオブザーバー、あるいは国連に招かれた機構や団体が代表を送ることができ、ホスト国のアメリカは、国連との協定の下、国連の会議出席者に対し速やかにビザを発給することが求められている。アラファト氏は一九七四年の総会にも招かれていたことから、アメリカの決定はアラブ諸国を中心に国連加盟国の反発を招き、総会は直ちにこのアメリカの決定を無効とする決議案を一九三対二で可決、総会をスイスのジュネーブに移し、アラファト氏の演説を聞くという事態に至った。[14]

総会が国際平和と安全の維持に関する問題を直接取り扱うことは決して多くはないが、常任理事国の拒否権により安全保障理事会がその本来の責務を果たせないとき、地球上のほとんどすべての国を代表する唯一の主要機関としての決定および意思の表明は、全世界の意見としての道義的重みを有し、国際平和と安全の維持に果たす役割も安全保障理事会とはまた違った意味で重要なものがある。

国際社会の方向性を示す

総会は、人類が直面する議題を審議し、全加盟国を代表する主要機関として国際社会全体が進むべき方向性を示すという重要な役割も果たしている。例えば、一九四八年に総会で採択された国際人権宣言は、憲章が定める基本的人権の擁護を体現したもので、その後の人権条約や加盟国の憲法、法律にも大きな影響を与えた。開発分野では、一九七〇年の第二五回総会は、先進国が少なくともGNPの〇・七パーセントを開発途上国向けのODAに振り向けるよう勧告する決議案を採択した。[15] 残念ながら、この目標は現在でもノルウェー、スウェーデンやデンマークなどほんの一部の先進国によって達成されているにすぎず、第七代事務総長のコフィ・アナン氏が「より大きな自由」と題する報告書の中で、二〇一五年までの達成を呼びかけている。[16] また、二〇〇〇年のミレニアムサミット（二〇〇〇年祭記念総会における首脳会議）で採択されたミレニアム開発目標（Millennium Development Goals: MDG）は、二〇一五年までに一日一米ドル以下の収入しかない貧困層の半減、飢餓の絶滅や子どもたちの教育、衛生など開発分野の八つのゴールを設定した。貧困や格差がしばしば紛争の根源的理由を成していることを考えると、その重要性は単に経済および開発分野にとどまらず、国際平和と安全の分野にも大きな影響を与えるものであった。

一般演説は総会の華

毎年九月下旬に開かれる一般演説は各国首脳が一堂に集う国連外交の華だ。恒例により、まずブラジル代表、そして二番目にホスト国を代表してアメリカ大統領が演説し、一九三の加盟国代表による華やかな国連外交の幕を切って落とす。アメリカ大統領や有力国の代表の演説時には、総会議場の約一八〇〇席のすべてが各国代表団、事務局幹部や国連専門機関の代表、非政府組織（ＮＧＯ）代表およびプレスで埋まる。近年一般演説に参加する国家あるいは政府の長は毎年百人を超え、その数は外務大臣やその他の政府高官をしのいでいる。

また、一般演説の直前に特定のテーマに絞った政府首脳レベル会議が開かれることもあり、例えば二〇〇〇年に開かれたミレニアムサミット、その五年後に開かれた国連世界サミット（第六〇回記念総会首脳会議）にはそれぞれ、一五〇前後の国から元首あるいは首相が参加した。二〇一二年の第六七回通常総会では、一般演説に先立って、法の支配に関する会議が、また次の第六八回総会では、障害と開発問題に絞った会議が開かれ、それぞれ多くの国家元首や首相の参加を見た。

一般演説には、会期ごと総会議長によって時宜にかなったテーマが提案され、各国代表が演説の中でそれぞれ自国の考え方や支持を表明する。二〇一一年の第六六回総会には、「紛争の平和的手段による解決における調停の役割」、第六七回総会では「国際紛争およびそれに準じる事態の平和的手段による調整および解決」、そして第六八回総会では、二〇〇〇年のミレニアムサミットで採択されたミレニアム開発目標が終了する「二〇一五年以降の持続可能な経済成長のための開発戦略」がそれぞれ提案された。

約一〇日間続く一般演説の前半は、多くの有力国の大統領や首相が、ブラジル、アメリカに次いで演説し、外務大臣や常駐代表による演説は後半に回される。一般演説の順番は通常、外交儀礼にのっとり、国王や大統領などの国家元首、政府の長である首相、外相など閣僚級の順になり、同格の場合は、申請順と過去の慣例が加味されて決められる。大統領や首相が演説する際は演壇の主催者席には必ず総会議長が座るが、外相級の代表になると二一人の副議長が交代で議長席に座ることが多い。

一般演説を行う各国首脳および代表は、演説時間が迫ると、自国の代表団席を離れ総会議場裏にあるGA－200と呼ばれる控え室で待機する。そして自分の番が回ってくると、総会議場正面向かって左側のドアから国連儀典長に先導されて議場に入り、まず演壇端に用意されたいすに着席する。黄金色に輝く国連の紋章を背に緑の大理石でできた演台があり、演台を見下ろす一段高い主催者演壇席の中央に総会議長、向かって左隣に国連事務総長、右隣には総会担当事務次長が座る。議長による紹介を待って、演説人は再び儀典長の先導により登壇する。

演説は、議場の側面にあるガラス張りのブースに陣取る同時通訳者によって国連の公用語である、英、仏、西、中、露、アラブの六カ国語に翻訳される。演説時間に特段の取り決めはないが、慣例上一人一五分を目処とすることが奨励されている。一四分を過ぎると演台にある緑のランプが黄色に変わり、さらに一分後には赤いランプが点滅を始め、演説人に持ち時間が終了したことを知らせる。[17] しかし、演説がきっかり一五分で終わることはまれで、数分の誤差は頻繁に生じる。また、各国首脳の中には赤ランプの点滅をものともせず演説を続ける強者も少なくなく、二〇〇九年の総会では、一般演説初日に登壇したリビアの指導者カダフィ大佐（当時）が九六分間にわたって話し続けた。また、一九六〇年の総会では、キューバのカストロ首相（当時）による四時間二九分というとてつもない記録も残っている。[18]

演説を終えた各国代表は、再び儀典長に先導されGA－200から議場を出る。一般演説期間中、国連を訪れる各国政府代表の多くは分刻みのスケジュールで動いており、演説

(UN Photo 27811 by Sophia Paris)
総会議場

を終えると次の行事に出席するために総会議場を後にする。国連は外交儀礼の総本山であるから、演説が終わるたびに各国代表が演説人への敬意と称賛あるいは演説国への支持を表すために握手を求めて席を立ち、時として演説を終えＧＡ－２００から議場出口へ向かう演説人に祝辞や敬意を表さんとする各国代表による長い列ができることもある。議長は各国代表にこうした外交儀礼を慎み、速やかな着席を促すが、次の演説開始が遅れたり、議場に多くの空席がが生じたりする事態になる。

演説時間は時の運

一般演説期間中、本会議は月曜日から土曜日まで毎日、午前の部は九時から一時半、午後の部は三時から七時半まで開かれるが、午後の部は原則としてその日予定されている演説が終了するまで続く。何しろ一九三カ国の代表が一堂に集う総会であるから、単純計算でも毎日二〇人以上が演説することになり、どうしても会議の進行予定には若干のずれが生じてくる。午前の部では、午後一時を過ぎると各国の主席代表や大使は予定された昼食会などさまざまな行事に出席するため次々と議場を離れ、代表団席に残るのは常駐代表部の書記官のみということになる。主催者として演壇に座る総会議長も一般演説期間中の昼にはさまざまな催しが予定されており、二一人いる副議長の一人に後を任せて議場を去る。国連事務総長もまたしかり。このため、午前の部の一二時過ぎに演説の順番が予定されている国の代表は、なんとか一時前に演説を終了できるよう願うことになる。午後の部でも事情は変わらず、夕方六時を過ぎると各国代表、総会議長や事務総長は夕食会やレセプションなどに出席するために議場を離れる。不幸にしてこうした時間や土曜日に順番が来た人は、代表団席がまばらな議場で演説を行うことになる。

また、各会期では往々にして、特に注目を集める国の代表や弁舌爽やかに時宜を得た題目について演説する代表がいる。第六六回総会では、一般演説三日目の午前の部で演説したパレスチナ自治政府のアバス評議会議長がパレスチナの国連加盟に意欲を示し、総会の喝采を受けた。演説終了後は、アバス氏へ敬意を払うため握手を求めて多くの代表団が席を離れ、議場外には長い列ができた。たまたまアバス氏の後に演壇に登場したのが日本の野田佳彦首相（当時）で、演説が日本語で行われたこともあり、議場には空席が目立ち、代表団の反応も冷めたものとなった。演説を国連の公用語以外で行うことは可能だが、そうした場合、総会に出席している各国代表は同時通訳を通して演説を聞くことになる。また翻訳文も配布されるので、ほかに所用がある場合どうしても議場でその人の演説を聞こうという気持ちが薄くなる。

二〇一四年の第六九回総会に出席した安倍晋三首相は、日本の総理大臣には珍しく英語で演説を行った。演説人の言葉をそのまま肉声で聞くことは、インパクトの面でやはり違いが出るもので、久しぶりの「顔の見える」日本の指導者の登場に国連関係者の反応も上々だった。いつどの順番で演説するかは運にも左右されるが、一般演説が全世界に向けてメッセージを発信する場であることを考えると、やはり、日本語より英語で直接話すことが極めて重要だろう。

廊下外交の有用性

総会の公式会議での発言は、本会議、主要委員会を問わず、一般に、演説または声明といった形を取り、各国代表団がそれぞれ自国の立場あるいは政策を明らかにする。まれに答弁権を行使して、ある特定の発言に対し反論することもあるが、一九三カ国の代表が出席する会議だけに発言はおおむね一方通行で、総会が特定案件について本来の意味での議論や対話に従事することはあまりない。

非公式会議になると若干事情が異なる。事案によってはごく少人数の会議も開かれ、そこでも、自国の立場や政策についてあらかじめ準備された声明を読み上げて表明することが多いが、決議案作りなど本音の意見交換が必要な場合は、それぞれの事案のリード国、あるいは決議案の提案国が中心となって少人数の非公式協議を行い、そうした場で作られた決議案の草案が、全加盟国が参加する非公式協議や公式会議で調整されていく。

総会が採択する決議案や決定は加盟国に対し法的拘束力を持たないことから、総会はしばしば単なる「トークショップ」と揶揄される。しかし、不完全ながらも、地球上のほとんどすべての国を網羅し人類の意見を反映することができる機関としての総会の真の重要性は、一九三カ国の首脳や外相が一堂に会する場所を、そしてそうした代表たちが総会議場の外でいわゆる「廊下外交」に従事する機会を提供していることにある。

一般演説期間中は、国連の会議室、総会議場に隣接する代表団ラウンジ、同じく小規模ながらもより静かで寛いだ空間を提供するインドネシア・ラウンジ、会議場ビル地下のヴィエナ・カフェ、会議室外の廊下、各国代表が滞在するホテルなどありとあらゆる場所で、二国間や多国間会談が開かれる。さらに、事務総長、総会議長や安全保障理事会の議長、あるいはまた各代表団が主催する数々のレセプション、午餐会や夕食会といった場でも出席者の間で非公式な会談が行われる。一般演説期間中に代表団ラウンジやヴィエナ・カフェに数時間いれば、一〇数カ国の首相や外相に会えるとも言われる。こうした場を提供する国連総会は、特に財政的にも苦しい途上国の代表にとって、各国首脳との会談のために多くの国の首都を訪ねる時間と費用を節約してくれる大事な外交行事なのだ。

事務総長のスケジュールは超過密

一般演説期間は国連事務総長にとっても一年で最も忙しい時期だ。総会に参加する各国代表はほぼ例外なく事務総長との会談を要求するが、一九三カ国の代表すべてと二週間弱の一般演説期間中に会うことは物理的に不可能だ。そこで、事務局が事前に各国代表のレベル、それぞれの国の国連に対する役割や貢献、懸案事項の有無、あるいは地域の平和と安全への貢献などを考慮して事務総長が会談に応じる国を推薦し、決定する。最近は、一般演説の前にさまざまなテーマに絞った政府首脳による高級会談が開かれることが多くなり、その影響もあり事務総長の会談件数は年々着実に増えてきている。国別の会談や多国間の会議、さらには各国首脳との午餐会や晩餐会などを含めると、毎年百を超える会談が設定される。

個別の会談は、事務局ビル三八階にある事務総長会議室か、総会議場演壇裏のGA－200にある事務総長会議室のいずれかで行われるが、いかんせん百を超える会談を二週間弱の期間でこなすので、個々の会談は二〇分、通訳が入るので実質一〇分という慌ただしいものになる。すべての事務総長の会談には、事務局が作成する想定問答が準備され、限られた時間内で国連として伝えたいメッセージを最も有効に発信する努力が繰り返される。

華やかな一般演説もさることながら、事務総長と各国首脳との会談、あるいは総会期間中にあちらこちらで繰り広げられるさまざまな二国間・多国間会談こそ国連外交の真髄と言っても過言ではない。

加盟国の増加

総会の力は、全世界のほとんどすべての国を網羅するという普遍性にあり、その意味でも、わずか一五カ国からなる国連のエリートクラブともいえる安全保障理事会とは対極にある。冷戦の終焉は東欧ならびに中央アジアに多くの独立国を誕生させ、こうした国々の国連加盟は総会の普遍性をいっそう高めることとなった。一九四五年に五一の原加盟国によって発足した国連だが、加盟国数は一九五〇年代と六〇年代には毎年数カ国ずつ増加し、一九五五年と一九六〇年に第二次世界大戦後の非植民地化の流れの中で独立を勝ち得た多くのアジア、アフリカの国がそれぞれ一挙に一七カ国ずつ加盟した。ちなみに、筆者が事務局に奉職した一九八八年の国連加盟国数は一五九であった。それが一九九一年に南北朝鮮、エストニア、ラトビアなど七カ国、一九九二年にはアルメニア、アゼルバイジャン、カザフスタン、タジキスタン、ウズベキスタンなど一三カ国、一九九三年にさらにアンドラ、モナコなど五カ国、それ以降も毎年数カ国が加盟し、二〇一一年の南スーダンの加盟をもって加盟国数は一九三に達した（二〇一四年現在）。

もとより国連憲章はすべての「平和愛好国」に対し国連への門戸を開放しており、総会議事運営規則第一三四条は、「国連加盟を望み、国連憲章に定める義務の受諾を公式に宣言するいかなる国も、国連事務総長に対して加盟申請を行うことができる」としている。国連加盟申請がなされると、事務総長は速やかに総会および安全保障理事会に通知し、安全保障理事会は議事運営規則第五九条の規定にのっとり、理事会の加盟問題に関する委員会で討議する。加盟申請国が「平和愛好国」であり、かつ国連憲章の義務を履行する意思および能力を有すると判断されると、安全保障理事会は総会に対して加盟支持の勧告を行う。これを受けて、総会は当事国の国連加盟を三分の二の多数をもって承認する。

加盟申請と政治問題

米ソの対立による冷戦下では、国連加盟申請はしばしば政治問題化され、安全保障理事会で、米ソ両国、あるいは他の常任理事国による拒否権の行使によって、ある国の国連加盟が不当に阻まれたり遅らされたりすることは珍しいことではなかった。事実、一九五四年から四年間には国連に加盟できた国はなく、一九五二年に申請された日本の国連加盟も一九五六年になってようやく実現する有様であった。また、東西ドイツは分断国家であるがために、それぞれの国連加盟は一九七三年になってやっと実現し、一九九〇年の東西両ドイツ統一を待って一つの加盟国に統一された。

同じく分断国家である南北朝鮮の場合は、冷戦後の国際関係の緊張緩和を受けて初めて両者の国連加盟が現実味を持つこととなった。当時筆者は、総会担当事務次長の特別補佐官として、南北朝鮮の国連加盟問題にもかかわったが、まず一九九〇年に韓国が、冷戦後の国際関係の好転、特に対中ソ両国との関係改善を受けて、自らの国連加盟の意思を鮮明にした。北朝鮮は従来、両朝鮮の国連加盟は朝鮮半島の分断を恒久化するものとして反対しており、万一加盟するのであれば南北の統一議席の下に共同加盟するべきだと主張していた。しかし、一九九一年四月のソ連ミハイル・ゴルバチョフ大統領(当時)の電撃的な韓国訪問や、中国と韓国の関係改善を受け、中ソ両国が韓国の加盟申請に安全保障理事会での拒否権を行使しないことが明らかになってくると、北朝鮮もさすがにその立場を微妙に変化させ、南北両朝鮮の国連加盟に積極的態度を見せ始めた。

両国は、いかなる意味でもそれぞれの待遇に差が出ることを良しとせず、特に北朝鮮は、もし両国の加盟申請が別々になされ、かつ北朝鮮の加盟申請が韓国の後になった場合、アメリカが安全保障理事会で拒否権を行使するのではないかということを最も心配した。こうして両朝鮮の加盟申請をいつ、どのように審議し承認するかという問題が最後まで残ったが、両国間の首脳レベルを含む公式・非公式の協議、国連事務総長による非公式な斡旋、そして両国と安全保障理事会の常任理事国および総会の主要国との非公式な意見調整などを経て、一九九一年夏には、南北両朝鮮による国連加盟申請は個別に審議されるのではなく、同一の決議案で両国の加盟を一括に審議・承認することが最善との了解ができた。こうして安全保障理事会は、八月八日にまず決議案七〇二号で両国の国連同時加盟を勧告し、それを受けて総会が九月一七日の第四六回通常会期の冒頭、第一回本会議で満場一致で決議案を採択し、ここに大韓民国と朝鮮民主主義人民共和国の国連同時加盟が実現した。[19]

冷戦が終焉した一九九〇年以降は、国連加盟申請は諸般の手続きにのっとって粛々と行われ、前述のように多くの国が国連加盟を果たした。しかし現在でも、加盟申請当事者が政治的に機微な問題の渦中にある場合、国連加盟問題は政治化し、安全保障理事会で常任理事国による拒否権の行使、あるいは常任理事国間の合意の欠如により、その国の国連加盟が阻まれることがしばしばある。

例えば中国に関しては、国連に関する限り加盟問題は中国の代表権問題であり、一九四五年国連発足時の中国は中華民国であった。しかし、一九四九年に中国大陸に中華人民共和国が設立された以降も、冷戦下の国際情勢下、台湾に移った国民政府が一九七一年秋まで引き続き中国の正統政府として国連の議席を占めた。この間、世界最多の人口を持つ中華人民共和国は国連の場で代表権を持たないという変則事態が続いた。中国代表権問題は、一九七一年の国連総会で決着し、中華人民共和国が中国の正統政府として国連での議席を占めることとなった。[20] その一方で今度は、中華人民共和国の実効支配の及んでいない台湾の二三〇〇万の人々が国連の供与するさまざまな便宜を受けることができないという事態が出現し、現在まで続いている。台湾当局は現在まで数度となく国連に加盟する意思表明を行ったが、「一つの中国」の原則を堅持する中国の反対で台湾の国連加盟問題はいまだに総会の正式議題にすら取り上げられていない。国連の加盟国の半数以上が人口一〇〇〇万未満だということを考えると、総会の普遍性からも、この問題が中国と台湾双方の対話を通して解決されることを期待したい。

また、分断国家ではないものの、パレスチナ自治政府の国連加盟もいまだ達成されていない。二〇一一年第六六回総会冒頭にパレスチナ自治政府のアバス議長は、国連事務総長への書簡の中でパレスチナ国家としての国連加盟を申請したが、安全保障理事会はイスラエルを支持するアメリカの反対で勧告を見送った。そこでパレスチナ自治政府は、従来の一組織としての総会オブザーバーの地位を国家としての総会オブザーバーへ格上げすることを要請し、翌年の第六七回総会でパレスチナの国家としてのオブザーバーの地位が認められた。国家としてのオブザーバーには、ほかにバチカン市国があり、総会で投票権を持たないという点以外、実質的に加盟国と同様な権利を享受している。

数は力なり

こうした加盟国の増加は、すべての加盟国が等しく一票によって代表される総会の影響力を高め、特に安全保障理事会における大国支配を嫌う中小国の拠り所となっている。国連では、あらゆる面で均等な地理的配分の原則が尊重され、加盟国は通常それぞれの地理的所在地でアフリカ、アジア太平洋、東欧、ラテンアメリカとカリビアン、そして西欧およびその他の五つの地域グループのいずれかに所属する。最大のアフリカグループには五四カ国が参加し、次がアジア太平洋グループの五三カ国、以下、ラテンアメリカとカリビアングループの三三カ国、西欧およびその他グループの二九カ国、東欧グループの二三カ国と続く。[21]

地域グループはあくまで非公式であり、それぞれの地域に属するすべての国を網羅しているというわけでは必ずしもない。例えばアジア太平洋グループといっても、地理的には東は日本から西はサウジアラビアまでの広大な地域を含み、政治的、文化的にも、また宗教的にも異なるさまざまな国々が属している。また、太平洋地区の小さな島々の国の利害は他のアジア諸国のそれとはおのずから異なってくる。イスラエルは地理的にはアジアにあっても、政治的にイスラム教国が多いアジアグループとは相容れず、二〇〇〇年以降、アメリカ、オーストラリアやニュージーランドなどの国々を含む西欧およびその他グループに属している。また、太平洋にあるキリバス共和国は国連に常駐代表を置いていない唯一の国で、アジアグループにも参加していない。

国連にはこうした地域グループを超越するさまざまな組織も存在し、その代表的な存在としてG77がある。一九六四年、七七の開発途上国により、主に国際経済での集団的利益を図ることを目的に結成されたことから今でもG77と呼ばれるこのグループには、二〇一三年現在、国連全加盟国の約三分の二にあたる一三三の国が参加しており、経済のみならず政治分野においても大きな影響力を持っている。また、一九六一年に結成された非同盟運動（NAM）も、二〇一二年現在、一二〇の加盟国と一七のオブザーバーを持ち、国連内部でも特に軍縮問題などで大きな影響力を行使している。もとよりこうしたグループが、すべての事柄について一致団結した行動を取るということでは必ずしもないが、国際的影響力に乏しい開発途上国にとっては、地域グループやG77あるいはNAMによる調整と支持が、国連という場でおのおのの国益に直結する問題を、あるいは選挙や人事を有利に進めていくうえでこの上もなく大切になっている。安全保障理事会においても、一五ある理事国の半数近くがNAMやG77所属の加盟国によって占められ、決議案が常任理事国を含む九票の多数をもって採択されることから、こうしたグループの意向は無視できないものになっている。

その一方で、安全保障理事会のいくつかの常任理事国や西側先進諸国にとっては、開発途上国主導の動きは、時として「数の横暴」と映り、総会や安全保障理事会で先進諸国と開発途上国との緊張関係を作り出す一因ともなっている。また、近年のアメリカの総会離れも、国連創設時から一九五〇年代には容易に獲得できた過半数あるいは三分の二の支持が、七〇年代以降のアジア・アフリカ地域を中心とする国連加盟国の増加によって、もはや望めなくなったこととも関係している。

圧倒的な英語の使用頻度

国連の公用語は、英語、フランス語、スペイン語、ロシア語、アラビア語の六カ国語で、日常の業務で使用されるいわゆる「使用言語」は英・仏両国語である。しかし、ニューヨークの国連本部に関する限り、日常業務で使用される言語は圧倒的に英語が多い。

これは、国連本部が英語圏のアメリカにあるという地理的要因によるが、英語が全加盟国のほぼ三分の一の国で公用語として使われていることにもよる。現在、英語を公用語としている国は世界中で六〇カ国以上に上り、仏・中・西・露・アラブの各言語を公用語とする国々をその数で凌駕している。[22]英語を公用語としている国のほとんどは、五四カ国からなる英連邦に所属しているが、英連邦以外でも英語の普遍性と有用性に鑑み、英語を準公用語あるいは使用言語にしている国もある。例えば東南アジアの一〇カ国で構成する東南アジア諸国連合（ＡＳＥＡＮ＝アセアン）は、二〇〇七年に採択した憲章の中で英語をアセアンの使用言語と認定している。[23]

総会は一九七三年にアラビア語を国連の六番目の公用語と認定し、安全保障理事会も一九八三年にこれを追認した。もとより国連の六つの公用語は同等に扱われるべきで、英語以外の公用語を主要言語とする国々は、すべての公用語が等しく使用されることを機会あるごとに強調するが、現実は、ニューヨーク本部に関する限り、英語の使用度が圧倒的だ。スイスのジュネーブにある国連欧州支部では、フランス語が幅を利かせているが、それでも英語が使用される頻度はかなり高い。

こうしたことから国連では、英語を駆使できる能力が極めて大切になってくる。事務局職員、代表部駐在の外交官を問わず国連で働くには当然ながら、日常業務を英語でこなす力が必要だが、国連で働く人間がすべて英語を公用語としている国から来ているわけではない。むしろ、大半の外交官や事務局職員は英語を母語としておらず、それぞれの英語力には差がある。国連での英語力のレベルは、英語を母語とするネイティブイングリッシュと、英語を第二言語として教育を受け、日常業務を英語で遂行することができるいわゆる「機能的英語力（ファンクショナルイングリッシュ）」に分けられる。前者のスピーカーが、基本的に英語を自由自在に駆使する能力を有しているのに対し、英語を外国語として学んだ後者のスピーカーには、ネイティブ以上の英語力を有する人から、業務の遂行には支障がないものの、ジョークや英語の細かいニュアンスになるとついていけない人までさまざまである。また、ネイティブスピーカーでも、受けた教育、育った環境などの違いによって、どれだけ雄弁かつ説得力のある話ができるか、簡潔明瞭な文章を書けるかといった総合的英語力にはおのずから大きな差が出てくる。

ちなみに国連で使用される英語は「クイーンズイングリッシュ」と呼ばれるもので、英語の綴りから発音まですべてイギリス英語が標準となっている。また、口述力と文章力は別物で、ネイティブスピーカーの雄弁家が必ずしも簡潔、かつ要点をついた文章を書く力を有するとは限らず、逆に英語を母語としない人でも、ネイティブスピーカー顔負けの素晴らしい英語を口述・筆記両面で駆使する人もおり、英語は実に難しい。

筆者は国連に勤務する以前、東京の英字新聞社に一〇年ほど勤務したが、その際に要旨を端的にまとめる技術を徹底して鍛えられた。国連でも、当然のことながら幹部連中は皆忙しく、長い報告書を読んでいる時間はない。報告書は簡潔、かつ要点を押さえたものでなければならず、英字新聞記者として鍛えられた英語の文章力が国連勤務でも大いに役立った。

英語力もまた力なり

英語力の重要性は国連の仕事のあらゆる面で散見される。例えば、総会の意思は決議案、あるいは決定という形で表明されるが、決議案の提案、草案の作成、そして加盟国の支持を得るべく行われる非公式協議は英語で行われることが多い。非公式協議の場に同時通訳が入る場合でも、全公用語すべての通訳が提供されることはまれで、英仏二カ国語のみに限られることが多い。また近年財政難の折り、非公式協議の通訳は英語のみといった場合もあり、機微に触れる交渉に携わる外交官にとって、英語力は極めて大事になってくる。

総会の決議案や決定はほとんどの場合、前年に採択された決議案が土台となり、過去一年間の情勢の変化を反映して文言の調整を行う。決議案はそれぞれの特定事案に関心のある国または国々によって提案され、決議案の草稿もそうした提案国あるいは共同提案国の代表が非公式協議の中で作成し、他の加盟国の支持を得るべく非公式協議を通して運動かつ調整し、成案を得ていく。

決議案は通常、前文と本文からなり、前文では過去の経緯、以前に採択された決議案などが説明され、本文は総会の意思を表す。こうした決議案の成案作りの交渉は通常、英語で行われる。国家利益に直結する決議案であればあるほど、その一字一句に細心の注意が払われ、例えば同じ勧告をする場合でも、その動詞が「要求する」なのか、「要請する」なのか、あるいは「呼びかける」なのか、はたまた「奨励する」なのかといった細部の文言とその言葉の持つニュアンスについて協議が延々と続く。

こうした時に力を発揮するのは、決議案提案国あるいは共同提案国によって任命されたコーディネーターの英語力で、前後の文脈を捉え、さまざまな思惑を乗り越えた妥協点を見出す的確な文言を提案できるか否かが決議案の成否を左右することになる。総会としていかに正確かつ的確なメッセージを発せられるか、そして決議案の表決を投票に求めるのか、はたまた全加盟国の総意を表すという意味からコンセンサスによる無投票での全会一致の採択を求めるのか、決議案の成文作りでは各国代表の英語力を駆使した駆け引きが続く。

幸福決議を実現したブータン首相の英語力

二〇一〇年九月二〇日、第六五回総会の冒頭に行われたミレニアム開発目標に関する高級会議の場で、アジアの小国、ブータンの首相が注目を集めた。民族衣装の「ゴ」に身を包んで総会議場の演台に立った小柄なジグミ・ティンレイ総理（当時）は、洗練されたクイーンズイングリッシュで、ブータンが国民総生産に代わる指標として推し進める「国民総幸福量（Gross National Happiness）」について格調高く演説した。ＧＤＰを成長の基本指数と位置づける物質主義に警鐘を鳴らし、精神の幸福を求めるブータンの哲学を説くティンレイ総理の演説は、会議に参加した多くの国の代表の共鳴を得て大きな喝采を受けた。

この演説の中でティンレイ総理は、「幸福」を人類が希求する開発目標の一つに掲げることを提案した。この提案は、氏の英語力に裏打ちされた卓越した交渉能力によって、翌年七月一九日に決議案となり、総会史上最も多い六八の共同提案国を得て、加盟国の全会一致で採択された。ブータンが国連加盟以来三九年目で初めて提案した決議案は、「幸福決議」[24]として実を結んだのである。

同年九月の第六六回総会一般演説の演壇に再び姿を見せたティンレイ総理はさらに、幸福決議を実行するための戦略会議を二〇一二年春にニューヨークで開催することを提案した。この会議は、二〇一二年四月に政府、学会、実業界、宗教団体およびその他の非政府組織（ＮＧＯ）代表ら六〇〇人が参加して国連本部で開かれ、幸福度を測る具体的な尺度などの問題が話し合われた。また、この会議を受け総会は、再びブータンの主導で、三月二〇日を「国際幸福デー」とする決議案[25]を全会一致で採択した。

ティンレイ総理は地元紙のインタビューに答えて、総会の幸福決議はブータンの外交能力の高さの現れと語っているが、そうした交渉能力の一端に氏の卓越した英語力、演説力があったことは確かであろう。

予算審議と承認

予算の審議および承認は、総会に課せられた重要な責務の一つだ。国連予算は、一九七三年までは単年度方式で編成されたが、一九七四年以降は偶数年と奇数年の二暦年を一サイクルとする二暦年会計年度方式が導入され、現在に至っている。

予算編成年の春には事務局の各部署によって作成された予算要求書が国連財務官に提出され、その後財務官により暫定予算案が作成され、事務総長の予算書が総会開会の少なくとも一二週間前までに国連の行財政問題諮問委員会（ＡＣＡＢＱ）に提出される。行財政問題諮問委員会は総会の下部機構で、総会によって個人の資格で任命された行財政の専門家一六名により構成され、こと予算に関する限り、すべての事柄に関して第五委員会を通して総会に勧告できる強力な権限を持っている。現在一六ある国連平和維持軍は安全保障理事会によって設立され、それらの予算は通常予算とは別枠で審議されるが、やはり行財政問題諮問委員会と第五委員会の承認が必要だ。

予算事項が総会で承認されるためには、まず行財政問題諮問委員会で承認されることが前提条件であり、かつてこの諮問委員会の議長を一九七五年から引退までの二九年間の長きにわたって務めたタンザニア出身のコンラッド・ムゼリ大使は、国連予算のあらゆる事例に精通し、諮問委員会で事務総長の予算案を説明する歴代の国連財務官を大いに苦しめた。

事務総長予算案と行財政問題諮問委員会の報告書は第五委員会で審議されるが、経費削減を求めるアメリカをはじめとする分担金の大口拠出国と、国連から一銭でも多い援助に期待する開発途上国との利害の対立から、予算審議はしばしば難航し、第五委員会および総会本会議での予算採択は一二月末、クリスマス休暇前ぎりぎり、あるいはそれ以後までずれこむこともしばしばある。

拡大する負担と裨益《ひえき》の格差

国連憲章第一七条が定める通り、国連の経費は、総会が決定する割り当て率に従って加盟国が負担する。二〇一二年一二月二四日に採択された決議案によると、二〇一三年から二〇一五年までの三年間の加盟国分担率は、アメリカが最大で二二パーセント、以下、日本が一〇・八三パーセント、ドイツが

国連予算の分担率［2013〜2015年］

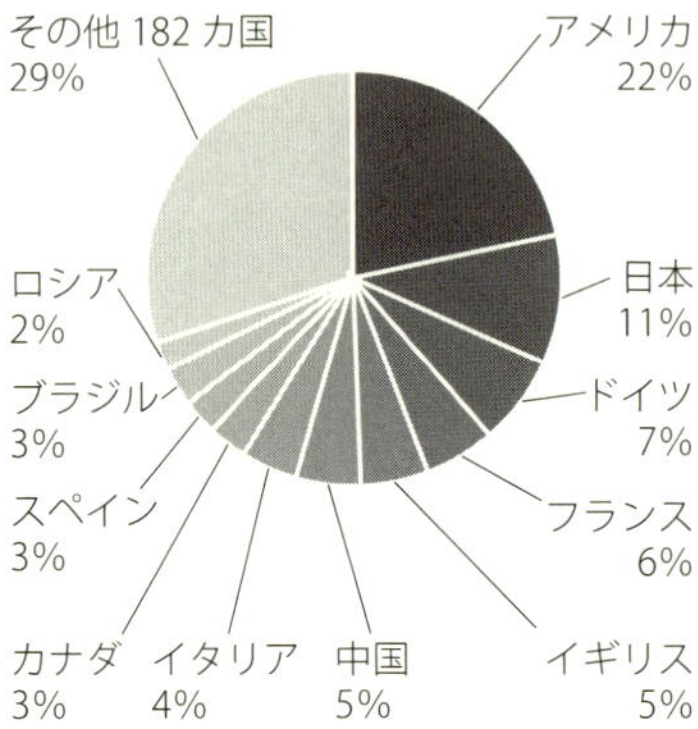

（小数点以下は四捨五入）

七・一四パーセント、フランスが五・五九パーセント、イギリスが五・一八パーセント、中国が五・一五パーセント、イタリアが四・四五パーセント、カナダが二・九八パーセント、スペインが二・九七パーセント、ブラジルが二・九三パーセント、そしてロシアの二・四四パーセントと続いている。[26] つまり、一九三の加盟国のうちトップ一一の国で国連通常予算の実に七〇パーセント以上を負担しているのである。

各国の分担率は、加盟国の経済力および支払い能力や国民所得などを勘案して決められるが、予算の一パーセント以上を負担する国は全加盟国中わずか一七カ国なのに対し、総会で決められた最小分担率の〇・〇〇一パーセントを割り当てられている国は三五カ国に上る。二〇〇一年に予算の最高分担率が二五パーセントから二二パーセントへ、最低分担率が〇・〇一パーセントから〇・〇〇一パーセントへとそれぞれ変更されたが、それでも最大の通常予算拠出国であるアメリカが毎年約六億ドルを支払っているのに対し、最小拠出国が毎年支払う分担金の額は二万五〇〇〇ドル前後に留まっている。さらに、〇・〇〇一パーセントを割り当てられる後発開発途上国（LDC）は、各国五人までの代表が総会に出席できるよう毎年約二万数千ドルの旅費の援助を受けており、これらの恩恵を加味するとL

DC諸国が支払う分担金は微々たるものになってくる。[27]

このように、総会ではすべての加盟国が平等に一票によって代表されるという普遍性の陰で、こうした負担と裨益の格差が拡大しており、各加盟国共に財政の専門家を代表として送り込んでいる第五委員会での、大口拠出国と開発途上国間の負担義務と費用対効果をめぐる綱引きは、勢い激しさを増すのである。

厳しい経費削減要求

また同時に、国連の通常予算の過去一五年間の増大もこうした綱引きに拍車をかけている。二〇〇〇―二〇〇一会計年度には約二五億三〇〇〇万ドルであった通常予算は、冷戦終了後に世界各地で展開されるようになった特別政治ミッションの増加などの影響もあり、二〇〇四―二〇〇五会計年度には初めて三〇億ドルの大台に乗り、二〇一〇―二〇一一会計年度には五一億六〇〇〇万ドル余りと一〇年間で倍増したのである。こうした背景を受け、総会は二〇一二年の第六七会期で、事務総長に対し、次期会計年度予算では約一億ドルの経費削減を目途とした予算案の提出を要請した。[28]

この総会の要請を受けて総会に提出された二〇一四―二〇一五会計年度予算案は前会計年度比一・九パーセント減の緊縮予算案となった。[29] これに対しG77を中心とする開発途上国は猛烈に反発し、経費削減が国連の開発分野の重要な責務に悪影響をもたらすことは許されないと注文をつけた。

二〇一三年の第六八回総会での予算審議は、予想された通り、一層の経費削減を求めるアメリカに代表される先進諸国と経費削減による悪影響を懸念する開発途上国の利害が真っ向から対立し、難航を極めた。開発途上国と先進国が対立する中、総会がなんとか二〇一四―二〇一五会計年度予算を承認できたのは、二〇一三年の暮れも押し詰まった一二月二七日であった。第五委員会では、国連の祝日でもあるクリスマスまでに予算を承認すべくギリギリの交渉が続き、非予算編成年にインフレや為替差損を改めて計上できる追加見積もり制度の見直しや、事務総長が提案していた国連職員の管理移動制度の導入など、いくつかの懸案を先送りすることにより、一二月二七日にようやく予算審議の決着を見、同日の総会本会議による予算案の承認を勧告したのである。

承認された予算規模は五五億三〇〇〇万ドルで、前会計年度である二〇一二―二〇一三年度予算に比べると約三五〇〇万ドル少ないものであり、職員給与に関して昇給の一年間の凍結、諸手当の二年間の凍結、さらに全ポストの二パーセントにあたる二二九ポストの廃止を含む厳しいものとなった。G77ブロックは最終的に予算案の全会一致採択を支持したが、採択にあたってG77の議長国を務めるフィジーのピーター・トムソン国連大使は、今回の緊縮予算が国連の重要な活動の支柱である開発に悪影響を与えてはならないと懸念を表明した。[30] また、事務局内のポストの廃止は、大部分定年その他退職によって生じた空席を充当しないことにより達成されることになるが、この予算の採択を受けて二〇一四年一月上旬には、若干名の事務局職員の解雇という国連史上極めて異例の事態を招いた。

国連の予算規模は大きすぎるのか

二〇一四―二〇一五年度予算の内訳を見てみると、国際社会の平和と安全を司る政治分野が一三億四〇〇〇万ドルと全国連予算の四分の一を占めている。[31] 政治分野には、政務、軍縮、平和維持、そして宇宙の平和利用などが含まれる。

この分野で特筆すべきは、近年増加の一途をたどる特別政治ミッションの存在である。特別政治ミッションは、冷戦終了後、世界各地の紛争あるいは紛争に発展する可能性のある事態に対応するべく、安全保障理事会あるいは総会によって設立されてきた。平和維持軍に比べると規模も小さく、加盟国の負担も軽減されることから、その数は増え続け、二〇一四―二〇一五年会計年度では三六の特別政治ミッションに政治分野の総予算の四四パーセントに上る五億九六〇〇万ドルが認められた。ただ、特別政治ミッションの増加は、事務局から提出された予算案をまず審議する行政財政問題諮問委員会や第五委員会の反発を呼んでおり、その審議はますます厳しいものになっている。

また、現在一六ある国連の平和維持軍は通常予算とは別枠の特別予算で賄われており、二〇一三年七月一日から二〇一四年六月三〇日までの一年間の予算には、約七八億ドルが認められている。平和維持活動予算には通常予算とは違う分担率が適用され、現在の大口拠出国はアメリカ（二八・三八パーセント）、以下、日本（一〇・八三パーセント）、フランス（七・二二パーセント）、ドイツ（七・一四パーセント）、イギリス（六・六八パーセント）、中国（六・六四パーセント）、イタリア（四・四五パーセント）、ロシア（三・一五パーセント)、カナダ(二・九八パーセント)、スペイン(二・九七パーセント)と続いている。[32] なお、二〇一四年三月時点で平和維持軍には各国から十万近い兵士が派遣されているが、拠出国はそれぞれの軍隊を自らの国費で派遣し、あとで国連から兵一人あたり約一〇〇〇ドルの還付金を受け取る。国連維持活動へ最も多くの兵を供給しているのはバングラデシュだが、多くの開発途上国にとってはこうした国連からの還付金も国家の重要な収入になっている。

政治分野に次いで予算が多いのは、総会、安全保障理事会、経済社会理事会およびそれらの下部機関の会議経費や国連事務総長の活動費で、約七億九〇〇〇万ドルに上る。また、アジア、アフリカ、ヨーロッパなど五つの地域での、経済社会開発援助を目的とした国連の地域開発委員会の経費が約五億七〇〇〇万ドル、さらに、開発のための国際協力に約四億九六〇〇万ドル、そして、人権および人道活動に三億五〇〇〇万ドルが認められている。[33]

二年間で五五億三〇〇〇万ドルという現在の国連の予算規模が大きすぎるのか否かは議論が分かれるところだろう。ただ、全世界で人類の直面するさまざまな問題と対峙する国連の年間予算が、東京消防庁の予算を若干上回る規模だというのは興味深い。また、スウェーデンのストックホルム国際平和研究所によれば、二〇一二年の世界の軍事予算は約一兆七五三〇億ドルに上ると推定されている。[34] 一方で、国連の活動費は通常予算と平和維持軍の経費を合わせても年間約一〇〇億ドルで、世界の軍事費の〇・六パーセントにも満たないのである。

確かに国連は万能ではないし、改革が必要な分野も多々ある。しかし、国連が国際社会の平和と安全の維持、あるいは人権、人道、開発などの分野で果たしている役割を考えると、国連は国際社会にとってまだまだ有益な投資なのではないだろうか。

第三章

安全保障理事会

——平和の番人

「平和の番人」

国連憲章第一条第一項は、国連の目的を「国際平和および安全を維持すること。そしてそのために、平和に対する脅威の防止および除去と侵略行為その他の平和の破壊行為の鎮圧のため有効な集団的措置を取ること、ならびに、平和を破壊する恐れのある国際紛争または状況の調整あるいは解決を平和的手段により、かつ正義と国際法の原則にのっとり実現すること」と定めている。憲章が第一条第二項以降にある「諸国間の友好関係の発展」、「経済的、社会的、文化的または人道的性質を有する国際問題の解決」などの目的に先駆け「国際平和と安全の維持」を掲げているのは、その前文にある通り、国連が、二度まで言語に絶する悲哀を人類に与えた戦争の惨害から将来の世代を救うための機構であってほしいという、第二次世界大戦終了時における人類の切実なる願いを体現していることにほかならない。

憲章はさらに第二条で、すべての加盟国は主権平等の原則の下、憲章に従って負っている義務を誠実に履行し、国際紛争を平和的手段によって国際の平和と安全、ならびに正義を危うくすることなきよう解決しなければならないと定めている。そして憲章は、第五章二四条第一項において、「国際連合の迅速かつ有効な行動を確保するために、国際連合加盟国は、国際平和および安全の維持に関する主要な責任を安全保障理事会に負わせるものとし、かつ安全保障理事会がこの責任に基づく義務を果たすにあたって加盟国に代わって行動することに同意する」としている。

このように憲章は、国際平和と安全の維持という国連設立の主要目的を達成する責任を安全保障理事会に託し、すべての国連加盟国に安全保障理事会の決定を受け入れる義務を課し、その決定が拘束力を持つ唯一の主要機関としての安全保障理事会の優位性を確立した。安全保障理事会がしばしば「平和の番人」と称されるゆえんである。さらに、国連事務総長の任命に関しても、憲章は安全保障理事会の推薦により総会によって任命されると定め、安全保障理事会に事務総長の事実上の選任権を与えている。

常任理事国（P5）

安全保障理事会は、常任理事国五カ国と任期二年の非常任理事国一〇カ国によって構成される。常任理事国は、国連ではPermanent Five（常任五カ国）を縮めて「P5」と呼ばれる。一九四五年に一一の加盟国が構成する国連の主要機関の一つとして発足した安全保障理事会は、一九六三年の国連憲章第二三条および二七条の改正で理事国数が一五に拡大され、安保理の決定も「手続事項」と呼ばれる非重要事項に関しては九理事国（改正前は七カ国）、その他のすべての重要事項に関しては五常任理事国を含む九理事国（改正前は七カ国）の賛成投票によって行われるようになった。この手続事項以外のすべての決定に関し常任理事国の賛成が必要との規定が、常任理事国に与えられたいわゆる「拒否権」である。

一五理事国のうち、中国、フランス、ロシア（一九九〇年にソビエト連邦から継承）、イギリス、アメリカの五カ国は常任理事国として安全保障理事会に常に籍を置き、その他一〇カ国は非常任理事国として二年の任期で地域配分の原則により総会により選出される。常任理事国の中で、アメリカ、イギリス、フランスは、西欧型民主主義国の代表として安全保障理事会内でも積極的に協力することが多く、決議案の草案作りなどもこの三カ国でまず協議するといったこともしばしば見受けられる。このため国連ではこの三カ国を指して特に「Ｐ３」と呼ぶ。一方でロシアと中国は、それぞれの外交戦略および国内に抱える人権問題などから安全保障理事会での議論で米英仏と一線を画すことが多く、こうした常任理事国間のスタンスの違いが時として安全保障理事会の一致した行動を制限する事態を招く。

Ｐ３の中でも、歴史的、文化的繋がりが深い同盟国であるアメリカとイギリスは、安全保障理事会でもことさら緊密に連携し、核心に迫る事項はまずこの二カ国で相談されることが多い。米英間の連携を最もよく体現したのは、冷戦終了後の一九九〇年代前半に国連常駐代表を務めたアメリカのトーマス・ピッカリング大使とイギリスのデイビッド・ハネー大使の二人であろう。特に、一九九〇年八月に勃発したイラクによるクウェート侵攻は、冷戦が終わり国連への期待がかつてないほどに高まりを見せる中、米英主導の下、安全保障理事会が一致協力してイラクの侵略行為に対抗し、国際平和と安全の回復に寄与した事案として知られている。対イラク政策を巡る議論では、まずハネー大使が洗練されたクイーンズイングリッシュであらかじめ米英間で打ち合わせた方針を述べ、ピッカリング大使がすかさずその立場を支持するといった光景がしばしば見られた。

安全保障理事会と携帯電話

携帯電話は国連外交官にとって必須の持ち物の一つだ。今から二五年前、安全保障理事会に初めて携帯電話を持ち込んだ外交官がいた。一九八九年に時のジョージ・H・W・ブッシュ大統領によってアメリカの国連常駐代表に任ぜられたトーマス・ピッカリング大使だ。

当時私は、政務担当事務次長の補佐官として安全保障理事会を担当しており、日々理事会の動静を事務次長に報告する仕事をしていた。一九九〇年八月のイラクのクウェート侵攻により安全保障理事会の審議は連日に及んでいたが、会議の前後、あるいは時として会議を中座してピッカリング大使が携帯電話で打ち合わせをしている姿が見られるようになったのはちょうどその頃であった。当時の携帯電話はかなり大きかったが、携帯電話を駆使してアメリカ代表部やワシントンの国務省と頻繁に連絡を取っていたピッカリング大使の姿は、今も鮮明に記憶に残っている。

ピッカリング大使は、アメリカの歴代国連大使の中で最も優れた大使と言われており、その後駐インド大使や駐ロシア大使を務め、一九九七年には国務省ナンバースリーの政務次官に任命された。ピッカリング大使に刺激を受けた他の理事国の大使も徐々に携帯電話を使い出し、今では、携帯電話は各国代表にとって不可欠な道具になっている。ピッカリング大使の携帯電話は、ある意味、安全保障理事会の仕事のやり方にも大きな影響を与えたのではないだろうか。

「平和の番人」が守ったクウェートの主権

イラクのクウェート侵攻に際しては、安全保障理事会はイラクによるクウェート侵攻を非難し、即時撤退を求める一連の決議案を採択したが、一一月二九日に採択された決議案第六七八号は、イラクが翌一九九一年一月一五日までにクウェートから撤退することを要求し、決議案の履行にあたっては、国連憲章第七章が定める強制力を伴う「必要とされるあらゆる手段」の行使を認めるものであった。イラクの撤退期限を越えた一月一七日、米、英、仏など三四カ国が安全保障理事会の決定に従って対イラク戦争に参加した。圧倒的な軍事力を誇る連合軍の前に、イラクはクウェートからの撤退を余儀なくされ、二月二七日には早くもクウェートの主権が回復された。湾岸戦争は、冷戦終焉後の国際社会で安全保障理事会が「平和の番人」として一致団結し国際社会の付託に応えた初めてのケースとなった。

安全保障理事会が承認した侵略国への武力行使としては、冷戦下の一九五〇年六月二五日に勃発した朝鮮戦争での介入があるが、この時は、当時のソ連がたまたま、国連による中華人民共和国政府の未承認に抗議して安全保障理事会をボイコットしていたせいで、他の常任理事国と非常任理事国の賛同を得たアメリカ軍主導の国連軍の創設が可能となったという特異な経緯があった。同年八月にソ連が安全保障理事会に復帰すると、それ以後ソ連の拒否権行使により理事会の機能は完全に麻痺することとなった。

安全保障理事会

非常任理事国選挙

憲章第二三条が定める均等な地域配分の原則にのっとり、総会規則第一四二項は、安全保障理事会の非常任理事国一〇カ国は、アフリカ地域およびアジア地域から五カ国、東欧地域から一カ国、ラテンアメリカ地域から二カ国、そして西欧およびその他地域から二カ国が選出されると定めている。[35]

非常任理事国の任期が二年であることから、毎年一〇月に総会で行われる選挙ではその半数の五カ国が改選される。この選挙は、言わば国際社会の「平和の番人」を選ぶ選挙であるからして、国連総会でも最も注目される年間行事の一つだ。おのずから立候補する国による選挙活動は長期間にわたり、かつ熾烈なものとなるが、通常、選挙前に各地域でその年の立候補国を決める話し合いが持たれ、その場で立候補する国の一本化が図られる。話し合いで候補国の一本化が成った場合は、当然ながら候補国はその地域の代表としての支持を受け、選挙での当選が確実視されることになる。

しかしながら、話し合いが不調に終わり一本化がなされなかった場合は、立候補国が属する地域のみならず他地域をも巻き込む激しい選挙活動が展開され、候補国の代表はその結果に一喜一憂することとなる。直近のケースでは、二〇一一年の第六六回総会で行われた非常任理事国選挙で、近年まれな熾烈な戦いが繰り広げられた。この年は、アフリカから二カ国、アジア太平洋地域から一カ国、ラテンアメリカとカリビアンから一カ国、そして東欧から一カ国の計五カ国が改選されたが、東欧の一議席を巡って、アゼルバイジャン、ハンガリー、スロベニアの三カ国が立候補する事態となった。一〇月二一日に行われた選挙で他の地域に関しては、モロッコ、トーゴ、パキスタン、グアテマラがそれぞれアフリカ、アジア、ラテンアメリカ地域代表として順当に選出されたが、東欧の三カ国はいずれも加盟国の三分の二にあたる必要得票数の一二九票を獲得できず、投票は延々と深夜まで続くこととなった。

第一回の投票でアゼルバイジャンは七四票、スロベニアは六七票、ハンガリーが五二票と票が割れ、まずハンガリーが第二回投票から候補を辞退した。その後アゼルバイジャンとスロベニアの二カ国による決選投票は九回に及んだが、それでも結論が出ず、総会議長のアルー・ナセル氏が後日の再投票を決めて、ようやく第一日目の会議が閉会した。[36] 三日後に再開された会議でも両国を巡る膠着状態は続き、さらに七回の投票を経た後、スロベニアが立候補の辞退を宣言し、その後行われた第一七回目の投票で、ようやくアゼルバイジャンが一五五票を獲得し、二〇一二―二〇一三年の東欧地域代表としての非常任理事国に選出された。[37] スロベニアは、非常任理事国だった一九九八―一九九九年当時、国連大使として安全保障理事会議長を務め、その後事務局の政務担当次長補に転身したダニロ・トゥルク大統領が自ら精力的な選挙戦を展開したが、惜敗する結果となった。スロベニアは、東欧とはいえEU加盟国であり、安全保障理事会の当時の構成国の中でEU加盟理事国がすでに四カ国（英、仏、独、ポルトガル）に及ぶこと、また、アゼルバイジャンの安全保障理事会加入が初めてということなどがその理由であった。

翌年第六七回総会でも、アジアの一議席をめぐって韓国、カンボジア、ブータンの三カ国が争ったが、二回目の投票でその国力を十分に活用して選挙戦を展開した韓国が勝利した。

二〇〇六年の選挙では、ラテンアメリカ代表の座をグアテマラとベネズエラが争い、実に三週間、四八回の投票を経ても決着がつかず、最終的に両国が立候補を辞退し、妥協策としてパナマがラテンアメリカとカリビアン地域代表として安全保障理事会入りを果たすという展開になった。[38]

また、二〇一三年一〇月に行われた選挙では、アジアグループ代表として立候補したサウジアラビアが、当選後二四時間も経たないうちに安全保障理事会のシリア情勢、イラン問題、およびイスラエル・パレスチナ問題などへの対応を不満として、当選を辞退し世界を驚かせた。この時は、後日行われた選挙で、ヨルダンがサウジアラビアに代わるアジアグループ代表として選ばれた。[39]

二〇一四年一〇月一六日に行われた二〇一五―二〇一六年度の非常任理事国選挙では、アフリカグループからアンゴラが、アジアグループからマレーシアが、ラテンアメリカとカリビアングループからはベネズエラがそれぞれ順当に総会の三分の二の支持を得て選ばれた。しかし、西欧その他グループからは二カ国の枠に対してニュージーランド、スペイン、トルコの三カ国が立候補し、三回の投票を経てトルコの敗北が決定、ニュージーランドとスペインが当選した。[40] この結果、二〇一五年一月現在の安全保障理事会非常任理事国は、アンゴラ、チャド、チリ、ヨルダン、リトアニア、マレーシア、ニュージーランド、ナイジェリア、スペイン、ベネズエラの一〇カ国となっている。

ちなみに、日本は二〇一五年秋の非常任理事国選挙に立候補する意向だが、二〇一四年九月ダッカを訪問した安倍晋三首相に対しバングラデシュのシェイク・ハシナ首相から、最大のライバルと目された同国の立候補辞退が表明され、日本の二〇一六—二〇一七年度の非常任理事国当選が確実視されている。

総会で選出された安全保障理事会の非常任理事国は、通常、翌年一月一日に安全保障理事会入りする六週間前から、理事会とその下部機関のすべての公式会議および非公式協議に参加することが認められ、二年間にわたる非常任理事国としての責務を全うすべく備える。さらに極めてまれではあるが、選出された新理事国が翌年一月あるいは二月に安全保障理事会の議長国を担当することがある。これは、安全保障理事会議長国は英語のアルファベット順に持ち回りで決まるからで、こうした場合は、当該国は二カ月前の一一月一日から安全保障理事会の非公式協議に参加する。常任理事国や多くの先進国は、それぞれの駐国連代表部に数十人から百人単位のスタッフを置いているが、国連加盟国の大多数は中小国であり、こうした国々の代表部はスタッフの数も首席代表、次席代表を含めても数人から多くて一〇人程度であり、こうした中小国が初めて安全保障理事会入りして即議長国としての重責を果たすのは決して容易ではない。二〇〇〇年の選挙で二〇〇一―二〇〇二年の安全保障理事会理事国に初めて選出されたシンガポールは、持ち回り議長の原則でいきなり二〇〇一年一月の議長国を務めることになった。安全保障理事会の他のメンバー国が祝辞を述べる中、議長席に着いた当時のシンガポール国連常駐代表のキショー・マブバニ大使の、誇らしくも緊張と不安が入り混じった顔は印象的であった。

国連のエリートクラブ

安全保障理事会は、その決定が拘束力を持つ唯一の国連機関であり、それゆえ最も強力な機関と言うことができる。また安全保障理事会は、一五カ国という少数の理事国が合意すれば、議題の受理から会議の運営規則、紛争解決の手段からプロセスまで、ありとあらゆる事柄を決定する強大な力を持っている。「安全保障理事会はそれ自身が主人（The Security Council is its own master.）」と言われるゆえんである。その意味で安全保障理事会は国連のエリートクラブであり、そのメンバーとなることはすべての国連加盟国にとって、自国の国際地位を高めるのみならず、世界平和と安全の維持への貢献の名の下に自らの国益を拡張できる機会をもたらす最重要事項なのである。

しかしながら現実には、安全保障理事会メンバーとしてその責任を行使していけるだけの人的・財政的能力を持つ国は限られている。国連加盟国の半数以上は人口一千万にも満たない国であり、財政的にもニューヨークの国連本部近辺という一等地に代表部を開設し、自国の外交官を常駐させることは大きな経費負担となっている。そうした国々にとって、熾烈な安全保障理事会選挙を戦い、当選した暁に理事国の一員としての義務を二年間にわたって果たし続けていくことは決して容易ではない。近年安全保障理事会選挙戦にかかる費用は数千万ドルにも上ると言われている。実際、国連加盟国の三分の一以上にあたる六八カ国が、これまで一度も安全保障理事会に席を置いたことがないのである。

一方、これまで非常任理事国に選出された国の顔ぶれを見ると、人的、財政的にも比較的恵まれた先進国や近年経済成長が著しい新興国、あるいは開発途上国ながら地域大国と言われる国が多い。例えば、日本、ブラジルは過去それぞれ一〇回、安全保障理事会に非常任理事国として当選しており、アルゼンチンが九回、インド、パキスタン、コロンビアがそれぞれ七回、カナダ、イタリアが六回、オーストラリア、ベルギー、チリ、ドイツ、オランダ、ナイジェリア、パナマ、ポーランド、スペイン、ベネズエラがそれぞれ五回と続いている。[41]

二〇一一年の安全保障理事会は、それぞれの頭文字をとっていわゆる「ＢＲＩＣＳ」と称される新興諸国（ブラジル、ロシア、インド、中国、南アフリカ）のすべてが参加した、近年まれに見る強力な安全保障理事会として注目を集めた。

安保理非常任理事国に選出された国トップ10［2014年現在］

順位	国名	回数
1	日本、ブラジル	10
3	アルゼンチン	9
4	インド、パキスタン、コロンビア	7
7	カナダ、イタリア	6
9	オーストラリア、ベルギー、チリ、ドイツ、オランダ、ナイジェリア、パナマ、ポーランド、スペイン、ベネズエラ	5

また、二〇一〇年、二〇一一年にそれぞれ当選したインドとパキスタンは長年の国際政治のライバル同士ではあるが、インドのハルディープ・シン・プリ大使とパキスタンのアブドゥラ・フセイン・ハルーン大使が個人的に友好関係にあったこともあり、それぞれの立候補国に対し支持票を投じ、当選の晩にはお互いに祝辞を交換するといった珍しい光景も見られた。パキスタンの当選により、二〇一二年にはインドとパキスタンというライバル核保有国が一九七七年以来初めて、同時に安全保障理事会に在籍し、常任理事国五カ国に加え、一五理事国のうち実に七カ国までが核保有国によって占められた。

安全保障理事会の議事案件

毎年半数が改選される非常任理事国と常任理事国の一五カ国が、いわゆる「平和の番人」として国際平和と安全を維持する責任を国際社会から付託されるわけだが、月々の会議日程および議事案件などは、英語のアルファベット順に持ち回りで決まる安全保障理事会議長国を中心に調整される。例えば、二〇一四年の議長国は一月がヨルダンで、以後、二月はリトアニア、三月はルクセンブルグ、四月はナイジェリア、五月が韓国、六月はロシア、七月はルワンダ、八月はイギリス、九月はアメリカ、一〇月はアルゼンチン、一一月はオーストラリア、一二月がチャドと続いた。通常、月初めの一日は議長国による他の一四理事国および事務局サイドとの個別かつ非公式な打ち合わせに充てられ、そこでその月の懸案事案および具体的な会議日程が決められる。近年、安全保障理事会の公開性を高める努力の一環として、安全保障理事会議長はその月の主要案件と安全保障理事会のプログラムについてメディアへの説明、いわゆるプレスブリーフィングを行う。

安全保障理事会の議題に載る案件はすべて「国際平和と安全の維持」にかかわるものとされ、常任理事国五カ国を含む九カ国の賛成をもって正式な議題として採択されるが、事案によっては正式な議題とはされずに、「その他の案件」という範疇で議論が行われることもある。原則、国連加盟国であればどの国でも、憲章第三五条にのっとり、国際平和と安全の維持を脅かす恐れのある論争あるいは事案を安全保障理事会に提訴できるし、国連事務総長も憲章第九九条によって、国際平和と安全を脅かす事案に対し安全保障理事会の注意を喚起できる。

二〇一四年のある月の議事予定表には、中東問題に関する公開討議、中央アフリカ共和国、マリ、ブルンジなどのアフリカ問題やシリア情勢に関する非公式協議、安全保障理事会決議によって設立された国連平和維持軍および特別政治ミッションに関する事務総長報告と非公式協議の討議、ならびに公開会議でのそれらの権限および任期の延長などが議題として見受けられる。

毎月の議事カレンダーには、突発的事案に対応するために、通常何日か会議予定のない空白日が設けられるが、安全保障理事会はほぼ毎日活動しているのが現状だ。

決議案はどのように作られるか

国際平和と安全の維持を脅かす恐れのある論争あるいは事案が安全保障理事会に持ち込まれると、安全保障理事会は憲章第三三条にのっとり、紛争の当事者に対し、まず問題を平和的に解決するよう勧告する。こうした安全保障理事会の意思および決定は、決議案や議長声明の採択によって国際社会に示される。さらに、平和的手段での解決が難しく、紛争が国際の平和と安全にとって脅威をもたらすと判断された場合は、憲章第七章下の制裁および武力行使を含む強制力を持つ方策を勧告することになる。

では、安全保障理事会の決議案はどのようにして作成されるのか。安全保障理事会の特徴は、その討議方式に公開会議と非公開会議があり、非公開会議にはプライベート会議、非公式協議などさまざまな方式があることだ。テレビ報道などでおなじみの安全保障理事会議場は、事務局ビルと総会議場に挟まれた国連会議ビル二階の一角にある。公開会議は、特定事案に関して討論をしたり、あるいは決議案や決定を採択したりする際に開かれる。安全保障理事会一五カ国の常駐代表とそのスタッフ、事務総長とそのスタッフも参加し、また事案によっては関係する国の代表もオブザーバーとして招かれる。

公開会議では、理事会構成国以外の国連加盟国の代表、NGOやプレスの代表も会議室後方の傍聴席に陣取り、馬蹄形の会議テーブルの中心に座るその月の安全保障理事会議長が木槌をたたき、厳かに会議の開会を宣言する。続いて議長が会議の趣旨を説明し、会議の議題が採択される。会議テーブルに英語のアルファベット順に着席した安全保障理事会メンバー国代表が順次発言を求められ、特に各月最初の公式会議では、各国常駐代表がまず外交儀礼にのっとり、議長に対し議長就任の祝辞を述べ議長への協力を約束する。

決議案や決定の採択の際は、通常、安全保障理事会構成国一五カ国の代表がそれぞれの賛成あるいは反対理由を採択の前後に説明し、表決は挙手をもって行われる。すべての常任理事国を含む九カ国の賛成で決議案や決定は採択されるが、特に問題のない事案では当然ながら全会一致が良しとされる。事前に合意ができている場合は、公開会議はあっけなく終わり、議長が開会を宣言した後、議題の承認そして決議案の表決と、実質開会時間が五分ということも珍しくない。

決議案は前文と本文により構成され、前文では安全保障理事会による決議案提案理由、本文では安全保障理事会の意思および決定事項が述べられる。決議案作りでは、事案ごとに政治的・地理的条件などに鑑み、決議案の草稿作りの調整を担当する国が任命される。そしてそうした調整担当国を中心に、まず非公式協議で、事案を専門に担当する各理事国の参事官あるいは一等書記官クラスの代表によって原案作りが進められ、その後大使レベルの協議および本国政府との調整を経て最終原案が作られていく。合意された最終原案は、英語、中国語、フランス語、スペイン語、ロシア語、アラビア語の公用語で青インクで印刷されて、通常二四時間以内に公式会議での表決にかけられる。

公開会議での各国代表の発言は国連の公用語に同時通訳され、発言および表決結果などは詳細に記録され、安全保障理事会公式議事録として同じく六カ国語で公表される。

決議案の傾向

国連事務局安全保障理事会部が作成した資料によれば、二〇一三年に安全保障理事会は一九三の公式会議を開き、そのうち一七二が公開会議、二一が平和維持軍への兵力供与国との意見調整を図る場合などに開かれる非公開のプライベート会議であった。[42]

通常、公開会議には常駐代表と呼ばれる主席大使あるいは次席大使が出席するが、重要案件の審議など特別な場合は本国から大統領、総理大臣あるいは外務大臣が出席することがある。安全保障理事会の二カ国以上が大臣級の代表を送った高級会議は二〇一三年に計一二回開かれ、テロリズムによる国際平和と安全への脅威、国連平和維持軍、アフリカの平和と安全、中東情勢などテーマを絞った議論を展開した。

近年、国際情勢を反映して、安全保障理事会が所管する議事案件の多くはアフリカあるいは中東に関するものとなっている。二〇一三年で見ると一三七（七一パーセント）の公式会議が特定国あるいは地域情勢に関連したもので、そのうち実にアフリカ問題、中東問題はそれぞれ六六パーセントと二一パーセントを占めている。アジア問題に関する安全保障理事会公式会議はわずかに五回、全体の四パーセントにとどまっている。

この年、安全保障理事会は四七本の決議案を採択しており、そのうち二四本がいわゆる憲章第七章に基づく拘束力を持つ決議案で、その大部分が国連平和維持軍の設立あるいは権限および任期の延長に関するものであった。例えば、四月二五日に採択された決議案二一〇〇号で、アフリカのマリ暫定統治機構を支援する国連平和維持軍ＭＩＮＵＳＭＡを新設し、また五月二日には決議案二一〇二号で、ソマリアの平和および国内融和を支援する国連特別政治ミッションＵＮＳＯＭを設立した。また、二四本の決議案のうち二本は憲章七章第四一条が定める制裁に触れる決議案で、そのうちの一本は北朝鮮が二〇一三年二月一二日に強行した核実験を糾弾し、二〇〇六年と二〇〇九年に採択された決議案によって実行された対北朝鮮武器禁輸、旅行制限などを含む制裁を強化するものであった。

公開会議で採択される安全保障理事会の決議案および決定は、もとより紛争当事国および関連国にとって非常に大きな意味を持つが、決議案や決定以外にも安全保障理事会の意思表明の手段として、公式な議長声明、あるいはそれより若干非公式なプレス向けの声明などがある。議長声明は公式会議で採択され、議長が安全保障理事会全体の意見を代弁するもので、安全保障理事会の公式文書として国連の公用語である六カ国語で出される。一方、プレス向け声明は非公式協議での合意を経て、議長が報道機関を通して安全保障理事会の意向を国際社会へ表明するもので、国連の実務使用言語である英語とフランス語で出される。二〇一三年には、安全保障理事会は四七本の決議案と並んで二二の議長声明を採択し、八六本のプレス声明を出した。

非公式協議は本音の交換の場

公開会議がしばしば初めから結論ありきであるのに対し、非公式協議は公開会議での決定に至るまでの各国間の意見交換および調整を図るものであり、そこでは安全保障理事会メンバー国それぞれの国家利益を反映した、言わば「本音」の意見交換がなされる。公開会議場向かい隣にある非公式協議室で行われる討議は、おのずから非公開であり、討議に関する情報遺漏を防ぐとの理由で、事務局からの参加者も事案に直接関係する担当部署の代表のみと極力制限される。事案に関心を持つ安全保障理事会メンバー国以外の一般加盟国の代表たちは一刻も早く安全保障理事会の本音の意向を探るべく、公開会議室横の待合室に待機する。プレスの代表たちも同様に安全保障理事会会議室外の指定の場所に待機して、会議から出てくる理事国代表を取材する。

非公式協議はしばしば、特定案件に関する事務総長あるいは担当部局の幹部による状況報告で始まり、事務局サイドの報告を受けてメンバー国がそれぞれ発言するが、議長が発言を指名する際も、公式会議の場で発言者を「何々国の代表殿」などと大仰に指名するのとは違って、各国代表にファーストネームで呼びかける。たまさか非公式協議に出席した事務局サイドの新米担当官が非公式協議の記録を取るのに、理事国の大使のファーストネームを知らず、一瞬どの国が発言しているのかわからず苦労したという笑い話もある。

二〇一三年、安全保障理事会は計一六二回の非公式協議を開いたが、本音の議論が戦わされるという意味では、非公式協議の重要性は公開会議に勝るとも劣らない。安全保障理事会構成国、特に常任理事国間の政治的対立や思惑の違いで、ある特定案件を安全保障理事会の正式議題に載せることが困難な場合でも、非公式協議の場で「その他の事案」の範疇で案件を取り上げ議論することがあるが、これも非公式協議の持つ柔軟性の一端と言うことができる。

さらに、非公式協議にはさまざまな形式があり、よりインフォーマルで秘密性の高い協議の形態に「アリア方式」がある。一九九二年に当時のベネズエラ駐国連大使を務めていたディエゴ・アリア氏にちなんで命名されたこの協議方式は、安全保障理事会構成国一カ国の発議で開催できること、安全保障理事会の非公式協議室以外で開催され、安全保障理事会の正式な活動とはみなされないこと、原則通訳や会議を準備する人員以外の事務局の代表は参加しないこと、協議の開催が国連の会報に載らないなどの点で通常の非公式協議と異なり、安全保障理事会に対し政治的に機微な国際平和と安全に関する問題について、当該政府あるいは非政府の代表や国際機関の代表らと率直な意見交換の場を与えるという意味で、年々その有用性が高まってきている。

同様に極めてインフォーマルで安全保障理事会の活動とみなされない協議方式に、「非公式インタラクティブ対話」方式があり、これも安全保障理事会非公式協議室以外の場所で開かれ、政治的に機微な問題について安全保障理事会メンバー国が事務局サイドからのブリーフィングを受ける際などに用いられる。一例を挙げると、スリランカでは二〇〇九年初頭から政府軍とタミール・タイガーと呼ばれる反政府軍との戦闘が激化し、多くの一般人が命を落とし、戦火の最中の深刻な人権侵害が問題となっていた。こうした事態を憂慮した潘基文事務総長は、国連事務局幹部を四月にスリランカに派遣し、自らも内戦が終結した直後の五月にスリランカを訪問した。当然ながら、こうした国連ミッションへの国際社会からの関心は高く、米英を含む安全保障理事会メンバー数カ国から事務局サイドのブリーフィングが要請された。しかし一方で、中ソを含む数カ国が、スリランカ情勢が安全保障理事会の正式議題に含まれていないこと、またスリランカの内戦は国内問題であり安全保障理事会が議論することは適切でないとの理由から、安全保障理事会がこの事案に関与することに反対意見を表明した。非公式な意見調整の結果、双方が妥協する形でスリランカ情勢のブリーフィングは、スリランカの国連大使参加の下に、極めてインフォーマルで安全保障理事会の会議とはされないインタラクティブ対話方式によって、国連ビル地下の会議室で非公開で行われた。

アリア方式による会議は、二〇一二年には九回、二〇一三年には六回開かれ、インタラクティブ対話方式の会議もそれぞれ一〇回と六回開かれている。こうした非公式協議は、安全保障理事会メンバー国にとっては事前に非公式かつ非公開で意見調整ができ、場合によっては、そうした事前調整により公開会議での常任理事国の拒否権の行使といった事態を避けることができるなど利点が多く、近年増加傾向にある。しかしながら、安全保障理事会理事国以外の一般加盟国からは、さまざまな非公式協議は安全保障理事会の公式記録にも残らず、重要事項が少数のエリートクラブのメンバーだけで秘密裏に決められているという懸念が示されており、安全保障理事会での議論の透明性確保という問題も含んでいる。

その他の協議方式としては、通信技術の進歩により、近年ビデオ会議の多用が目立つ。世界各地に展開する平和維持軍あるいは特別政治ミッションからブリーフィングを受けることを目的として、二〇一二年は四八回、二〇一三年は四四回のビデオ会議が行われた。

パワーランチは一時一五分

非公式協議と並んで理事国代表が、政策形成にかかわる意見交換および調整のための場として重視するものに、国連のパワーランチがある。国連では、午前中の会議は原則一〇時開始、午後一時終了、そして午後の会議は三時開始、六時終了というケースが多い。したがって、国連外交官の昼食は安全保障理事会に限らず、おしなべて午後一時一五分からとなっている。昼食と言ってもほとんどの場合は公務の延長であり、情報収集や個人的信頼関係を強化せんとするランチから、同僚大使の歓迎あるいは送別昼食会やレセプション、政策形成に有効なグループを招いてのパワーランチまでその形態はさまざまだ。また場所も自国の大使公邸、近隣のレストランあるいは国連ビル内にある外交官用のレストランとさまざまだが、いずれも国連外交官にとっては重要な仕事の一部である。昼同様、夜に開かれる各種の晩餐会やレセプションもまた頻繁にあり、駐国連大使や国連事務総長およびその他事務局の幹部連中には、ほぼ毎日複数の晩餐会やレセプションへの招待状が舞い込み、どこで誰が主催する行事に出席するべきか頭を悩ますことになる。

安全保障理事会では毎月一回、その月の持ち回り議長主催の昼食会が安全保障理事会メンバー国の常駐代表と国連事務総長を招いて行われる。この席では、事務総長が時の国際平和と安全分野での重要問題について簡単なブリーフィングを行い、安全保障理事会側参加者が昼食を挟んで自由かつ率直な意見交換をする。この場のブリーフィングは、必ずしも安全保障理事会の正式議題になっている事案に限らず、事務総長が適当と判断した案件について安全保障理事会の注意を非公式ながら喚起することができる。そういう意味で、こうした昼食会は安全保障理事会を含む国連の政策形成に重要な役割を果たしているのである。

月例の昼食会以外にも、安全保障理事会の各国代表と事務総長をはじめとする事務局の幹部が一堂に会し、非公式に国際平和と安全の維持に関し忌憚のない意見交換をする場所として「リトリート」（Retreat）と呼ばれる非公開会合が毎年春に開かれる。安全保障理事会議長国が主催するこうした会合は、多くの場合マンハッタンにある国連本部を離れ、ニューヨーク郊外の会議施設で金曜の午後から日曜まで開かれ、安全保障理事会各国代表と国連事務総長をはじめとする事務局幹部が泊まり込みで文字通り寝食を共にし、幅広い分野で忌憚なき意見交換ができる場を提供している。

従来、安全保障理事会メンバー国は、自国の情報収集に加え、事務局から提出される報告書およびブリーフィングによって紛争案件の分析を行ってきた。しかし近年、安全保障理事会の議題に載っている特定の紛争事案をより良く理解かつ分析し、適切な評価を下す手段として安全保障理事会自らによる使節団の派遣が増えてきている。こうした使節団は、安全保障理事会により派遣先の政府および紛争当事者のみならず、当該国の市民団体や非政府組織（NGO）およびその他の関連団体の代表とも幅広く意見交換するように奨励され、ニューヨークに戻った時点で安全保障理事会に報告することが求められる。

冷戦終焉後の一九九〇年代中盤から安全保障理事会による使節団の派遣が活用され始め、これまでに四〇以上の使節団が主にアフリカ大湖地域、中央アフリカ、コンゴ民主共和国、西アフリカなどのアフリカの紛争国および紛争地域に派遣されている。アジアでは一九九九年、二〇〇一年、二〇〇七年、二〇一二年にチモールレステ（東チモール）を、二〇〇三年、二〇〇六年、二〇〇八年と二〇一〇年にアフガニスタンを安全保障理事会使節団がそれぞれ訪れた。[43] 安全保障理事会使節団の訪問は紛争当事国の受け入れが前提になるが、訪問自体が情報収集や分析といった目的以外に紛争の解決に有形無形のインパクトを与える意味でもその有用性は高いと考えられる。

常任理事国の拒否権

国連安全保障理事会は一九四六年の第一回会合以降、数々の紛争の解決を模索する過程で、二〇〇〇本以上の決議案を採択し、のべ七〇以上の平和維持軍および特別政治ミッションを組織し、まがりなりにも世界規模の戦争の勃発を未然に防いできた。[44] しかし、地球上から紛争あるいは潜在的紛争が消滅したわけではなく、現在も多くの地球市民が局地的紛争の惨禍に苦しんでいる。

特に冷戦終焉後、多くの紛争は二つないしそれ以上の国を巻き込む「国家間紛争」から、一国内の政治的・宗教的・人種的対立に起因する内戦、その渦中で政府当局あるいは反政府組織によって引き起こされる人権侵害および戦争犯罪行為、あるいは無政府状態の出現による混乱と無秩序が形作る「国内紛争」へと性格を変えている。

国内紛争により発生する国内避難民（internally displaced persons: IDPs）の数は今や三三〇〇万人とも推定され、国連が認定し国際的な保護と支援を提供するおよそ一七〇〇万の国境を越えた難民をも上回っている。[45]

人権侵害、さらに戦争犯罪を伴う国内紛争は、難民の流出など周辺国への影響も大きく、そうした紛争が地域情勢の不安定化、ひいては国際社会の平和と安全に脅威をもたらすと判断された場合、安全保障理事会による介入が正当化される。しかし、国内紛争への介入は国際紛争以上に五常任理事国間の利害が対立することが多く、結果、安全保障理事会としての一致した対応が制限されることが多い。

そうした制限をもたらす大きな一因が、常任理事国に与えられている拒否権だ。国連憲章は常任理事国の「拒否権」という言葉には直接触れていない。ただ、前述のように安全保障理事会の実質事項の合意には五常任理事国を含む九カ国の賛成が必要であるから、常任理事国の一国でも反対すればその案件は成立しない。これがすなわち常任理事国の拒否権なのだ。

二〇〇四年からの一〇年間を見てみると、常任理事国による拒否権の行使は計一四回あるが、その内訳は中国とロシアの両国が同時に拒否権を発動した「ダブルビトー」(double veto) が六回、アメリカの単独行使が五回、ロシアによる単独行使が三回となっている。[46] アメリカの拒否権はほぼ例外なく中東パレスチナ問題をめぐるものであり、同盟国のイスラエルを守るために行使されている。中国およびロシアによる拒否権は、イラク、シリア、ジョージア(グルジア)、ミャンマーなど国際政治の舞台で両国の個別あるいは共通する利害が英米仏ら西側諸国のそれと相反する場合に行使されており、西側諸国が共同提案国となった決議案に対し、主としてこうした国々の内政問題に干渉するものであるという理由で反対票が投じられている。

ロシアにしろ中国にしろ、歴史的に第三世界の中立国および社会主義国との関係が深く、第三世界諸国からの支持と影響力を温存することこそが自らの国益に直結する。そうした常任理事国の国益優先の外交姿勢が、しばしば安全保障理事会の行動の制限に繋がっている。例えばミャンマー問題では、二〇〇七年一月、アメリカが主導する形でミャンマー当局に対し、真の民主化移行へ向けて、少数民族や政党の代表者を含むすべての当事者との包括的な政治対話の再開、および、当時軍事政権によって軟禁状態に置かれていたアウンサン・スーチー女史の即時無条件釈放を求める決議案が提出された[47]。しかし、ミャンマー問題を安全保障理事会の議題とすること自体に消極的であった中国とロシアは、ミャンマー問題は世界の平和と安全を脅かす事案とは言えず、またこの決議案は一国連加盟国の内政に干渉するものであると反発し、投票に際しては冷戦終焉後初めてとなる「ダブルビトー」を発動して、この決議案を葬り去った。

またシリア情勢に関しては、二〇一一年三月に勃発した内戦が日々激しさを増し、多くの市民が犠牲になる中、中国とロシアの拒否権発動により、安全保障理事会による戦闘行為の即時停止と当局による深刻な人権侵害への糾弾、そして事態がさらに悪化した場合の国連憲章第七章四一条に定める経済制裁を含む方策の検討を柱とする決議案は、二〇一一年一〇月、二〇一二年二月、二〇一二年七月、そして二〇一四年五月と実に四回にわたり否決された。いずれの決議案も英米仏を含む安全保障理事会メンバー九カ国の支持を得たが、シリアと友好関係にある中国とロシアは決議案がシリアの内政干渉に当たるとして採択に反対した。[48] シリア情勢は、二〇一四年にイスラム過激集団「イスラム国」がシリアとイラクにまたがる地域を支配するまったく新しい局面に入ったが、シリア政府と反政府勢力、さらに台頭する「イスラム国」との攻防が続く中、アサド政権への常任理事国間の外交スタンスの違いが、安全保障理事会が一致結束した行動を取れない一因になっていることに変わりはない。

国連の枠組みをはずれた動き

常任理事国間の意見の不一致という国際政治の現実が、本来、安全保障理事会に与えられた国際平和と安全の維持という責任の行使を制限する状況下で、アメリカを中心とする一部加盟国は、国連の枠組みの外に問題の解決策を模索するようになった。前述したように、一九九〇年のイラクのクウェート侵攻には一致団結して国連憲章第七章に基づく軍事的作戦を承認した安全保障理事会であったが、戦争終結後のサダム・フセイン政権への対応では、常任理事国間のスタンスの違いが次第に顕著になった。特に、安全保障理事会決議により大量殺戮兵器の開発および所持を禁止されたフセイン政権が一連の対イラク決議案を順守しているかをめぐって安全保障理事会の見解は大きく分かれた。

二〇〇一年の同時多発テロを受けてイラクへの態度を硬化させていたアメリカのブッシュ政権は、イラクが国連決議に違反して大量殺戮兵器を隠匿していると主張し、二〇〇二年一一月には安全保障理事会で対イラク軍事作戦の発動を求めた。しかし、イラクが安保理決議案を順守しているかどうかを判断するために派遣された国連査察団の報告書が、イラクによる大量殺戮兵器の隠匿を示す証拠はないとしたこともあり、アメリカが主張する対イラク軍事行動への見解は分かれ、フランス、ドイツ、カナダやロシアなどの安全保障理事会メンバーは明確な反対を表明した。これに対して、当時のブッシュ政権は国連を通じた外交交渉の道は閉ざされたとして、翌二〇〇三年三月二〇日、アメリカに同調するいわゆる「有志連合」による対イラク軍事作戦に踏み切った。

アメリカ主導の軍事作戦は、フセイン政権を打倒し、イラクの民主政権誕生への道を開いたが、作戦終了後にイラクの大量殺戮兵器が発見されなかったこともあり、安全保障理事会の承認を得ない有志連合による軍事行動はその合法性を巡って大きな論議を呼んだ。二〇〇四年九月、国連のコフィ・アナン事務総長は、アメリカ主導の有志連合による対イラク軍事行動は国連憲章と相容れるものではなく、国連の観点から、また国連憲章の観点から「非合法」であったと批判した。[49]

イラクでは二〇〇五年、多数政党が参加する選挙が行われ、民主政権が誕生した。しかし民主化移行への道のりは困難を極め、二〇一四年に「イスラム国」の台頭により内戦状態に陥ったイラクは、多くの難民の流出と国内避難民を発生させ、今なお混迷の度を深めている。安全保障理事会の承認を得ない国連の枠組み外で発動される有志連合による軍事作戦は、一方では一部加盟国の国益に合致した結果をもたらすことはあっても、他方では国連の、ひいては安全保障理事会自らの威信を傷つける諸刃の剣でもあるのである。

国際政治の理想と現実

二〇一四年、安全保障理事会を震撼させる事態がウクライナで発生した。親ロシア派とされたヴィクトル・ヤヌコーヴィチ大統領が二〇一三年一一月に欧州連合（EU）との連合協定署名を延期したことに端を発した政府批判は、二〇一四年に入ると暴力を伴う大規模な反政府デモに発展し、二月二二日には大統領が首都キエフからロシアへ逃亡する事態に至った。大統領の失脚を受けて、二月二七日には親欧米派とされるアルセニー・ヤツェニュク氏を首班とする暫定政権が樹立された。ヤツェニュク暫定政府はアメリカ、イギリスなどが即承認したが、ロシアは暫定政府をクーデターによって樹立された違法政権と批判し、承認を拒否した。

また、歴史的にロシア系住民が多数を占めるウクライナ東部と南部では、親ロシア派グループとウクライナ政府治安当局との間に武力衝突も発生し、ウクライナの政情不安はいっそう加速した。特に戦略的に重要な南部クリミアでは、自治政府がウクライナからの独立を求める住民投票の実施を決めたことから、住民投票を支持するロシアと欧米を中心とした国々との立場の違いが決定的になった。

住民投票を翌日に控えた三月一五日、米、英、仏、独および日本など四二カ国は、クリミア自治政府による住民投票の違法性を批判し、住民投票に基づくクリミアの地位変更に反対する決議案を安全保障理事会に共同提案した。[50] しかし、投票に付された決議案は、安全保障理事会構成国一五カ国のうち、米、英、仏の三常任理事国を含む一三カ国が賛成（中国は棄権）したものの、ロシアが拒否権を行使し、否決された。アメリカのサマンサ・パワー国連大使をはじめとする西側諸国の代表と、当事者として会議に招かれたウクライナの代表は、ロシアのウクライナへの不当な干渉を批判するとともに、クリミア自治政府の住民投票はウクライナの領土保全を脅かすものだと糾弾した。一方、ロシアのビタリ・チェルキン大使はクリミアの住民投票は国際法に定められた民族自決権の行使だと反論し、ロシアのウクライナへの干渉を否定した[51]。

ロシア民族が約六割を占めるクリミアの住民投票は、圧倒的多数でクリミアのロシアとの統合を支持し、三月一八日、クリミアは住民投票の結果を受けてロシアへ併合された。クリミアの併合を受けて、ロシアがクリミアに加えウクライナ東部でも親ロシア派グループへの支援に不当に関与していると批判するアメリカと英、仏、独を中心とするEU諸国はロシアへの経済制裁に踏み切った。しかし、経済制裁が意図した成果を上げられない中、それまでロシアとの貿易に大きく依存してきたEU諸国の間にはロシアとの対話による解決を模索する動きもあり、制裁の強化をめぐってはアメリカと欧州諸国の間に微妙な温度差が存在している。

ウクライナ国内の政府と反政府勢力の武力紛争は、二〇一四年九月の停戦合意にもかかわらず、二〇一五年初頭再び激化し、ウクライナ危機勃発から一年が経とうとする中、解決の緒はいまだ見つかっていない。

常任理事国の一角を占めるロシアが言わば紛争の当事者となったウクライナ危機は、七〇年前の国連創設時に世界が望んだ米、英、仏、中、ソ連（現ロシア）の五大国による世界平和と安全の維持という理想と現実のギャップを改めて認識させた。確かに国連憲章は、安全保障理事会に国際の平和と安全を守る使命とその責任を行使するための強大な権力を与えており、五常任理事国を含む安全保障理事国が一致して行動するとき、安全保障理事会は「平和の番人」としての責務を果たすことができる。しかし、安全保障理事会がその本来の責務を果たせるか否かは、ひとえに常任理事国が一致して行動できるかどうかにかかっているのも、また国際政治の現実なのである。

第四章

事務局——国際官僚集団

国連職員の数

国連憲章第一〇一条は、事務総長によって任命される事務局職員の採用にあたっては「最高水準の能率、能力および清廉さ」が第一に考慮されるべきであり、同時に、地理的均等配分の原則にのっとり、できるだけ広い地域から職員を採用する重要性を指摘している。

総会に毎年提出される事務局の構成に関する事務総長報告によれば、二〇一四年六月三〇日現在、六三八九人がニューヨークの国連本部に、三二二三人がスイスのジュネーブにある国連欧州支部に、一七一一人がナイロビ支部に、一一四七人がオーストリアのウィーン支部に勤務している。[52] この数字に、世界各地に散在する事務所、通常予算によって世界各地に展開される政治ミッションや平和維持活動などのいわゆる「フィールドミッション」、あるいは地域委員会で働く職員を加えると、事務局スタッフの総数は、四万一四二六人に膨れ上がる。このうち、一万二四二〇人が専門職員と呼ばれる幹部職員で、四一五一人がフィールド職員、二万四八五五人が秘書などの一般職員となっている。

この数字はあくまで通常予算に計上される職員数で、加盟国の自発的拠出金など通常予算外資金で短期あるいは期限付きで雇用される事務局職員は含まれていない。また、総会が設立した国連開発計画（UNDP）や、国連児童基金（UNICEF＝ユニセフ）、国連難民高等弁務官事務所（UNHCR）などの関連機関を含めた国連職員の総数は七万四九六〇人に上る。

多岐にわたる事務局の仕事

事務局の仕事には、おおまかに言って、加盟国が構成する総会や安全保障理事会などの政府間機関が必要とする役務の提供とそれら政府間機関が決定した政策の履行、事務総長のサポート、および国連の日常業務の遂行がある。

政府間機関への役務の提供には大きく分けて、事務的サービスと実質的サービスの二種類がある。事務的サービスは国連で行われる膨大な数の会議が円滑かつ効率的に行われるようにするもので、議事録や決議案など公式文書の国連公用語での作成、印刷、配布、さらに会議室の確保、同時通訳の提供、あるいは紙や鉛筆の準備等々、会議運営に必要なありとあらゆるサービスを含む。一方、実質的サービスには、毎年総会に提出される二百を超える事務総長報告の作成や、安全保障理事会に対し日常的に行われるブリーフィングや分析などの提供がある。

次に、事務局の最高行政責任者であり国連を対外的に代表する事務総長へのサポートには、事務総長が総会や安全保障理事会などの政府間機関によって委託された事柄の履行、事務総長へのさまざまなアドバイスの提供、事務総長が出席する膨大な数の会議や要人との会談の準備および補助、さらに海外出張の準備から声明や演説の作成、警備の提供まであリとあらゆる分野にわたる。また、政府間機関や事務総長への役務の効率的な提供を図るための事務局の円滑な運営、職員の管理および世界各地に展開するさまざまなミッションへの後方支援なども事務局の重要任務である。

幹部人事は大国優先

こうした責務を履行する国連事務局には、二〇一三年八月現在、事務総長を直接サポートする事務総長官房（Executive Office of the Secretary-General: EOSG）に加え、以下の八局と九室が存在する。[53]

政務局（Department of Political Affairs: DPA）
平和維持活動局（Department of Peacekeeping Operations: DPKO）
経済社会局（Department of Economic and Social Affairs: DESA）
行政管理局（Department of Management: DM）
広報局（Department of Public Information: DPI）
総会・会議管理局（Department of General Assembly and Conference Management: DGACM）
フィールド支援局（Department of Field Support: DFS）
安全保安局（Department of Safety and Security: DSS）
法務室（Office of Legal Affairs: OLA）
軍縮室（Office for Disarmament Affairs: ODA）
人道問題調整室（Office for the Coordination of Humanitarian Affairs: OCHA）
人権高等弁務官室（Office of the United Nations High Commissioner for Human Rights: OHCHR）

内部監査室（Office of Internal Oversight Services: OIOS）
アフリカ問題担当特別顧問室（Office of the Special Adviser on Africa: OSAA）
子どもと武力紛争担当事務総長特別代表室（Office of the Special Representative of the Secretary-General for Children and Armed Conflict: OSRSG/CAAC）
紛争における性的暴力問題担当事務総長特別代表室（Office of the Special Representative of the Secretary-General for Sexual Violence in Conflict: OSRSG/SVC）
後発途上国・内陸開発途上国・小島嶼開発途上国担当上級代表室（Office of the High Representative for the Least Developed Countries, Landlocked Developing Countries and Small Island Developing States: OHR-LLS）

またニューヨーク本部以外に、地域事務所としての国連ジュネーブ事務所（United Nations Office at Geneva: UNOG）、国連ウィーン事務所（United Nations Office at Vienna: UNOV）、国連ナイロビ事務所（United Nations Office at Nairobi: UNON）がある。

これらの局、室および事務所は、事務総長によって政治的に任命される事務次長（Under-Secretary-General: USG）あるいは事務次長補（Assistant Secretary-General: ASG）によって率いられる。こうした事務局の幹部ポスト、特に主要局のポストは、憲章が定める地理的均等配分の原則とは別に、国連創設以来、暗黙の了解の下、安全保障理事会の常任理事国や国連予算の大口拠出国から任命されるのが常である。

一九四六年ロンドンで開かれた第一回総会は、事務局が、事務総長官房に加え、安全保障理事会局（Department of Security Council Affairs）、経済局（Department of Economic Affairs）、社会局（Department of Social Affairs）、信託統治および非自治地域情報局（Department of Trusteeship and Information from Non-Self-Governing Territories）、広報局（Department of Public Information）、法務局（Legal Department）、会議および総務サービス（Conference and General Services）、そして行財政サービス（Administrative and Financial Services）の八部局から構成されることを決定した[54]。

もとより事務局組織は、一九四六年以来、数度の機構改革を経て変化してきているが、幹部職を主要加盟国が担う傾向は変わらず、例えば、アメリカはおおむね政務や行政管理、イギリスは平和維持、政務、人道、またフランスは平和維持、人道や経済社会、ロシアは旧ソ連時代から一貫して安全保障、中国は経済社会や総会、また安全保障理事会常任理事国以外では日本が軍縮、人道、広報、ドイツが法務や軍縮などの要職を占めている。

ちなみに、二〇一三年九月時点で、政務局トップの事務次長はアメリカ、平和維持活動局はフランス、人道問題調整室はイギリス、経済社会局は中国、行政管理局は日本、軍縮室はドイツ、法務室はポルトガル、広報局はオーストリアからそれぞれ任命されている。国連の二〇一二－二〇一三年度予算では地理的均等配分対象となる二九〇七の基幹ポストが認められたが、このうち二九が事務次長ポスト、二三が事務次長補ポストであった。また、地理的均等配分対象外のポストや年間一ドルといった特殊契約を含めると、全世界で働く事務次長の数は七五人、事務次長補は八〇人に上り、こうした国連高官の任命を政治的かつ地理的にいかにバランス良く行うかは、歴代事務総長が頭を悩ます問題なのである。

職員数の「適正枠」

可能な限り広い地域から均等に国連職員を採用するために、総会は通常予算でレベルごとに地理的均等配分対象の基幹ポストを定めており、さらに各加盟国の通常予算の分担率などを勘案して、それぞれの国から何人くらいの事務局職員を採用するべきかを示す「適正枠」を設けている。一九三ある全加盟国中一二〇カ国が適正枠に入る職員を供出している一方で、三八カ国が適正枠を満たしておらず、一五カ国は一人の事務局職員も供出していない。反対に、二〇カ国は適正枠を上回る職員を出している。

二〇一四年六月三〇日時点で、例えば、アメリカは三七三から五〇四人の適正枠に近い三五五人の職員を供出しているが、イギリスは九二から一二五の適正枠に対し一四一人、フランスは九九から一三四の適正枠に対し一四一人とそれぞれ適正枠を上回る事務局職員を出している。ちなみに日本は、一八六から二五二の適正枠に対し、わずか八三人と適正枠を大幅に下回っている。

また、地理的均等配分対象外のポストを含めた事務局の総職員数四万一四二六人の内訳を見てみると、やはりアメリカが二六一一人（六・三パーセント）と群を抜いており、フランスが一四八四人（三・五八パーセント）、英国が九三一人（二・二五パーセント）、インドが六〇一人（一・四五パーセント）、ロシアが五六二人（一・三六パーセント）、中国が四五〇人（一・〇九パーセント）と続いている。ここでも国連創立時の旧連合国の優位は動かず、一方、日本はわずか二五五人（〇・六二パーセント）と出遅れている。[55] 日本政府も二〇〇〇年、国連代表部に外務省人事センターのニューヨーク支部を設置し、邦人職員の増加に努力しているが、職員数は微増にとどまっている。

国連職員の採用にあたっては、なるだけ広い地域から均等に採用することの重要性に加え、最高水準の能率、能力および清廉さが求められることはすでに述べた。しかし国家公務員の採用と違い、教育制度や水準、言語あるいは価値観の異なる国々から採用される国連職員に、普遍的かつ同水準の能力や価値観を求めることは簡単ではない。例えば、先進国Aと開発途上国Bの教育水準の優劣は一概に比較はできないであろうし、文化や習慣が違えば、仕事に対する姿勢も違ったものになる。国連の選抜試験や面接は通常、英語かフランス語のいずれかで行われるので、英語やフランス語を母語とする国からの応募者とそうでない国からの応募者では、個人の人間性や能力にかかわらず、自己表現の段階でハンディが生じてしまうかもしれない。近年日本人の若者が内向的になり、あまり海外に出たがらないという傾向が指摘されているが、こうした言葉の壁も日本人の国連職員数がなかなか増えない一因なのかもしれない。国連が求める、なるべく多くの地域から広く職員を採用することと「最高水準の能率、能力そして清廉さ」を確保することとの整合性をいかに保っていくかは、事務局にとって古くて新しい問題なのである。

加盟国間の職員数の不均衡是正のため、国連事務局は毎年、職員数適正枠を満たしていない加盟国を対象に、エントリーレベルの専門職員の雇用を目的とした選抜試験を行っており、二〇一一年と二〇一二年には、それぞれ七九人と六九人が若手専門職員として採用された。しかし、幹部や中堅レベルの地理的均等配分対象ポストへの専門職員の任命全体を見ると、二〇一一年は二四七人、二〇一二年は一七四人がそれぞれ任命されたが、そのうち適正枠を満たしていない国からの任命は、一三七人と八六人にとどまっている。一方でまた、適正枠超の国からも二〇一一年には一一三人、二〇一二年には五人がそれぞれ任命されており、加盟国間の職員数の不均衡是正は一朝一夕には解決しない問題となっている。[56]

男女間の格差是正

地理的均等配分に加え、近年重視されているのが男女間の格差是正で、その一環として、なるべく多くの女性職員を事務局の中枢ポストに任命する努力がなされている。一九九五年に北京で開かれた国連の第四回世界女性会議では、事務局の部長職以上の幹部職での男女比率を五〇対五〇にするべきとの、一連の総会決議の速やかな履行を求めた宣言が採択された。また二〇〇〇年一〇月三一日には安全保障理事会が、紛争の予防および解決における女性の役割の重要性を強調した歴史的決議案一三二五号を採択し、国連の平和と安全分野におけるすべての活動への女性の同等の参加の必要性を呼びかけた。しかし、北京宣言が求めた事務局幹部職員の男女比率を同等まで引き上げる目標はまだ達成されていない。

ジェンダー主流化

国連における、男女間の平等・機会均等の実現、およびあらゆる差別の撤廃は、「ジェンダー（性）の主流化（メインストリーミング）」と呼ばれる政策に基づいて行われる。この政策は、単に職場の男女の比率をフィフティ・フィフティにするなどの「数」の確保にとどまらず、あらゆる社会・生活環境で、女性の地位向上と男女間の差別の撤廃を目指すものだ。

男女間の平等・機会均等化を呼びかける国連の宣言や報告書としては、一九九五年の第四回世界女性会議で採択された北京宣言や、二〇〇〇年の国連特別総会会期中の「女性二〇〇〇年会議」で採択された報告書などが有名だ。しかし、国際の平和と安全分野における性の主流化を目指す文書として特筆されるべきは、二〇〇〇年一〇月三一日に安全保障理事会が採択した決議案第一三二五号だろう。

北京宣言や女性二〇〇〇年会議の決定を受けて採択されたこの決議案は、紛争の予防と解決に果たす女性の役割を再認識するとともに、世界平和と安全の維持のためになされるあらゆる努力において、女性が男性と同等に、かつ完全に参加することが重要だと訴えた。そして決議案は、国連加盟国に対し、紛争予防と解決を目的とした国内外の機関におけるすべての政策決定レベルで、女性の代表者数を増加させることを求めた。また国連事務総長に対して、事務局の政策レベルでも同様に女性職員の比率を増加し、事務総長の調停や斡旋作業を手助けする事務総長特別代表や事務総長特使にも、より多くの女性を起用するよう求めた。さらに決議案は、国連と加盟国に対し、紛争解決を目指すうえで女性の視点に留意すること、そして、国連の平和維持あるいは平和創造活動下での女性の参加と保護に関するトレーニングを充実させるよう求めている。

この決議案以降、国連事務局あるいはフィールドミッションの採用面接には、ジェンダー主流化に関する質問が必ず含まれるようになった。どんなに筆記の成績が優秀で、専門分野の知識に優れていても、ジェンダー主流化に関する答えが不備だと採用はまずおぼつかない。そして、能力が同等レベルと判断される候補者が男女共にいる場合は、女性を採用することが奨励される。男女間の平等、機会均等を単に数だけの問題と捉えず、質的レベルでの平等を含めたジェンダー主流化政策を正しく理解することが極めて重要になっている。

現在七五人いる事務次長の内訳は、男性が五六人（七四・六パーセント）、女性が一九人（二五・四パーセント）と男女間の比率は実に三対一といったありさまだ。事務次長に次ぐ事務次長補レベルでも、八〇人のうち男性が六四人、女性が一六人、次の部長職では六九〇人のうち男性が五八五人、女性が二〇五人で、こうしたレベルでの女性の比率はそれぞれ二〇パーセントと二九・七パーセントとなっている。[57] 女性の優先採用は事務局の内規にも反映されているが、専門職分野での男女比率の完全な均衡達成には、まだしばらく時間がかかりそうだ。

専門職と一般職

国連職員のポストは専門職（Professional）と一般職（General Service）に分かれる。専門職はP1からP5までの五段階に分かれ、さらにその上に部長級のD1とD2の二階級が存在する。さらにその上には、事務局の各局を率いる事務次長と事務次長補の政治任命ポストがある。

専門職員の仕事の大半は分析や報告書の作成で、事務次長や事務次長補をサポートして国連の外交交渉に従事したり、会議に参加したりもする。さらに、P5レベルの課長級、Dレベルの部長級にはこうした仕事に加えて、担当部署の管理運営業務が加わる。専門職員は通常、国際的に採用され、本部の専門職ポストは地理的均等配分対象となる基幹ポストだ。

一般職はいわゆる「秘書的な仕事」が中心で、G1からG7までの七レベルに分かれ、資料の収集や会議のアレンジ、出張の手配などで専門職スタッフをサポートする。ただし、一般職でも、G7やG6といった最高レベルには経験、実力共にエントリーレベルの若手専門職員を上回るベテラン職員が任命されており、おのずから仕事の内容も実質的かつ重要なものを任されることが多い。専門職員と違い一般職員はそれぞれの本部あるいは事務局所在地で採用され、一般職のポストは地理的均等配分対象にはなっていない。

専門職員の採用過程

P1やP2レベルの若手専門職員の採用は原則として選抜競争試験で行われる。二〇一一年からは国連ヤングプロフェッショナルプログラムと呼称を変えたが、基本的に、国連職員数の適正枠を満たしていない加盟国からの採用を目的とした選抜競争試験で、受験時に三二歳以下であり、かつ英語・フランス語いずれかの言葉が流暢に読み、書き、話すことができれば受験できる。また、修士課程を修了し、英仏語に加えて他の国連公用語に精通していることが有利とされる。修士号を持っていれば職務経験は必要とされないが、学士号のみの場合は応募する分野で二年程度の経験が必要とされる。また、二〇一〇年までは別々に行われていた一般職から専門職への登用試験も、現在はこのヤングプロフェッショナルプログラムに一本化されている。

この試験に合格すると合格者名簿に登録され、希望する分野で空席が生じると順次採用される運びとなる。二〇一三年に六三の加盟国で行われた試験では、一〇九人が合格者リストに登録され、そのうち六二人がＰ１・Ｐ２レベルの若手専門職員として採用された。六二人のうち五一人が地理的均等配分対象の基幹ポストへの任命であった。[58]

Ｐ３以上の専門職員の採用は、原則として、空席公募制度を通して行われる。これは、国連の予算が各担当部署の業務を履行するうえで必要なポスト数の積み上げによって編成されることによる。総会は事務局が提出した予算案を精査し、各部局にレベルごとにいくつのポストを認めるかを決定する。従って、ポストに空きがなければ採用もまたできない。

職員の昇進・異動・退職などで空席が生じると、また、財政緊縮の折、まれではあるがポストが総会によって新設されると、国連人事部が国連のウェブサイトに空席情報を出し、採用過程がスタートする。公募されるポストのレベルによって、必要とされる応募資格が違ってくるが、一般にＰ３レベルで最低五年、Ｐ４レベルだと最低七年、Ｐ５レベルだと最低十年、Ｄレベルでは最低一五年以上の関連分野での実務経験が要求される。公募となる空席には限りがあるので競争は激しく、一つのポストに国連内外から数百人、数千人が応募することも珍しくない。

応募者はまず、人事局による書類審査で数十人に絞られ、公募しているそれぞれの原局の総務部を通して、担当部署に候補者の応募書類が送られる。さらに、担当部署の部課長が応募者を精査し、候補者を十人前後に絞り込む。そして、担当部署の部課長を長とする採用委員会が逐次設置され、国連本部の場合、候補者がニューヨーク近郊在住であれば面接、ニューヨーク以外からの応募であれば電話インタビューが行われる。現在国連は、「能力主義」と呼ばれる採用方式を採っており、面接やインタビューでは、専門知識や専門分野での経験の有無より、応募者の人格、人間性、協調性、専門分野での一般的知識と技能など候補者個人としての能力を見ることに重点が置かれている。

面接やインタビューを通して、三人程度の候補者がショートリストと呼ばれる最終選考リストに載せられ、担当局長から人事局へ第一候補者の採用が要請される。何らかの事情で第一候補者が採用に応じられない場合は、第二、さらに第三候補者の採用が進言される。

現在の採用方式の問題点

筆者自身、何度も事務局職員の採用に関与をしたが、こうした採用方式の問題点は、第一に非常に時間がかかることだ。空席情報が人事部により発表されてから原局による候補者の選定まで短くて三カ月、長ければ六カ月ぐらいは優にかかってしまう。採用が決定しても、候補者がすでに国連の内外を問わず仕事を持っている場合、また特に勤務地がニューヨーク以外の場合、その職場を離れ国連本部の当該部署へ赴任できるまでに、さらに数カ月かかってしまうことも珍しいことではない。その間ポストは空席のままで、当然仕事のしわ寄せは当該の部署に来る。採用に責任を持つ部課長にしても、日常業務の合間に行う採用過程にかける時間はできるだけ短縮したいわけで、公正な採用を心がけることは言うまでもないが、時として採用に十分な時間を割けない場合も出てくる。

またもう一つの問題点は、個人の人間性や能力を見極めることの難しさだ。国連で働く専門職員は分野にかかわらず、分析能力、分析した事柄を報告書にまとめる文章力、同僚と協力してチームの一員として働く協調性、自分の意見を的確に表現し合意を形成していくコミュニケーション能力などが非常に大事になってくるが、こうした能力は、応募書類、短時間の面接や電話インタビュー、あるいは候補者に提出してもらう報告書のサンプルなどを見ても、完全に把握できるものではない。結果、十中八九は優秀な候補者を採用できるが、時として期待外れな採用結果になることもある。仕事はできても自己主張が強く協調性に欠けたり、反対に、人柄は良くても分析力や文章能力などの実務能力が弱く肝心の仕事が今ひとつだったりと、人の採用はつくづく難しい。

また、能力主義に重点を置いた選考方式では、面接やインタビューでいかに自分の能力を的確に表現し、自分を売り込めるかが成功の重要な要素になる。面接やインタビューはおのずから英語で行われることが多いので、やはり英語を母語とする候補者、あるいは欧米諸国で中高等教育の過程でコミュニケーションスキルと弁論術を鍛えてきた候補者が圧倒的に有利になる。専門分野で優れた能力あるいはスキルを有していても、なかなか日本人の採用が増えないのも決して能力主義採用方式の導入と無関係ではない。

国連公用語は二カ国語以上マスターしよう

国連の公用語は英語、フランス語、スペイン語、中国語、ロシア語、そしてアラビア語の六カ国語だ。このうち、英語とフランス語が日常業務において使う言語とされている。しかし、国連の公式会議はすべての公用語に同時通訳され、決議案などの公式文書もすべての公用語に翻訳される。

国連事務局は、言語の天才の集まりで、複数の国が国境を接しているヨーロッパ出身の職員には、国連の公用語を含む五、六カ国語を自由自在に操る強者も決して少なくない。国連では、六カ国語のうち好きな言語を学習できるクラスが職員向けに無償で開かれており、昼食時間を利用して授業を受ける人も多い。

職員は、通常使用言語である英語かフランス語には十分精通していることが最低条件となるが、それ以外の公用語に精通していることは、採用あるいは昇進といったキャリアアップにも繋がる。国連のポストの公募には通常、業務をこなすための能力に加え、英仏いずれかの言語に精通していることなどの応募条件が記されるが、他の国連公用語に精通していることは「アセット」(利点)との一項が加えられている。また、英仏以外の国連公用語にも精通していると認められると、キャリアディベロップメントだけでなく、通常は一年に一回の昇給が一〇カ月ごとに行われるなどのメリットもある。私は、大学で中国語を第二外国語として専攻した。国連に入り、国連が主催する中国語の検定試験を受けたところ、無事に合格、それ以来一〇カ月ごとの昇給を受けることになった。

将来国連で働くことを目指す方には、ぜひ英仏語以外の国連公用語にもチャレンジしていただきたい。ただ、中国語は一三億の人が話す言語ではあるが、国際的な普遍性という点では、いまひとつだ。確かに、公務で中国を訪れたときなどは役立った記憶があるが、普段の事務局での仕事で役に立ったことはあまりなかったように思う。英仏語以外の国連公用語にチャレンジするのであれば、やはり国際的に汎用度の高いスペイン語、あるいはアラビア語あたりがよいかもしれない。

事務局は玉石混交

かつての上司であり、国連での長いキャリアを持つある事務次長は、事務局で働く人間は三種類に分けられると筆者に語っていた。第一の分類は、国連の理想に共鳴し、国際公務員たるにふさわしい能力を持ち、事務局を牽引している人間で、全職員の三割程度。次に約五割の職員は、ジョブディスクリプション（Job Description: JD）によって定められたそれぞれのポストの業務内容のみを淡々とこなしている人、そして残りの二割の人は、能力がないかあるいはやる気のない人間で、組織にとって無用の人間。

筆者は事務局に二五年余勤務したが、一部の国連職員は確かに優秀である。数カ国の国連公用語を自在に駆使し、外交交渉能力にも秀でており、かつ人間的にも誠実かつ魅力に富む職員は、上司として仕えても、また同僚として仕事をしても楽しいものである。この種の職員はそのレベルにかかわらず、常に今何をするべきかを自分の頭で考えており、将来のビジョンを持ち、周囲を説得し、かつ職場全体を一定の目標に向けて動かしていくリーダーとしての資質と能力を持っている。一方で、自己のポストが定める業務内容を実行することのみに忠実で、自己の職責を超えることには関心がなく、前例のみを尊び、新しい事柄に反発する悪しき官僚型職員も事務局には多々見られる。先に引用した上司の観察にはなかなか鋭いものがあり、事務局職員の現状をかなり正確に表しているのではないか。

人事制度の欠陥

設立七〇年を迎えようとしている国連には、残念ながらいまだに確立した人事政策というものがなく、昇進や他のポストへの異動を含む自己のキャリアの開発は、おおむね個人の力に委ねられている。国連では、昇進にしろ異動にしろ、空席がなければ話にならず、昇進を望む場合、違う仕事をやってみたい場合、あるいは違った職場に移りたい場合は、まず空席をいち早く見つけて応募しなければ物事は進まない。

しかし、すべての職員が自己のキャリアの開発・発展に奔走し、多くの時間を費やすのは極めて非効率であり、また、事務局の本業にも悪影響を及ぼす。本来は、人事局が職員の昇進や配置転換を含む人事政策を戦略的かつ系統立てて行うべきであり、その必要性は歴代の事務総長も繰り返し述べている。

専門職員は建前上、事務総長の指示により世界中のどこへでも赴任することが求められている。しかし、事務局内はもとより、本部とフィールドと呼ばれる世界各地に展開するミッションに関連する職場間の異動はまず空席ありきで、事務局の最高行政官である事務総長にも、職員を強制的に配置転換する権限は認められていない。

第七代事務総長コフィ・アナン氏は二〇〇六年三月「国連への投資」と題する報告の中で、総会に対しすべての空席情報を一元的に管理し、さらに戦略的かつ系統立った職員の配置転換を可能せしめる抜本的人事制度の改革案を提出したが、加盟国間の対事務局政策における温度差、改革に伴う経費増と財源問題などにより、抜本的人事制度の見直しに関する総会の意思統一はいまだできていない[59]。

近年、特別政治ミッションや平和維持活動ミッションなどの増加で、フィールドでの仕事の需要は以前にも増して高まってきており、国連職員に求められる能力や技能もまた変化してきている。一方で、生活環境の整ったニューヨークやジュネーブなどの任地を離れ、より難しい勤務条件が求められるフィールドに異動しても、将来本部に戻る可能性や異動に伴う昇進の可能性が不確かで、将来のキャリア展望が描けない現状では、職員の積極的な職場間異動は難しい。

二〇〇〇年以降、選抜競争試験で採用された若手専門職員には、昇進の条件として最低二カ所以上での職場経験が求められるようになり、また他の専門職や一般職レベルでも、同じ職に五年以上とどまることを禁止する「五年ルール」が導入された。

だが、二〇〇五年に国連本部職員を対象に行ったある内部調査では、ほとんどの回答者が、官僚主義の蔓延と並んで昇進やキャリアの展望が描けないことに不満を表明しており、国連職員の多くが抱える閉塞感を打ち破る抜本的な人事制度改革実現にはほど遠い。実際、事務局内部の空席は当該職場の同僚の昇進や、事務局内の他の職場からの採用で埋まることが多い。これはまったく知らない応募者より、職場経験を通して人間性や能力をある程度理解している候補者を採用するケースが多いことにもよるが、事務局内部、本部とフィールド間、あるいは事務局と国連開発計画などの関連機関間の人事政策の一元化がなされていないこと、そして、系統立った職員採用および異動制度の不備が大きな原因になっている。

国連職員の忠誠心

国連憲章第一〇〇条は、国連事務総長およびその職員は、いかなる政府および国連外のいかなる組織からも指示を求めたり、組織からの指示を受けたりしてはならない、また事務総長およびその職員は、国連のみに責任を負う国際公務員としての立場を損なういかなる行動も慎まなければならない、と定めている。そして国連職員は、着任にあたって、この旨を記した宣誓書に署名することを求められる。これは、事務局で働く国際公務員が外交官とは違い、出身国の国益のためではなく、事務総長に忠誠を誓い、あくまで国連が追求する目的のためのみに働くことにより、国連の中立性を維持しようとする考えに基づいている。

しかし、現在一七〇を超える国々からさまざまな方法で採用されている国連職員の中にはいろいろな人がおり、国連への忠誠度も千差万別の感がある。なかには、「顔」が常に本国政府を向き、事務局内で知り得た情報を逐一出身国の政府に報告するなど、本国政府からの指示に基づいて行動しているように見受けられる人もいる。

(UN Photo 84621 by Andrea Brizzi)
国連事務局

また加盟国の中にも、国際的に厳正中立な国際公務員の存在を認めず、自国の政府に従属する存在として自国出身の職員にあからさまな干渉、あるいは影響力を行使しようとするケースもある。出身国政府から出向という形で事務局に短期間派遣された職員や、短期の契約で国連に採用された職員、あるいは出身国政府の強い推薦を受けて事務局に就職した職員などの場合、国連に対してのみ忠誠を誓うことは難しいのかもしれない。肝心なことは、国際公務員として働く以上、国連と本国政府との利益が衝突した場合、常に国連の利益を優先する心構えがあるかどうかということになる。

二〇〇六年にアナン事務総長が提案した事務局人事政策の抜本的改革についてはすでに触れたが、職員の配置転換や特定業務の外注を含むこの改革案に反対した当時の事務局労働組合は、加盟国に対しあからさまに改革案への反対を呼びかけた。事務総長提案に反対するのはよい。しかし、提案を潰すために加盟国に働きかけることは、まさに国連職員の忠誠心那辺にありやを問う事態であった。

事務局では、職員は原則として、出身国に直接関与する事案を扱わないという暗黙の了解がある。これも、こうした利益相反を避ける意味で実施されてきた慣例の一つだが、近年は財政難から、事務局の活動が一部加盟国からの自発的拠出金に頼るケースが増えてきており、そうした拠出金で作られた臨時のポストの場合、拠出国の要請で、その国の利益に関与することが考えられるポストに、当該国出身者が送り込まれることも多々見られるようになってきた。

人事制度の改革は喫緊の課題

国連職員の契約形態には恒久あるいは継続契約といった国連でキャリアを目指す人向けのもの、出向など期限を切って雇用される職員のための期限付き契約、そして短期の臨時契約などがある。恒久契約は二〇〇八年に総会の決議案によって廃止され、翌年から、新たに採用された職員には、恒久契約に替わって継続契約が導入された。

二〇一四年六月の時点で、全世界で働く四万一四二六人の事務局職員のうち、六九九三人（一七パーセント）が恒久ないし継続契約で、大多数の三万二二三五人（七八パーセント）が期限付き契約、残りの二一九八人（五パーセント）が臨時契約だった。[60] 期限付き契約職員は一般に、一年から五年の契約で事務局に採用されるが、生涯事務局で働く希望を持っていても、必ずしも契約が延長される保障はないし、また契約が延長されても、将来的に継続契約に変更されるのかといったことに不安を持っている職員も多い。原則、一年未満の短期契約で雇用された職員や、世界各地の平和維持活動や特別政治ミッションへ期限付き契約で雇用された職員には、教育手当など本部職員が享受する権利が与えられていない。また、一般職員は基本的に現地採用で、従って、国際的に採用される専門職員のように二年に一度出身国に家族同伴で一時帰国できる制度の恩恵もない。国連事務局の人事制度の不備についてはすでに触れたが、事務局職員の国連への忠誠心を奨励し、また同時に、事務局に常に外からの新しい血を入れることの重要性を考えると、恒久・継続職員と期限付き契約職員の比率の見直しや、専門職と一般職の待遇面での格差是正を含めた人事政策の改革は、国連にとっての喫緊の課題だろう。

官僚組織でこそ大切なネットワーク

事務局の仕事は、自己のネットワークが確立していないとなかなかうまくいかない。もちろん事務局にも組織はあり、職員はそれぞれの組織に所属し、組織の中で仕事をしている。しかし、組織は人が作るもので、組織が効率良く機能するかしないかは、ひとえに職員の資質にかかっている。

国連は、日本のように肩書がモノを言う社会ではなく、単に「何々部所属の何の誰がし」と名乗っても、相手がこちらの要請に応えてくれるという保障はない。おのおののレベルで各自の職務内容が詳細に規定され、多くの職員が自己に与えられた日常業務の履行にのみ忠実であろうとする職場意識からは、たとえ事務局内部であっても他の職場の人間と協力したり、他局の人間からの要請や、まして外部からの問い合わせや要請に積極的に対応したりする文化は生まれてこない。極端な話、先方に伝言を残しても電話の返事が来ることすら期待できない。

最近では、国連職員を対象としたさまざまな研修やトレーニングを通して、事務局の顧客とは誰か、またいかに顧客に対するサービスの質を向上させるかといった教育も盛んになってきたが、基本的に事務局は官僚集団であり、組織はまず自己の利益を守るために、次に自らが属する組織自体の利益を確保するために存在する。結果、事務局には縦割りの官僚主義がはびこり、事務局内の部局、あるいは事務局と関連諸機関との横の連携が極めて不十分となる。

国連では謙譲は必ずしも美徳ではない。むしろ逆に、自らの能力を誇示し、次から次へと仕事を作り出し、それに見合う新たなポストや財源を正当化し、必要な予算を勝ち取っていくことが個人の昇進や職場全体の勢力の拡張に繋がっていく。この結果、細胞分裂で組織が拡大していくように、同様な仕事が異なった職場で同じように履行されるといった重複と無駄が繰り返される。国連は組織間の協調や協力が不得手とよく言われるが、これも大部分の職員が自分の所属する組織の利益を優先し、国連事務局全体の職務の効率化といった大局的な視点を持たないことから来ている。事務局の仕事には会議が非常に多く、一日の大半が会議に費やされる。こうした会議のほとんどが職場間の連携の確認を目的とするもので、国連内部の横の連携がいかに難しいかを物語っている。

では、どうしたらこうした官僚組織で効率良く仕事をしていけるのか。これはどの官僚組織にも通じることかもしれないが、まず自己のネットワークを築くことだ。さまざまな組織の機能を知り、何をするにはどの部署を動かしたらよいのか、どのボタンを押せば効率良く物事が運ぶのかを理解することは、国連事務局のような組織で働くうえで極めて重要となる。先に述べたが、国連職員の不満の一つは行き過ぎた官僚主義の横行である。しかし、組織を動かしているのは人であり、官僚主義がはびこる組織であればあるほど、人と人との繋がりが必要となってくるのもまた真理である。お茶を飲んだり、食事をしたりして一旦知り合いになれば、その相手との仕事はお互い「顔」が見える者同士の仕事になり、仕事自体が思いもかけぬほどにはかどるのである。そこには、単なる貸し借りを越えた同僚同士の絆が生まれ、長い目で見れば、相手を助けることが自分自身の利益につながることにもなる。こうした関係に基づいたネットワークをいかに早く築いていけるかが、国連事務局における仕事の効率を大きく左右する。

管理しない管理職

国連で官僚主義が蔓延する陰には、幹部職員の管理能力の不足あるいは管理する意志の欠如がある。先に述べたように、国連事務局の幹部職員は、それぞれの専門分野のエキスパートとして加盟国の支持を得て、政治任命という形で採用されることが多い。こうして採用された上級職員の多くは、ある特定分野の専門家ではあるが、それ以外の分野のことがまるでわからない、あるいはわかろうとしない傾向がある。

政務の分野に例をとると、専門職員の多くが、分析力に優れ、アジアであったり、アフリカであったり中東であったりと、ある地域に関しては専門的知識を有している。その一方で、組織を管理し、組織の進むべき道を示し、リーダーシップを発揮して組織の人間を動かしていく能力を持ち合わせている職員は必ずしも多くない。幹部職員には当然ながら所管する部署の管理統括も、実務と並んで重要な仕事になるが、煩雑かつ地味な管理業務はしばしば敬遠され、華やかな国連外交に携われる実務が重視される。

これは笑い話でなく、国連で実際にあったことだが、ある管理職を対象としたセミナーで、国連で組織を管理するマネジャーは誰かという話になったところ、事務局のさまざまな局を主管する事務次長や事務次長補は、「われわれは実務の専門家であり、数年間事務総長を実務面でサポートするために任命されており、組織の管理運営をするために国連に来たわけではない」と答えた。Dレベルの部長級職員は、「われわれは実務のベテラン職員であり、主要任務は政治的に任命された事務次長や事務次長補を実務面でサポートすることだ」と答えた。以下、課長級の職員も同様の答えで、結果、国連の管理業務は多くの場合、各局にあって人事や財政を担当する総務の若手専門職員や一般職員の手に委ねられているという笑えない実態が明らかになった。

事務次長や事務次長補といった組織長レベルの管理意志の欠如には大きく言って三つ理由がある。第一に、管理職セミナーのエピソードが物語るように、事務次長や事務次長補は政治的に任命され、通常数年でポストが変わったり国連を離れたりしていく。限られた時間の中で彼らの意識は当然ながら、実務面で事務総長をいかに補佐してゆくかに集中する。

第二に、実務は煩雑かつ地味な管理業務より面白く、より職務上の達成感を得られること。誰しも、自己の専門分野の知識と経験を生かし、思う存分国連外交に従事したいと考えるのは当然で、地味な管理統括業務は、その重要性は理解しながら、おのずと敬遠される。

そして第三に、数年間ではとても理解できない国連の管理業務に関する規則の煩雑さ、前例の多さがある。組織長レベルに管理統括する意志が欠如すると、その下の部長級の幹部職員もおのずから実務を重視し、煩雑かつ地味な管理業務を軽視するようになる。

こうして組織の管理運営は、国連の人事規則や財政規則には精通しているものの、今国連が何を求められ、何をするべきかという大局的視点からの管理運営能力を持たない総務部のスタッフに委ねられていく。彼らは単に前例を尊び、規則の厳格な運用のみの観点から組織長への進言を行うが、組織管理の重要性を認識しつつも国連特有の煩雑な管理運営規則に精通していない組織長は、こうした進言を受け入れざるを得ず、結果、事務局の官僚化がますます進むのである。

リーダーで変わる組織の生産性

もちろん、すべての組織長が管理運営に弱いというわけではない。なかには、事務局やその他国連に関係する職場に長く勤務し、事務総長をサポートするという実務に忙殺されながらも国連の管理運営業務にも精通し、組織を動かしていく能力を兼ね備えた事務次長もいる。

筆者は、二五年の国連勤務のうち最初の一二年間は、五人の政務担当事務次長の特別補佐官として勤務した。一九九三年から九七年までの四年間にわたって仕えたマラック・グールディング政務担当事務次長は、まさにこうした実務・管理両面に秀でた組織長であった。グールディング氏はイギリス外務省出身で、一九八六年に、国連の平和維持活動の基礎を築いて退官したブライアン・アークハート氏の後任として事務総長官房の特別政治室担当事務次長として任命された。その後に平和維持活動局および政務局の事務次長を務めたグールディング氏の管理運営手法は、すべての事柄をメモにしたため、文書でもって決済することであった。政務局の各部署から上がってくる報告書はもちろん、補佐官として毎日事務次長に報告する事案に関しても、事の大小を問わずまずメモにしたため提出することが求められた。文書による決済は、後々誰が何を言った、言わないという誤解を防ぐとともに、あらゆる事案の決定を記録で残すことによって、組織管理の面で極めて有効であった。

グールディング事務次長はまた、国連の人事・管理規則にも精通した人で、自ら政務局の予算案を執筆した。国連の予算案を書くためには、担当する組織の使命および任務、行動要項、各部署のポスト数と職員の能力および資質など、局の細部についての知識が必要であり、いかに局の予算要求を理由付け、正当化し、総会で要求を認めさせていくかに神経を使う煩雑な作業を伴う。こうした卓越した能力を持ったグールディング氏は、人事や財務に関して総務から上がってくる進言も自ら精査し、組織長としての決定を下した。

当時、政務局のある部長は一年の大半を出張に費やし、彼が率いる部署に割り当てられた旅費をほとんど一人で使い切ってしまっていた。この部長は実務面では非常に有能であり、以前の職場ではそうしたことが無批判に許されていた。グールディング事務次長は、政務局担当になるとすぐ、この部長に実質出張禁止令を出し、この部長が管轄する職場に与えられた出張予算内で他の専門職員も出張できるように厳命した。この措置は、当該部長には不満であったろうが、他の多くの職員からは歓迎され、政務局全体の士気を大いに上げた。

通常任期が数年から長くて五年程度の事務次長が、限られた任期内に有意義な仕事をするには、事務局生え抜きか、そうでなくとも事務局勤務経験が長い部長級職員のサポートが不可欠になる。従って、部長級幹部職員に多少の不満はあっても、表立って事を荒立てることはしない。幹部職員に対し出張禁止令を出すといった思い切った措置が取れたのもグールディング氏がイギリス外務省はもとより、国連事務局での長いキャリアを通して、国連の管理分野での規則、前例に精通し、国際官僚組織の扱い方を心得ていたからにほかならない。

実務ばかりでなく管理統括にも優れた領袖を得ると、事務局にはもともと実務能力に秀でた人材が多いこともあり、組織としての生産性は一挙に高まる。官僚主義を打破していくうえで最も重要なことは、国連全体の視点から効率良く責務を履行していくよう奨励する強いリーダーシップであり、この意味で、組織長はもとより、事務局の最高責任者である事務総長の行政手腕が極めて重要となってくるのは言うまでもない。

国連職員の待遇

国連に専門職員として働く国際公務員の給与は、国連がすべての加盟国から職員を採用できるようにするため、最も高い給与水準を持つ国の公務員給与体系を基準とするいわゆる「ノーブルメイヤーの原則」にのっとり決められている。

どの加盟国の公務員給与体系が最も高水準であるかは、国際公務員制度審議会（ＩＣＳＣ）と呼ばれる機関が定期的に判断するが、国連創設時はもとより現在でも、アメリカの連邦政府の給与水準が最も高いとされている。従って、国連職員の給与は、米連邦政府の給与水準を若干程度上回るように設定されている。

専門職の給与は、総会によってレベルごとに細かく決められており、基本給と地域調整給および諸手当の三本立てで、年収ベースで計算され、その一二分の一が月々支払われる。例えば、二〇一四年一月一日現在、三〇歳前後の独身者が採用時に適用されるエントリーレベルのP2のステップ1の基本給は年約四万七〇〇〇ドル、これに世界各地の物価を考慮した係数を掛けた額に、赴任後五年間は家賃補助などが加算される。既婚者には別途家族手当が支給される。ニューヨークの場合、最新の地域調整指数は六五・五で、基本給の六五・五パーセントにあたる約三万八〇〇〇ドルが地域調整給として加算されるので、給与の総額は年俸約七万七八〇〇ドルとなる。ちなみに、物価の高いスイスのジュネーブの係数は一〇六・五であるのに対し、タイのバンコクは四九である。

昇給は原則年一回、ステップが上がり給与も増える。ただし、六つある国連公用語の二カ国語以上に精通していると認められると、十カ月に一回昇給する特典が与えられる（一二二ページ参照）。昇進した場合は、前の給与水準を上回る等級のステップが適用され、昇給額もそれだけ多くなる。

ニューヨーク本部で働く国連職員の場合、給与レベルによって決められた一定の職員査定金、健康保健、年金積立金などが毎月の給与から差し引かれる。職員査定金は言わば税金で、徴収された金額は、国連予算分担率に応じてそれぞれの加盟国に返還される。[61]

一般職員には残業代が支払われるが、専門職員には、一日何時間の残業をしようと一年何日休日出勤しようと、残業手当というものは一切ない。自分の業務の管理は自己責任で行われ、どういうペースで仕事を達成していくかはあくまで個人の裁量に任される。つまりは、決められた期日までに仕事を完了すればそれでよいのだ。

国連職員には、毎月二日半、年間で三〇日の有給休暇が認められており、未使用の有給は最大六〇日まで翌年に繰り越すことができる。国際的に採用された専門職員には、二年に一度公費で家族ともども出身国に短期帰国できるホームリーブが認められている。[62] ホームリーブは職員本人、あるいはその家族が出身国との関係を維持できるようにと定められた制度だが、有給をためホームリーブの際にまとめて四週間以上の長期休暇を取る職員も珍しくない。また、就学児童を持つ職員には学費の一定額を援助する制度もあり、特にアメリカなど教育費の高い国で勤務する国連職員にとっては、この制度なしには子弟を学費の高い私立大学に進学させることはもはや難しくなっている。ホームリーブや学費援助は国際任命された専門職の職員を対象とするもので、短期契約職員や現地採用の一般職員には適用されない。

国連の勤務条件に男女間の格差は一切ない。男であろうと女であろうと、同じレベルの仕事をする限り待遇はまったく一緒だ。しかし、専門職と一般職、あるいは契約形態によっては勤務条件に大きな差が存在する。

国連の仕事の魅力は、第一に、自分が微力ながらもより良い国際社会の建設に貢献できると思えることにあり、給与に惹かれて国連で働くことを希望する人はあまりいないだろう。しかし、仕事から得られる達成感や給与と健康保険、年金などの福利厚生を合わせた国連の総合的勤務条件は、対外的にも十分競争力があるのではないだろうか。

第五章

三八階の住人たち

「三八階」は「事務総長」と同意語

国連では、事務総長は通常、Secretary-Generalを短縮して「SG」と呼ばれる。事務総長と事務総長官房を率いる官房長およびその他幹部は、事務局ビル三八階にオフィスを持ち、ここから事務局を管理統括し、国連全体の政策を履行している。一九九八年からは、総会によって新設された副事務総長が三八階の住人として加わった。事務局では、「三八階」はしばしば「事務総長」と同意語として使われ、例えば「三八階からの要請により…」「三八階の意向はこれこれ…」などと言う場合は、すべて事務総長がそうした要請をしたり、意向を持っていたりという意味になる。

国連創設以来、事務総長は現在の韓国出身の潘基文事務総長までで八人を数える。初代事務総長は一九四六年二月から一九五二年一一月まで務めたノルウェー出身のトリグブ・リー氏、第二代は一九五三年四月に就任し一九六一年九月に飛行機事故で殉職したスウェーデン出身のダグ・ハマショルド氏、第三代は一九六一年一一月から一九七一年一二月まで在職したビルマ出身のウ・タント氏、第四代は一九七二年一月から一九八一年一二月まで在職したオーストリア出身のクルト・ワルトハイム氏、第五代は一九八二年一月から一九九一年一二月まで務めたペルー出身のハビエル・ペレズ－デクエヤル氏、第六代は一九九二年一月から一九九六年一二月まで在職したエジプト出身のブトロス・ブトロス－ガリ氏、そして、第七代が一九九七年一月から二期一〇年務めたガーナ出身のコフィ・アナン氏だ。

世界のトップ外交官と事務局の行政長官として

国連憲章は事務総長に関して多くを述べていない。第九七条が「事務総長は、安全保障理事会の勧告に基づいて総会が任命する。事務総長は、この機構の行政長官である」と規定する一方、第九九条は、事務総長は、「国際の平和および安全の維持を脅かすと考えられるあらゆる事態に関し、安全保障理事会の注意を喚起することができる」としている。これらの条項により、事務総長には、国連主要機関の一つである事務局を統括する行政長官と世界のトップ外交官としての二つの顔が与えられているのである。

しかし、これまでの事務総長が果たしてきた役割は、個人の力量およびその時々の国際政治の現状を反映するとともに、加盟国、特に大国の意思に左右されてきたことも事実だ。まず、事務総長の任命は重要事項であり、従って、すべての常任理事国を含む少なくとも九カ国の賛同に基づいて、安全保障理事会が総会に勧告する。また、安全保障理事会の暫定議事運営規則の第四八項は、事務総長任命についての総会への勧告に関する安全保障理事会の討議および決定は、非公開かつ秘密裏に行われるとしている。[63]事務総長に選出されるための明確な資格や条件はなく、それだけに安全保障理事会理事国、特に五常任理事国の意向が強く働くことは否めない。一般に国連加盟国は、主権国家として自国の外交が制限されることを好まないが、五常任理事国とて例外ではなく、自己の外交を制限する恐れのある強い事務総長よりは、自らの国益に沿った政策を履行してくれる行政官としての事務総長を

歴代の国連事務総長

代	任期	名前	出身国
初代	1946・2〜1952・11	トリグブ・リー	ノルウェー
第2代	1953・4〜1961・9	ダグ・ハマショルド	スウェーデン
第3代	1961・11〜1971・12	ウ・タント	ビルマ(当時)
第4代	1972・1〜1981・12	クルト・ワルトハイム	オーストリア
第5代	1982・1〜1991・12	ハビエル・ペレズ－デクエヤル	ペルー
第6代	1992・1〜1996・12	ブトロス・ブトロス－ガリ	エジプト
第7代	1997・1〜2006・12	コフィ・アナン	ガーナ
第8代	2007・1〜	潘基文	韓国

好む傾向がある。

そもそも一九四五年の国連設立時には、事務総長の役割は主に事務局の管理業務であり、政治問題に関与することは原則ではなく例外的なものと考えられていた。従って、一九四六年二月に総会がトリグブ・リー氏を初代事務総長として任命したときも、世界の著名政治家は早々に候補者リストから消え、比較的無名であった元ノルウェー外相のリー氏が言わば「安全パイ」として選ばれたのである。[64]

冷戦が始まると、ソ連は西側寄りの事務総長の出現に警戒的になり、一九五一年には朝鮮戦争勃発後の国連軍の立ち上げに賛同したリー氏の再選を阻もうとした。このとき西側諸国は、一致してリー氏の支持に回り、常任理事国間の意見が分かれる中、安全保障理事会が合意した候補者を総会に勧告できず、結局、総会がリー氏の任期を三年延長することで決着した。当時、国際情勢はすでに東西冷戦の最中にあって、大国ソ連の支持を欠いたリー氏が国連事務総長としての職務を続けることは日に日に難しくなり、結局リー氏は、「国連事務総長は世界で最も困難な仕事」との言葉を残して、翌一九五二年一一月に辞任した。

第二代事務総長のハマショルド氏の選出もまた同様に、大国間の意見の不一致が生み出した妥協の産物であった。スウェーデンの外務副大臣であったハマショルド氏に白羽の矢が立ったのも、政治的に中立な能吏としての彼が大国間で受け入れられた唯一の候補者だったからである。リー事務総長の辞任を受けて行われた一九五三年の事務総長選挙では、当初アメリカが推すフィリピン出身のカルロス・ロミュロ氏、ソ連が推すポーランド出身のスタニスラフ・スレスゾスキー氏、英仏が推すカナダのレスター・ピアソン氏らの名前が挙がっていた。しかし、数回にわたって行われた安全保障理事会の秘密投票では、いずれの候補も当選に必要な投票数を得ることができず、候補者の選定作業は難航した。米ソ両陣営に受け入れられそうな候補者を中心にさらなる協議が続き、三月末になってようやく、スウェーデン出身のハマショルド氏を次期事務総長に任命、総会に勧告することで安全保障理事会の合意ができたのである[65]。

事務総長選出と出身地域

一九六一年、コンゴへ向かう途中の不慮の飛行機事故によるハマショルド氏の殉職を受けて行われた事務総長選からは、それまで連続して北欧出身者が事務総長を務めたこともあり、非政治的な能吏であること以外に、出身地域が考慮されるようになった。事務総長選出については地域均等配分の原則を求める明確な規定はないが、第三代事務総長がアジア、第四代がヨーロッパ、第五代がラテンアメリカ、第六代、第七代がアフリカ、そして第八代が再びアジアと、実質的には、出身地域が事務総長選出の重要要素の一つとなってきている。

ハマショルド氏の後任として事務総長に任命されたウ・タント氏は当時、政治的に中立なビルマの駐国連大使を務めており、敬虔な仏教徒としての誠実な人柄と能吏であることを評価されての起用であった。しかし、ウ・タント氏がアルジェリアの独立に関するアジア・アフリカ作業部会の委員長を務めていたことから、当初フランスが反対し、結局、ハマショルド氏の残りの任期を務めることを条件に安全保障理事会の支持を得た。こうして任命されたウ・タント事務総長は、翌年、満場一致で正式に五年間の任期を与えられ、一九六六年には二期目に再選された[66]。

一九七一年にウ・タント氏の後継者として、第四代事務総長に任命されたオーストリア出身のクルト・ワルトハイム氏は、またまたヨーロッパ出身ということから、当初アジア・アフリカの代表を任じる中国の反対に遭った。しかし、彼以外、常任理事国に受け入れられる候補者がいなかったこと、また、中国代表として国連に復帰した直後の中華人民共和国政府が、結局棄権に回ったこともあり、ワルトハイム氏が安全保障理事会の勧告を受け総会で任命された。

一九七六年、中国は再びワルトハイム氏の再選に反対したが、その後反対を取り下げたことから、ワルトハイム氏の再選が確定した。米、英、ソの支持を受けたワルトハイム氏は一九八一年、事務総長三期目に立候補する意向を表明したが、さすがにこのときは中国が強硬に反対した。中国は、タンザニアの駐中国大使を務めた経験のあるサリム・アハメド・サリム駐国連大使を強力に推したが、今度はアメリカが、中国代表権問題において北京政府支持で顕著な役割を果したサリム氏に反対した。安全保障理事会での議論は完全に行き詰まり、出身地域も考慮に入れた結果、ペルーの国連大使を務めた後キプロス担当事務総長特別代表や特別政治担当事務次長などの要職を歴任していたペレズ＝デクエヤル氏が大国間の妥協の産物として浮上し、第五代事務総長に任命された[67]。

大国が敬遠する〝強い事務総長〟

事務総長の任期について明確な規定はないが、最長二期一〇年が慣例となっており、さすがに三期を務めた事務総長はいまだいない。ペレズ＝デクエヤル氏は一九八六年に再選されたが、一九九一年に第六代事務総長として選出されたエジプト出身のブトロス＝ガリ氏は、アメリカの反対にあって一期五年で退陣に追い込まれた。

ペレズ＝デクエヤル氏の引退を受けて行われた一九九一年の事務総長選挙では、アフリカ諸国が「今度こそアフリカから事務総長を」の掛け声の下、積極的な運動を展開し、中国および非同盟諸国からアフリカ出身の候補者への幅広い支持を取り付けた。一九九一年は冷戦の終焉を受け、国連に対する期待も高まる中、当時のアフリカ統一機構が立てた六人の候補者の中でただ一人、すべての常任理事国を含む一一カ国からの支持を取り付けたブトロス－ガリ氏が、総会で満場一致の支持を得て第六代事務総長に任命された。[68]

外務担当副首相を務めていたブトロス－ガリ氏は、イスラム教国のエジプトでは少数派のクリスチャン（コプティッククリスチャン）で、著名な国際政治学者であるとともに、エジプトとイスラエルの一九七九年のキャンプ・デービッドの和平合意の立役者としても知られ、こうした経歴が事務総長選挙でもアメリカをはじめとする西側諸国からの支持に繋がった。ブトロス－ガリ氏は事務総長に任命された一九九二年には、「平和への課題」と題する報告書を発表し、以後、現在までの国連の国際平和と安全に関する任務と行動様式を理論的に体系づけた。しかし、学者出身で一途な性格のブトロス－ガリ氏は、任期中に自らの主権を脅かしかねない、積極的かつ強力な国連事務総長の登場を危惧するアメリカ、特に後に米国務長官を務めた当時のオルブライト駐国連大使との関係が悪化し、アメリカの拒否権により、一九九六年の事務総長選挙で再任を妨げられた。

ブトロス－ガリ氏が一期五年で退陣したことから、後継者には、同じアフリカのガーナ出身で、国連事務局生え抜きのコフィ・アナン氏が抜擢された。アナン氏は当時、平和維持活動担当事務次長を務めており、能吏としては知られていたが、事務総長就任後、大方の予想を覆して大胆な国連改革と強いリーダーシップをもって国連を導き、二〇〇一年に再任された。そのアナン氏も二期目の任期終盤には、自らの強いリーダーシップゆえに対イラク戦争をめぐってアメリカと立場を異にすることが多くなった。

「世界最高の外交官」より堅実な「行政官」

強いリーダーシップを持った事務総長を敬遠するアメリカの意向が強く反映された二〇〇六年の事務総長選挙では、再び「世界最高の外交官」よりは堅実な「行政官」を求める傾向が強まった。さらに、第四代事務総長のワルトハイム氏以降、事務総長がヨーロッパ、中南米、アフリカから順次選出されていたこともあり、アナン氏の後任にはアジア出身という暗黙の了解ができていた。

この年の事務総長候補には、韓国外相の潘基文氏、国連事務局で長くアナン氏の側近として仕え広報担当事務次長の職にあったインド出身のシャシ・タロール氏、元軍縮担当事務次長でスリランカ外交官のジャヤンタ・ダナパラ氏、タイの副首相兼外相のスラキアット・サチラタイ氏、ヨルダンのザイド・アル・フセイン王子、アフガニスタンのアシュラフ・ガニ財相、ただ一人の女性候補としてラトビア大統領のバイラ・バイク・フレイバーグ氏の七人が立候補した。

安全保障理事会は、七月二四日から九月二八日までに三回の「ストローポル」と呼ばれる非公式な秘密予備投票を行い、それぞれの候補者に対して「奨励する」「奨励しない」を表明した。[69] こうした非公式な予備投票の結果、潘基文氏一人が最終的に常任理事国のいかなる国からも反対に遭わず、一四カ国の支持を獲得した。安全保障理事会は、一〇月九日に事務総長選出の公式投票を行い、潘氏の任命を正式に総会に勧告した。これを受けて総会は、一〇月一三日、潘氏を第八代国連事務総長に任命した。官僚出身で手堅さでは定評のある潘氏は、常任理事国に受け入れられやすいことから、引き続き安全保障理事会の支持を取り付け、二〇一〇年に再任され、現在二〇一六年末までの二期目を務めている。

事務総長選考過程の問題点

このように、歴代事務総長は事務総長職に最もふさわしい人物というよりは、安全保障理事会の常任理事国を構成する国々の、その時々の思惑に左右されて任命されてきた。国連事務総長を選ぶプロセスの不透明性や候補者として必要な資格の曖昧さなどは、近年、事務総長が果たす、あるいは果たすべき役割の重要性に鑑み、各方面からの批判を招いている。

多くの非政府組織（ＮＧＯ）や民間団体は、国連事務総長に世界のトップ外交官として、また国連改革を断行してくれる有能な行政官としての両方の資質を持った人物を求め、選考委員会などを設けて、より透明性の高い方法でそうした候補者を選出するべきだと訴えている。任期についても、大国の意向が強く働く再選を禁止し、一期五年なり七年とする案なども非公式には検討されている。

事務総長を任命する権限を持つ総会にとっても、安全保障理事会主導の選考過程に対する不満は強く、一九九七年八月二二日に採択した「国連システムの強化」に関する決議案で、事務総長の任命にあたっては、最高の候補者の選出、地域間の輪番性、男女の平等などの原則を再確認するとともに、総会議長が加盟国と協議して事務総長にふさわしい候補者を選び、その結果を安全保障理事会に伝えるというプロセスに変えることを提案している。[70]

しかし、事務総長の役割についての明確な意思統一が加盟国の中にないこと、またその仕事があまりにも広範囲にわたっていることもあり、何が事務総長としての最重要な資質なのかという根本的問題への答えは出ておらず、総会の決議案も今のところ、事務総長として最も適任と思われる候補者の認定やその選考過程の透明性の確保といった点で目立った成果を出していない。

最終的に求められるのは人間的魅力

一般に事務総長に求められる資質としては、人間としての清廉潔白さ、卓越した外交手腕やリーダーシップと並んで、国連が直面している課題への理解、将来に向かってのビジョンおよび思考を行動に転化していく能力などが挙げられる。国連は世界政府ではないので、その長である事務総長は、主権国家を統率する権限も国連独自の軍事力も持ち合わせていない。あるのは、世界の良心を代表する道義的権威のみで、それゆえに人間的に高邁潔白であり、常に公正で、弱者の立場に立って物事を考えられることが大切になってくる。

さらに、官僚機構を使いこなせる行政能力のある人、国連の使用言語である英仏両国語に精通し、自分の考えを明確に述べて周囲を説得できるコミュニケーション能力に優れ、かつ強いリーダーシップと調整能力を持って加盟国および世論を動かしていける人、また常に冷静沈着、そして必要とあれば大国の意向にも抗する勇気を持っている人が望ましい。

肩書ではなく、地頭が良く、人間的魅力にあふれる人物の言葉を人は聞き、従う。実際、国連の歴史を見てみると、優れた事務総長といわれる人たちは、任命時には無名であったり、期待度はあまり高くなかったりしても、みな人間的魅力に富む人物で、任期中に国際平和と安全の維持はもとより、国連全体の活動の発展のため重要な役割を果たしてきた。筆者は、一九八八年に三八階の事務総長官房に配属され、ペレズ゠デクエヤル氏以降の四人の事務総長に仕えたが、国際平和と安全の維持という国連の最重要任務の履行に関しては、歴代事務総長の中でも、ハマショルド事務総長、ブトロス゠ガリ事務総長、そしてアナン事務総長が果たした功績が特に大きかったように思う。

歴代事務総長の功績①――ハマショルド事務総長

国際公務員制度の確立

黎明期の国連をリー事務総長から引き継いだ第二代事務総長のハマショルド氏がまず手をつけたの

は、国際公務員制度の確立と国連事務局の機構改革であった。それまでの事務局の各部局の長をはじめとする枢要ポストは、国連創設時の暗黙の了解として、安全保障理事会の常任理事国間で分担されてきていた。さらに、各局を統括する組織長の主要任務は国連と出身国政府との連絡調整であり、憲章の定める厳正中立な国際公務員制度はまだまだ根付いていなかった。[71] 一九五二年の国連ニューヨーク本部の完成後、加盟国はそれぞれの駐国連代表部常駐代表（大使）を任命するようになり、加盟国と国連事務局の連絡調整の任務もこうした駐国連大使によって引き継がれてゆくが、当時の国連職員は加盟国の国連事務局における代表という側面がまだまだ強かった。

また、国連のホスト国であるアメリカでは、ジョセフ・マッカーシー共和党上院議員を中心とした反共運動が真っ盛りであり、国連事務局に働くアメリカ人職員もこの運動の過激かつ狂信的な攻撃の対象になっていた。ソ連の不支持表明によるリー初代事務総長の辞任と相まって、マッカーシー旋風吹き荒れる当時の国連事務局の士気は決して高くはなかった。

厳正中立、そして公に奉仕する価値観を尊ぶスウェーデンの出身で、弱冠四七歳で事務総長に任命されたハマショルド氏にとって、国際公務員制度の確立は、国連事務総長としての職務を遂行するうえでも喫緊の課題だったのである。ハマショルド氏は、国際公務員が事務局の中立性と独立性を脅かす政治的活動に従事することを禁じ、また、そうしたことに違反した職員の解雇を盛り込んだ就業規則の改変に取り組んだ。[72] 国際公務員は国連憲章第一〇一条が定めるように、「最高の効率、能力と人間性」および「適切な地域的基盤」を考慮して事務総長により任命される。また、事務総長は事務局の行政長であり、当然ながら職員がこうした条件を満たさない場合、職員を解雇する人事権を持っていると考えられるが、いったん恒久契約職員として採用された職員を解雇することは難しかった。こうした状況を打破し、事務総長が有する人事行政権を再確認し、中立かつ独立した国際公務員制度と事務局の確立、さらに総会の経費削減要求に応えることを目途とした事務局の機構改革案がハマショルド氏によってまとめられ、総会に提出された。

人事財政関連部署の事務総長室への統合や、無任所担当事務次長室の新設を含む事務総長室の強化、就業規則の改変、三百余りのポストの削減、新規職員採用の凍結、さらに経済局と社会局の統合などを柱としたハマショルド氏の改革案は、一九五三年一二月九日に総会によって承認され、一九五五年一月一日をもって事務局の新しい組織がスタートした。[73]

一九四六年以来事務総長官房と八つの部局で構成されてきた事務局は、新たに事務総長室に官房・法務・財務・人事に関する権限が集中され、無任所の事務次長室(後に特別政治担当事務次長室と改称)も新設された。その他の部局は、それまでの信託統治および自治地域情報局と広報局に加え、安全保障局が政治安全保障局へ、経済局と社会局が統合され経済社会局へ、会議・総務サービスが会議局と総務室へ、行財政サービスが行政技術支援室へとそれぞれ改編された。[74] 新たに人事・財政・法務の権限を得た強大な事務総長室は、あらゆる事例の細部に自ら目を通し正確を期すことで知られたハマショルド事務総長が理想とする、厳正中立かつ独立した国連事務局の確立に大きく役立った。

また、経費削減分野でも、一九五五年度予算は前年度に比べて約百万ドル削減された。事務局のポスト削減には事務総長に直接報告する上級職も含まれたことから、一部加盟国や事務局内からの批判もあったが、ハマショルド氏は機構改革を人事刷新の機として捉え、事務局の中枢ポストに自らよく知る人物を任命し、新体制をスタートさせた。また、彼のポスト削減の対象となった職員への補償支払いなどの誠実な対応や、外的圧力に抗し事務局職員を守ろうとする姿勢は、多くの事務局職員のハマショルド氏への信頼と信任を生み、結果、厳正中立かつ独立した国際公務員制度の発展にも大きく寄与した。[75]

静かな外交

事務局改革と並ぶハマショルド氏の功績は、国際社会の平和と安全の維持という国連に与えられた最重要任務を履行していくうえで、国連事務総長が果たすべき役割に新境地を開拓したことだ。

ハマショルド氏が就任後直面した問題の一つに、朝鮮戦争で国連軍として参加した米兵の中国による拘束問題があった。当時台湾の国民政府を支持していたアメリカは、北京の中華人民共和国政府を承認しておらず、また国連においても国民政府が中国を代表していた。一九五〇年六月に朝鮮戦争が勃発すると、ソ連が中国代表権問題をめぐって安全保障理事会をボイコットしていたこともあり、アメリカ主導の安保理決議案が可決され、二一カ国からなるいわゆる「国連軍」が組織されて韓国防衛のために介入した。ダグラス・マッカーサー元帥率いる国連軍が、第二次世界大戦後南北両朝鮮を分断してきた三八度線を越えて北側に進軍すると、今度は、中国軍が北朝鮮支援のために参戦した。

朝鮮戦争は一九五三年七月に休戦協定が結ばれ収束するが、半島の緊張状態は依然継続しており、戦争中の一九五三年一月に中国軍により捕虜となった米B29爆撃機の乗員一一名の釈放問題は、アメリカと中国の新たな火種となっていた。国連では、ソ連が安全保障理事会に復帰したこともあり、安全保障理事会、総会共に米ソ両陣営の対立により情勢の好転に何ら有効な手立てを見出せずにいた。

こうした膠着状態を打開するために、加盟国が拠り所としたのが、当時すでに中国と外交関係を樹立していたスウェーデン出身のハマショルド氏であった。一九五四年一二月一〇日、総会はハマショルド事務総長に対し、一一名の米機乗員およびその他拘束監禁されている国連軍関係者の釈放のため「彼が最も適切と考えられる方策」をもって努力するよう正式に求めた。[76]

総会からの要請を受けてハマショルド氏は、中国の周恩来首相に自ら北京を訪問することを提案する書簡を送り、周総理からの「事務総長の訪問を歓迎する」という返答を受けて、翌年一月国連事務総長として、儀礼的訪問ではなく、政治的交渉事のために国連非加盟の国を訪問するという前例を作った。[77] 冷静な分析とリスクを恐れない勇気を持って北京を訪問したハマショルド氏は、その後の中国側との交渉で、一貫して北京政府を非難する総会決議よりも、国連憲章に基づいた事務総長としての中立かつ独立した役割を強調し、米乗員とその他国連軍関係者の早期釈放を求めた。

さらに、ハマショルド氏が特に重視した点は、「静かな外交」である。どんな外交交渉でもそうだが、紛争の当事者が最も嫌うことは、その解決にあたって外圧に屈したという印象を持たれることだ。もとより紛争は、当事者が自らの立場のみに固執している限り解決は望めず、当事者間である程度の妥協が成立したときにその解決が初めて可能となってくる。そして紛争当事者が何らかの妥協をする際は、あくまで平和のために、あるいは大義のために自らの判断で行ったと周囲に認められることが大切になる。紛争の調停に従事するものは、自らの調停努力がいかに有効であったとしても、決して名声を求めることなく、紛争が平和的に解決した場合でも、その名誉はまず紛争当事者に帰するべきだという認識が必要だ。

(UN Photo 57725)

ハマショルド事務総長

ハマショルド氏に捕虜釈放問題での役割を与えた総会決議案はアメリカが提案したもので、捕虜の拘束監禁を休戦協定に違反するものとして厳しく非難していた。中国との交渉にあたって、この総会決議案を前面に出すことは、ハマショルド事務総長がアメリカの「代理人」として働いているという誤解を生じさせかねない。そのため彼は、事務総長は国連憲章によって中立かつ独立した役割を与えられているということを強調した。[78]

外交交渉における調停の成否は、交渉能力の優劣にも左右されるが、交渉能力だけでは不十分であり、相互理解に基づいた個人的信頼関係を築けるか否かがその成否を決めることが多々ある。そして、信頼関係の構築のためには、往々にして、秘密を厳守した静かな外交が効力を発揮する。当初、中国側は、米乗員らはスパイ活動を行った犯罪者だとの立場を崩さなかったが、ハマショルド氏の厳正中立、そして大国の利益とは一線を画した独立した静かな外交が、周恩来氏の信頼を徐々に得ていった。中国側には、国連事務総長を通じて、自らの代表権問題を含む国連での利益を追求するという高度な政治的計算があったが、ハマショルド氏の事務総長としての調停努力は、彼の五〇歳の誕生日に合わせて米乗員一一名が釈放されるという、外交的成功を収めた。[79]

ハマショルド氏が中国との国連軍の捕虜釈放問題で果たした役割は「北京フォーミュラ」として知られ、これ以降、国連憲章九九条に基づいた事務総長のいわゆるグッドオフィス（Good Offices「斡旋」）と呼ばれる中立かつ独立した調停努力の基礎を築いた。

「憲章六章半」の平和維持活動の始まり

一九五六年夏、エジプトのガマール・アブドゥル・ナセル大統領（当時）がスエズ運河の国有化を宣言すると、スエズ運河の国際管理に戦略的関心を持っていた英仏両国とエジプトとの間で緊張が一気に高まった。ハマショルド事務総長は、英仏両国とエジプトに対し、スエズ運河をめぐる問題がさらに悪化する前に平和的手段をもって解決するため、安全保障理事会に付託するよう強く要請した。また当事者が消極的であれば、国連憲章第九九条の規定にのっとり、事務総長自らこの事案に対する安全保障理事会の注意を喚起する考えを表明した。[80]

一方、一九四八年、自らの独立をめぐって勃発した第一次中東戦争を戦ったイスラエルは、スエズ危機をシナイ半島からエジプト軍を追い払う好機と捉え、英仏両国との共同歩調を取ることを決定し、一〇月二九日シナイ半島に侵攻した。翌三〇日、今度は英仏がエジプトとイスラエル両国に対し、スエズ運河の両岸から双方の戦力が少なくとも一六キロ以上引き離されない限り軍事介入するとの最後通牒を突きつけた。この時点で、スエズ運河はエジプトの支配下にあり、シナイ半島に侵攻したイスラエル軍は運河から約五〇キロ離れた地点にあった。英仏の最後通牒は事実上対エジプト向けであった。[81]

こうした事態を受けて、安全保障理事会の緊急会議がアメリカの要請で開催されたが、即時停戦を求める決議案は常任理事国である英仏両国の拒否権により否決された。予想されたエジプトの最後通牒拒否を受け、英仏軍はエジプトへの攻撃を開始し、イスラエルもまた、シナイ半島での地上戦を継続した。

国連では、安全保障理事会が常任理事国の反対で無力化したことで、ユーゴスラビアの代表の発議で朝鮮戦争時に採択された「平和への結集」決議の下、緊急特別総会の開催が提案された。緊急特別総会の開催要請自体は安全保障理事会の「手続事項」と呼ばれる非重要事項であり、常任理事国も拒否権を行使できないため、英仏の反対を押し切る形で会議の開催が決定した。一一月二日、緊急特別総会は、武力紛争に関与するすべての当事者に対し、即時停戦と戦闘部隊の撤退を呼びかけるとともに、ハマショルド事務総長に対し、当事者による決議案の順守について安全保障理事会と総会に報告するように要請した。[82]

この総会の決定を受け、ハマショルド事務総長は、国連緊急部隊の派遣について英仏両国、エジプト、さらにアメリカ、ソ連、カナダら関係国と精力的に会談を行った。二日後の一一月四日、総会は再びハマショルド事務総長に対し、「戦闘行為の停止を履行かつ監視することを目的とした緊急国連部隊を当事国との合意に基づいて設立する計画を、重要案件として四八時間以内に提出する」ことを求めた。[83]

総会に提出した事務総長報告書の中で、ハマショルド氏は、国連憲章第六章が定める平和的手段による紛争の解決を目的とし、かつ主権国家の同意を得た国連部隊の展開を提案した。[84]これは停戦を強制する部隊ではなく、あくまで合意された停戦の履行および監視を目的に、当事国の了解の下に展開されるという意味合いで、憲章第七章下で加盟国に対し強制力を持ち、当事国の受け入れ合意の有無にかかわらず展開されることを想定した国連軍とは明らかに異なる、言わば「憲章六章半」の施策であった。また、戦闘行為が目的ではないにしろ、武装した戦闘部隊の展開という意味では、一九四八年のイスラエル独立時に勃発した第一次中東戦争の停戦監視を目的とした非武装の停戦監視部隊（UNTSO）の派遣や、その翌年インドとパキスタンの停戦を監視するために設立された同様の停戦監視団（UNMOGIP）とも異なるものであった。

ハマショルド氏の迅速な行動と精力的な働きかけもあり、総会は一一月五日と一一月七日に決議案第一〇〇〇号と一〇〇一号を採択し、ハマショルド氏の提案した原則に沿っての国連緊急部隊（United Nations Emergency Force I: UNEF I）の設置を決めた。[85] 総会決議を受け、エジプトが国連部隊の受け入れを表明し、英仏、イスラエルも即時停戦に合意した。こうして休戦ラインのエジプト側にカナダ、コロンビア、デンマーク、ノルウェー、スウェーデンなどすべての紛争当事国に受け入れ可能な中立的な加盟国一〇カ国が兵力を供給した国連部隊が、停戦監視と兵力引き離しのために展開された。[86]

スエズ危機の際に展開された国連緊急部隊は、当事国の了解、厳正中立、さらに原則自衛を除いた武力の非行使という、その後の国連平和維持活動が拠って立つ三原則を踏まえて展開された初めての国連平和維持部隊であった。そしてそれは、ハマショルド事務総長の先見性とリーダーシップが国連の平和と安全の維持のために生み出した、「憲章六章半」に基づく大きな役割の始まりでもあった。

その一方で、事務総長と国連事務局の中立かつ独立した役割を追求したハマショルド氏のこうした姿勢、さらに、新しい国連平和維持活動は、時として自らの国益が制限されること、あるいは国連の強大化を危惧する大国を含む一部加盟国の反発を招いた。一九六〇年六月、ベルギーからの独立を受けて勃発したコンゴの内戦でも、この紛争が冷戦下の米ソの代理戦争といった側面を持っていたがために、コンゴ危機を解決しようとするハマショルド事務総長の調停努力は、氏をアメリカ寄りとするソ連の厳しい批判にさらされた。

しかし、大国からの圧力や批判に屈することなく独立不偏を貫くハマショルド氏の外交姿勢は、大国間の利益の違いで安全保障理事会や総会が本来の役割を果たせないときに事務総長が果たせる役割の有用性を証明し、それゆえに国連加盟国の多数から大きな支持を得たのである。ハマショルド事務総長は、一九六一年、コンゴ危機の最中、当時の北ローデシア（現在のザンビア）で、飛行機事故で殉職するが、その劇的な最期と相まって、国連が世界平和と安全の維持という至上命題を履行しようとする体制作りにおいて最も貢献のあった事務総長として、今なお変わらない尊敬を受けている。

ハマショルドの死

一九六一年コンゴ危機の最中、ハマショルド事務総長は、塔乗していた飛行機が当時の北ローデシアで墜落するという事故に遭い死亡した。しかし、なぜ飛行機が墜落したのか、また事故がどのような状況で起きたのかなどの詳細は、彼の死から半世紀以上が経った現在でもわかっていない。一九六〇年にベルギーから独立したコンゴを取り巻く情勢は、当時混迷を極めていた。豊富な資源をめぐって、政府とカタンガ州に拠点を置く反政府勢力との衝突は日々激化しており、相反する勢力を支援するソ連とアメリカ、イギリス、ベルギーなど西側勢力の介入もあり、東西両陣営の代理戦争の様相さえ見せていた。そうした状況下の九月一八日、停戦を斡旋するためコンゴに向かったハマショルド事務総長が乗ったＤＣ６型機が墜落し、事務総長と随行員全員が犠牲になった。当時のコンゴ情勢から、一部には、当該機は撃墜されたとする説もささやかれた。

国連創設七〇周年を翌年に控えた二〇一四年秋、ハマショルド氏の出身国であるスウェーデンは第六九回総会に決議案を提出し、国連に対し、ハマショルド事務総長が死に至った飛行機事故の真相究明を正式に要請した。一二月二九日、総会は全会一致で決議案[87]を採択し、事務総長に対して、独立した究明委員会を設立し、調査結果を第七〇回総会に報告するよう求めた。同時に総会は、加盟国に対しても、ハマショルド事務総長の死に関連するいかなる情報も事務総長に提供するよう要請した。

この決定を受け、潘事務総長は二〇一五年三月、タンザニアの司法長官であるモハメド・チャンデ・オトマン氏を委員長とする独立究明委員会を設置した。委員会は遅くとも六月三〇日までに事務総長に対し報告書を提出することになっており、第七〇回記念総会の場で、ハマショルド事務総長の死をめぐるミステリーが、半世紀の時を経て解明されるかもしれないという期待が高まっている。

歴代事務総長の功績②――ブトロス＝ガリ事務総長

「平和への課題」

一九九二年に退任したペレズ＝デクエヤル事務総長の後任として、エジプトの外務担当副首相であったブトロス・ブトロス＝ガリ氏が、アフリカからの統一候補として、第六代の国連事務総長に就任したのは、冷戦が終結し、国際平和と安全の維持という分野で国連に対する期待がかつてなかったほど高まった時期であった。

一九九二年一月三一日には、イギリスのジョン・メージャー首相が持ち回り議長を務め、アメリカのジョージ・H・W・ブッシュ大統領、フランスのフランソワ・ミッテラン大統領、新生ロシアのボリス・エリツィン大統領、日本の宮澤喜一首相（いずれも当時）らが参加した、安全保障理事会史上初の、政府首脳レベルのサミット会合が開催され、東西冷戦後の国連の果たすべき役割に大きな期待が表明された。この第一回首脳会議で採択された声明は、ブトロス＝ガリ新事務総長に対し、国連憲章の枠組みと規定の下で、予防外交（Preventive diplomacy）、平和創造（Peacemaking）、および平和維持（Peacekeeping）をいかに強化し、効率良いものにしていくかについての分析と勧告を、同年七月一日までに安全保障理事会に対し提出するよう求めた。

この声明に対し、国際政治学者として、また法律・外交の専門家として知られたブトロス＝ガリ事務総長は、同年六月、自らの理論と経験を基に、「平和への課題」(An Agenda for Peace)と題した事務総長報告書を総会と安全保障理事会双方に提出した。[88] この報告書の冒頭で、ブトロス-ガリ氏は、冷戦下では国連がその設立当初の役割を果たすことが不可能であったことを指摘するとともに、安全保障理事会初の首脳会議の開催が、国際社会が最も高い政治レベルで示した、国連憲章の目的と原則に対する支持表明であったことを歓迎した。ブトロス-ガリ氏はさらに、国連は主権国家が形成する機関であるとし、国際社会で主権国家が果たす役割の重要性を再確認したうえで、場合によっては、主権国家は、より大きな政治的連合体に主権を一部委譲する必要があることを説いた。その背景として、東西冷戦構造の終焉により、それまで抑圧されてきた種々の矛盾が一挙に吹き出し、人種、宗教、社会、文化、言語などの違いに起因する国内対立が多発、その結果として多くの紛争が従来の国際紛争から国内紛争へと質的に変化したことに触れている。

同時に、世界の人口増、飢餓、貧困、数千万に上る国家間および国内難民、抑圧と絶望などがすべて紛争要因たり得る現実に警鐘を鳴らし、国連による国際社会の平和、安定および安全を追求する努力を、単に軍事面のみならず、より広範な分野に波及させる必要性を強調した。

(UN Photo 86013 by Milton Grant)

ブトロス-ガリ事務総長

第一のP——予防外交

こうした分析に基づき、ブトロス＝ガリ事務総長は、予防外交、平和創造、平和維持、さらに、紛争の再燃防止を目的とした紛争後平和構築（Post-conflict Peacebuilding）の有機的連結と複合的実行を勧告した。この四項目は、それぞれの頭文字をとって「四つのP」と呼ばれる。

報告書は、第一のPすなわち「予防外交」を、紛争が起きる前に緊張を緩和し、紛争の発生を未然に防ぎ、また万が一紛争が起きた場合でも、紛争を悪化させることなく迅速に封じ込めるために最も望ましく、かつ効率的な外交の行使、と定義している。予防外交という言葉自体は新しいものではなく、第二代事務総長のハマショルド氏が、国連総会へ提出した事務総長年次報告の中でその必要性を論じている。しかし「平和への課題」は、予防外交を、他の紛争抑制あるいは紛争解決施策と、体系的かつ有機的に連動させている点で新しいものであった。

報告書は、予防外交は、国連事務総長が自ら、または国連事務局の幹部職員、あるいは国連関連機関、安全保障理事会、総会、さらに国連との協力の下、地域機構によって行使されるとし、そのために必要な手段として、情報収集を目的とした早期警戒、公式あるいは非公式な実情調査ミッションの派遣、国連平和維持部隊の予防展開、軍縮を含む信頼醸成措置、さらに、ある特定の状況下での非武装地帯の設定などを挙げた。武力衝突に発展しそうな緊張状態を事前に察知し、国連の関与を通じて、潜在的紛争が現実の紛争に転化することを未然に防ぐ予防外交は、当然のことながら、紛争が勃発し停戦が合意されてから展開される平和維持部隊と比べても、費用対効果の面でより効率的な活動であり、その有用性が強調された。

しかし同時に、予防外交は、紛争がまだ潜在的段階にある時点での国連の介入を提唱するもので、内政問題への介入を嫌う加盟国の反発を招きやすかった。予防外交が効果的に実行されるためには、潜在的紛争当事者間に、国連の介入を良しとし国連と共に問題解決にあたろうとする政治的意思が必要となる。その意味で、どの時点で国連が介入すべきか、また当事者間の政治的意思の有無を含めて、事案への介入の機が熟しているかという判断が極めて大切になってくる。

また、争いが潜在的段階にある場合、事務総長は国連憲章九九条によって認められているグッドオフィスの権限の下、緊張緩和を目指した静かな予防外交に従事するが、安全保障理事会が、現実に紛争が勃発していない事案を国際社会の平和と安全に対する直接的な脅威とみなすことを拒み、そうした予防外交の実施への積極的な支持を得られないというケースもある。

さらに、予防外交は紛争の予防を意図する活動であるから、国連による予防外交が成功し、争い事や潜在的紛争が未然に解決されても、そうした予防外交の成功が報道され、国際社会の注目を浴びることもない。これは、実績ベースで予算を編成する国連にあって、事務総長による予防外交への人的、財政的予算の十分な確保をしばしば困難なものとしている。

第二のP——平和創造

二番目のPである「平和創造」は、予防外交と平和維持の間に位置づけられ、平和的手段をもって敵対する紛争当事者を合意へと導く活動だ。具体的には、国連憲章第六章の紛争の平和的解決に網羅された方策があり、国連設立以来、世界平和と安全の維持のためにこれらの諸策が幾度となく試みられてきている。

ブトロス－ガリ事務総長は、平和創造の諸策が必ずしも成功しない要因として、まず、憲章第六章に定められた平和的手段での紛争事態解決に対する当事者間の政治的意思の欠如、さらに、問題に対する国際社会の無関心を挙げた。こうした状態を打破するためにブトロス－ガリ氏は、安全保障理事会のみならず総会にも、事務総長と緊密に協力して、国際平和と安全の維持に積極的役割を果たすよう求めた。

平和創造を目的とした外交交渉は、通常、事務総長や各加盟国から任命される事務総長特使や代表によって行われる。安全保障理事会や総会、あるいは各加盟国の強力かつ明確な支持が外交交渉をより効果あるものにすることは言を俟《ま》たない。場合によっては、加盟国や、安全保障理事会や総会などの政府間組織とは一線を画した事務総長独自の外交調停努力が紛争解決に有効性を発揮することもあるが、一般的に仲介斡旋努力は総会や安全保障理事会の強い支持がある時その効果を発揮する。その意味で、事務総長と安全保障理事会や総会との緊密な連携の重要性が指摘されている。

さらに報告書は、紛争の平和的手段による解決が不可能な場合に、国連憲章第七章が定める制裁や武力行使など強制力を持つ手段の必要性にも触れ、安全保障理事会に対し、こうした強制措置を実行するうえで必要となる人的、物質的、財政的な準備交渉に臨むよう勧告した。また、国際社会が平和と安全への明確な挑戦に対処するために、従来の国連の平和維持活動の権限を超え、かつ通常の国連平和維持軍より重装備の平和強制執行部隊の必要性にも触れ、安全保障理事会に対し、特定かつ明確に規定された状況下でのそうした部隊の活用を考慮するよう提言した。

第三のP――平和維持

第三のPである「平和維持」は、前述の通り、当事者間で合意された停戦の履行および監視を目的とし、また、当事国の了解の下に、国連が平和維持部隊を展開するというもので、紛争の平和的解決を目指す国連憲章第六章と強制的措置を規定する第七章との中間に位置する「六章半」の施策だ。

報告書が指摘する通り、国連の平和維持活動の重要性は、冷戦の終焉に伴う国内紛争の増加とともにますます増大し、平和維持部隊の派遣数と展開規模も拡大の一途をたどった。国連が設立された一九四五年から一九八七年までに展開された国連平和維持活動は一三に留まっていたが、一九八八年以降その数は急増し、その後の四半世紀で設立された平和維持軍は五六に上っている。二〇一四年四月現在、国連は世界各地で一六の平和維持活動を展開しており、約一二〇カ国から供給された約八万五〇〇〇人余りの兵士および軍事監視員、一万三〇〇〇人余りの警察官、一万七〇〇〇人を超える文民がこうした活動に従事している。[89]

ブトロス＝ガリ事務総長は、国連の平和維持活動が成功するための条件として、明確かつ実行可能な職務権限、職務を遂行するうえでの当事者の協力、安全保障理事会の継続した支持、加盟国による兵士、警察、および必要とされる専門家を含む文民の拠出、国連本部および現地での効果的な指揮に加えて、十分な財政および後方支援を挙げている。特に、国連の平和維持活動を立ち上げる際、必要とされる軍事監視員や兵士、あるいは警察や文民の確保がしばしば問題となることから、報告書は、事務局と加盟国間であらかじめ国連平和維持活動への人的供与に関する合意を結ぶことを強く呼びかけている。同時に、平和維持活動に必要とされる車両、通信機器、発電機などを含む装備品の備蓄、あるいはそれが不可能な場合は、あらかじめそうした装備品供与に関する合意書を締結する必要性を指摘した。

また報告書は、国連の財政基盤を強固なものにし、国際平和と安全分野での活動をより効果あるものにするために、現存する活動基金の拡充、五〇〇〇万ドル相当の平和維持活動準備基金や、同じく五〇〇〇万ドル相当の人道支援回転基金、さらに、当面一〇億ドル調達を目途とした国連平和基金などの新設を呼びかけた。[90]

第四のＰ――紛争後の平和構築

最後のＰである「紛争後平和構築」は、平和創造と平和維持が成功するためには、平和を強固なものにするばかりでなく、人々に自信と幸福感をもたらす社会構造の構築を目的とした、幅広く総合的な支援が必要だとの認識に基づいて提唱されている。もとより、紛争が終結し平和がもたらされても、紛争の勃発に至った根本的要因が取り除かれない限り、紛争が再発する危険性は排除されない。紛争後平和構築においては、紛争の再発を防ぐために、紛争に従事した兵士の社会復帰、武器の破壊、難民の帰還や人権の擁護、そして民主的社会基盤の整備など、より息の長い、広範な支援活動の必要性が強調されている。

ブトロス－ガリ事務総長は、法の支配や政策決定における透明性の確保などの民主主義的行動規範と、新しくかつ安定した政治的秩序の中での平和と安全の構築には、明確な関連性があると結論づけ、国際および国内社会のあらゆる階層で良き統治が推進されるよう勧告している。そして、真の問題解決のためには政治外交努力のみならず、経済、社会、開発分野の努力も必要であることから、国連事務局と社会経済開発分野の国連諸機関との緊密な連携を呼びかけた。またそのために、ブトロス－ガリ事務総長はファンド＆プログラムと呼ばれる国連諸機関や専門機関の統合を含む合理化に自ら着手するとともに、各加盟国に駐在する国連の開発援助機関の幹部職員が国連事務総長の代表として力を尽くす必要性を強調した。

ブトロス－ガリ事務総長は「平和への課題」の中で、国際平和と安全の維持に関して国連憲章第八章が定める地域機構との協力についても触れている。報告書は、冷戦の終焉は地域機構が国連と協調して世界平和と安全の維持に貢献する余地を作り出したことを指摘し、地域機構が国連と緊密に連携することを強く呼びかけている。ただ、それぞれの地域機構は設立目的や存在する地域の状況が異なることから、報告書は、国連と地域機構の協力はこうあるべきだとの提言はせずに、現実の要請および国連憲章第八章が定める規範に従って進められるものとしている。また、そうした協力が国連の負担を軽減するばかりでなく、国際社会全般の国際問題に関する、より広範な参加、合意、民主化を促進することに繋がるとしている。

「平和への課題」がもたらしたもの

ブトロス－ガリ事務総長の「平和への課題」は、加盟国におおむね好意的に受け止められた。安全保障理事会は毎月、報告書の内容を検討する会議を開き、一方総会では、その年九月に開催された第四七回通常総会で多くの加盟国から報告書への支持が表明された。[91]

一九九二年一二月三日には、安全保障理事会が、ソマリアでの人道支援のために「武力行使を含めたあらゆる手段」の使用を許可した決議案第七九四号を採択した。

また、その一週間後には、旧ユーゴスラビア内の武力対立の波及を懸念するマケドニア共和国の要請により、旧ユーゴスラビア共和国崩壊に伴って勃発した武力対立に対応するために展開されていた国連保護軍（ＵＮＰＲＯＦＯＲ）と呼ばれた平和維持部隊の一部をマケドニア共和国内のアルバニアとセルビアとの国境に国連史上初めて予防展開する決議案が、全会一致で承認された[92]。さらに、一二月二三日には、総会によって、翌一九九三年一月一日をもって国連平和維持活動の立ち上げや緊急展開に対応するための一億五〇〇〇万ドルの平和維持準備基金の設立が決定された[93]。

予防外交を実践するうえで、ブトロス＝ガリ事務総長は、情報収集および情勢分析のために実情調査ミッションを世界各地に派遣した。こうした使節団の派遣は、多くの場合、正確な情勢分析に基づいた早期警戒と緊張緩和のための予防外交を可能にした。一九九二年二回にわたってモルドバに派遣されたミッションは、当時高まっていたモルドバとロシア間の緊張状態緩和に貢献し、またソロモン諸島への使節団の派遣は、当時ブーゲンビル島をめぐって激しく対立していたパプアニューギニアとの争いの平和的解決を目的とした和解努力へと繋がった。

地域機構との連携にも力が入れられ、この年、国連と欧州安全保障協力会議（ＣＳＣＥ／一九九五年に欧州安保協力機構［ＯＳＣＥ］と名称変更）が、国連憲章第八章の下で協力する決定がなされた。上述したマケドニアへの国連平和維持部隊の予防展開のケースは、国連とＯＳＣＥとの緊密な協力を体現した新たな試みでもあった。

さらに、ブトロス＝ガリ事務総長が一月に創設した通常兵器の登録簿は、信頼醸成と武器の拡散に対する早期警戒の促進に貢献した。国際平和と安全の維持に関し、事務総長報告書が高い評価を集める中、ブトロス－ガリ事務総長の積極的な活動姿勢は、外交上の慣例を重視し慎重の上にも慎重を期した前任者のペレズ－デクエヤル氏とは際立った対照を呈した。そうした積極的な国連事務総長の登場は後に一部の加盟国から、ブトロス－ガリ氏が、国連憲章が安全保障理事会に付託した権限を自らに与えんとしているのではないか、あるいはまた、情報収集や予防外交の積極的行使は加盟国の内政問題への介入を禁じた国連憲章に抵触するのではないか、といった批判を招いた。[94]

しかし、国連が過去の前例のみならず、来る時代の要請と将来に寄与するべき事柄によって行動することを提唱し、予防外交、平和創造、平和維持および紛争後平和構築の四つのPによって代表される活動の体系的、有機的結合を勧告した「平和への課題」は、国際社会の直面する課題を的確に捉えており、報告書提出から二十数年を経た現在でも、国連の国際平和と安全の維持という主要任務遂行のための重要な活動指針となっている。

事務局の機構改革

冷戦の終焉は、国際社会の平和と安全の維持に国連が果たすべき役割への期待を高めると同時に、加盟国からは、事務局を、新時代の要請に応え得る、より効率的な機構に改革するべきだとの強い要求を生み出した。こうした機構改革を求める声は、ブトロス－ガリ新事務総長の就任を控えた一九九一年末にかけて大きな高まりを見せた。国連改革を求める声は、アメリカに特に強く、政府系・非政府系を問わず、国際問題を扱うさまざまな財団やシンクタンクによって国連改革に関連する提案が出された。

国連内では、九月に、オーストラリアのピーター・ウィレンスキー大使を中心とする約三〇カ国の国連大使からなる非公式作業グループが、事務局改革に関する提案書を事務総長に提出した。提案書の趣旨説明の中でウィレンスキー大使は、国連事務局の機構は、国連創設以来四十数年間、総会がその時々の問題について、今日の世界情勢とはきわめて異なる状況下で採択した決議案に場当たり的に対応してきた結果であり、長く続いた冷戦は事務局の構成にゆがみをもたらせたと述べている。また大使は、加盟国の期待を背負い、日々その役割の重要性を増している国連事務総長に対し事務局が十分な支援を提供するためには、非効率化したその機構を変革することが必要不可欠だと述べ、新国連事務総長の就任を控えて、事務局の改革について加盟国間で幅広い討議を行うことの意義を強調した。[95]

そのうえで提案書は、国連事務総長の役割を強化し事務局の効率を高めることは、国連の加盟国の利益であるとして、事務総長に対して、事務局の機構を職務別に四つの大きなグループに再編することを求めた。四つのグループは、政治・安全、経済・開発・環境、社会・人道・人権、そして行財政と会議サポートの分野に分けられ、それぞれ副事務総長によって統括されるべきとした。さらに、無駄を省き簡素化された事務局は、事務総長の機構管理を容易にするばかりでなく、事務総長が重要事案に集中することを可能せしめ、事務局内の協力と連絡調整をも促進すると述べた。

一〇月には、総会議長により全加盟国参加の非公式作業グループが設立され、「ウィレンスキー提案」を土台とした事務局機構改革が討議された。

ウィレンスキー提案作成には事務局も深くかかわっていた。当時事務局の政治・総会担当事務次長の職にあったアメリカ出身のロナルド・スパイアー氏は、元国務省行政担当次官としての経験を活かし、ウィレンスキー大使のグループや総会の非公式作業グループに対し、実質的および事務的サポートを提供し、事務局の幹部職の削減、局の統合や副事務総長職の新設などを提言した。ウィレンスキー提案は、かなりの部分でスパイアー氏の提言を受け入れた内容となっており、国務省出身の国連幹部を通じてアメリカ政府の意向が間接的に反映されたと見ることもできる。アメリカは安全保障理事会の常任理事国として、国連事務総長選出に大きな影響力を持っており、アメリカの意向が反映された国連改革案は、新しい事務総長に内定したブトロス－ガリ氏にとっても受け入れざるを得ないものであった。

改革以前の状況

国連事務局は、上述した通り、第二代事務総長のハマショルド氏によって大幅かつ実質的な機構改革が実施されたが、その後はウィレンスキー提案が指摘する通り、冷戦構造下で無力化した国連が時代時代の問題と加盟国からの要求に場当たり的に対応してきた結果、事務局機構も場当たり的な拡大を続けていた。

ウ・タント事務総長は第二二回総会に、事務次長の数が一四に増加し、すべての幹部職が同様な職責を負っているわけではないことを指摘し、幹部職を事務次長と事務次長補の二階級に分ける提案をした。この提案は、総会決議によって承認され、一九六八年一月以降、事務次長に加えて事務次長補のポストが新設された。結果、それまで別々だった財務官と行政管理部長の職が統合され、新たに行政管理担当事務次長の職が設立され、一九七三年には行政管理局が新設された。また一九六九年には、それまで兼任されていた官房長と総会担当事務次長職を分離し、一九七二年には、政治・総会担当事務次長室が新設された。

一九七〇年代は、アジアやアフリカなどの旧植民地から独立した新加盟国からの経済、社会、開発分野での要求が高まり、経済社会局の国際経済社会局への改編、開発と国際経済協力担当の幹部職の新設、そして技術協力開発局や科学技術開発センターの新設などが行われた。また、国連環境計画（UNEP）、国連人間居住計画（UN‐HABITAT）、後に廃止された世界食料評議会（WFC）や国連多国籍企業センター（UNCTC）などの事務局が総会により続々と新設された。

安全保障の分野では、一九八二年、それまで政治安全保障局の一部であった軍縮センターが軍縮局として独立し、翌一九八三年には、総会によって海洋法事務局の新設が決定された。また一九八七年には、事務局の情報収集機能強化のために情報収集調査室（ＯＲＣＩ）が新設された。

こうした場当たり的な機構改革は国連事務局の肥大化を招き、一九九一年には、事務総長の下に二七の事務次長職、さらにその下に二一の事務次長補職が存在するという頭でっかちで、いささかバランスを欠いた状態になっており、事務総長一人がこうした数の幹部を監督していくのはもはや不可能なことであった。

組織として機能し始めた事務局

一九九二年一月に国連事務総長に就任したブトロス＝ガリ氏は迅速に行動した。二月二一日には、「国連事務局の機構改革」と題する報告書を総会に提出、既存の局の大幅な統合と幹部職の削減を柱とした第一段階の事務局改組案を発表した。[96]

この中でブトロス＝ガリ新事務総長は、「平和への課題」の中で提唱した予防外交、平和創造および平和維持活動を実行するためのより強固な体制作りの一環として、政務局（Department of Political Affairs）の新設を打ち出した。政務局はそれまで別々に活動してきた政治・総会局、情報収集調査室、政治・安全保障局、特別政治問題・非植民地・信託統治局、および軍縮局の五つの政治関連部門を統合し、暫定的に二人の事務次長によって統括されることが発表された。また、国連平和維持活動の機能強化のため、特別政治担当室を廃止し平和維持活動局（Department of Peacekeeping Operations）が新設された。社会経済分野では、経済社会開発局（Department of Economic and Social Development）が四つの経済社会関連局を統合する形で新設され、また、増加の一途をたどる国連の人道支援活動をより効果的なものにするために、人道問題局（Department of Humanitarian Affairs）が新設された。さらには、会議局を吸収する形で行政管理局の改編が行われ、同様に法務室が海洋法事務局を吸収することとなった。総会は三月二日、決議案を採択し、ブトロス＝ガリ事務総長の事務局改組案を歓迎し、かつ承認した。[97]一九九三年から一九九四年にかけて第二弾の事務局改編が行われ、経済社会関連局の若干の改編、そして人権問題担当高等弁務官室や、事務局内の腐敗をチェックし、総会に直接報告する権限を持つ内部監察官室が新設された。こうした改組により、一九九一年当時二〇あった事務局の部局はブトロス＝ガリ事務総長の下で一二に統合され、事務次長と事務次長補を合わせた幹部職は四八から三七に削減された。当然のことながら、こうした改革は国連予算の削減にも繋がり、一九九六－一九九七会計年度予算は、前会計年度比で約一億一七〇〇万ドル減を達成した。

しかし、「ウィレンスキー提案」にあった、数名の副事務総長ポストを新設し、統合された事務局を統括する案は見送られた。これは、事務局幹部職に既得権を持つ加盟国から、トップレベルの事務次長ポストを削減して小数の副事務総長ポストにまとめることへの反対があったこと、また逆に、事務次長ポストを減らさずにその上にさらに副事務総長ポストを新設することは、屋上屋を架すことになるとの反発があったことが大きい。事務局ナンバーツーとしての副事務総長は、その後アナン事務総長によって、一九九八年に任命されることになる。

ブトロス－ガリ事務総長による事務局改革は、単に部局の統合と再編にとどまらず、事務局の仕事の仕方にも変化をもたらした。事務総長室の少数の側近を重用する従来の側近政治に決別し、政策に関する実質的な仕事は一義的に担当部局に任せ、事務総長官房は事務局内の連絡調整に徹するというブトロス－ガリ事務総長の方針は事務局の活性化にも繋がった。

この点では、ブトロス－ガリ事務総長の官房長に任命されたハイチ出身のベテラン国連職員ジョンクロード・エイメ氏の功績が大きい。官房長は通常、事務総長に最も近い位置にあり信頼も厚いことから、自ら実務問題に関与することによって事務総長を助ける誘惑にかられるが、エイメ氏はブトロス－ガリ事務総長の訓令を忠実に守り、自らは事務局内の連絡調整に徹した。

もともと巨大官僚機構である事務局内の各部局、さらに事務局と関連国連機関との連絡調整は極めて難しく、事務総長が国連本部に不在の時などは、担当部局間の責任の所在がはっきりせず、事務局が機能しない状態に陥ることも珍しいことではなかった。事務局の統括と連絡調整に徹したエイメ官房長は、それまでもっぱら人の集団として機能してきた事務局に初めて組織としての機能をもたらしたと言っても過言ではない。ブトロス－ガリ事務総長が実施した機構改革によって生まれた新しい事務局の組織構成は、その後若干の修正はあったものの、二十数年が経った現在も基本的には変わっていない。

阻止されたブトロス－ガリ氏の再選

国連の政策および改革の両面で大きな足跡を残したブトロス－ガリ事務総長は、一九九六年事務総長再選を目指したが、氏の再選は、アメリカが安全保障理事会で拒否権を行使したことにより妨げられた。これには、氏の任期中、ソマリア、ルワンダ、ボスニアなどへの国連の関与のあり方をめぐって対立が先鋭化していたという背景がある。

一九九〇年のイラクのクウェート侵攻に対処するために国際社会が発動した第一次湾岸戦争の際、アメリカは強い国連支持を示したが、一九九三年には、ソマリアの平和維持活動でアメリカの兵士一八名が殺害されるという悲劇によって、そうした支持は急速に萎んでいた。そして、ルワンダでの大量虐殺、さらにボスニアでの国連平和維持軍の指揮をめぐるブトロス－ガリ事務総長との軋轢はアメリカの国連離れへと繋がった[98]。議会保守派を中心に「国連無用論」が吹き出し、米議会によるアメリカ政府の国連拠出金支払い拒否は、国連に深刻な財政危機をもたらした。一九九六年はアメリカの大統領選挙の年でもあり、強く独立した国連を提唱するブトロス－ガリ事務総長に対するクリントン政権と元々反国連色が強い共和党の反発が重なり合い、アメリカの拒否権に繋がったと見られている。

しかし、国連全体ではブトロス－ガリ事務総長への支持は強く、安全保障理事会ではアメリカを除く他の理事国はブトロス－ガリ氏の再選を支持した。また、一九九六年一二月一七日に開かれた国連総会の本会議では、第五一回通常総会議長を務めたマレーシアのラザリ・イスマエル国連大使が全加盟国を代表して「予防外交、人道的介入、そして民主的国家建設への理解に対し独創的かつ知的な貢献をなし、さらに国連の改革と活性化への土台を築いたブトロス＝ガリ博士は、長くわれわれの記憶にとどまる」と述べ、ブトロス＝ガリ事務総長の功績を称えた。[99]

ブトロス＝ガリ事務総長は総会への告別の辞で、「もし国連事務総長の役割をひと言で形容するとしたら、それは独立性だ。その職にある者は職務を遂行するうえで、決して特定国あるいは特定グループの国々に対し恐れを抱いたりへつらったりしてはならない。もしそうすることがあれば、国連への希望と期待も消滅してしまう。事務総長の忠誠は国際社会に対してのみあり、国際公務員としての事務総長は国際社会の真の公僕であるべきだ」と述べた。[100] 総会に集った各国代表は、別れを告げるブトロス＝ガリ事務総長をスタンディングオベーションで見送った。

歴代事務総長の功績③——アナン事務総長

「地位が人を作る」を体現した事務総長

この本会議はまた、ブトロス＝ガリ事務総長と同じくアフリカのガーナ出身で、国連平和維持活動局担当事務次長を務めていたアナン氏を第七代国連事務総長に正式に任命した。ブトロス＝ガリ事務総長が一期で退陣したことから、アフリカ諸国を中心に、後継者は再びアフリカから選出されるべきだとの声が強く挙がっていたのである。こうした中、国連生え抜きで国連を隅々まで知り尽くし、しばしば独善的、権威主義的と批判されたブトロス－ガリ事務総長とは対照的な、温厚で、コンセンサスを重視するアナン氏に白羽の矢が立った。強い事務総長を嫌うアメリカにとっても、平和維持活動局担当の能吏として知られたアナン氏は「共に仕事ができる」候補であったと言える。事務総長任命受諾演説の中でアナン氏は、「私一人では何もできない」と述べ、総会議場を埋め尽くした各加盟国代表に、共に手を取り人類の平和、尊厳と正義のために働こうと呼びかけている。[101]

「地位が人を作る」という言葉があるが、アナン氏ほどこの言葉が当てはまる事務総長もいないのではなかろうか。総会での就任演説では見るからに緊張していたアナン氏だが、月日を重ねるに従って、前任者とはまた違った事務総長としての風格と威厳を身につけていった。アナン氏は、人の話をよく聞く「グッドリスナー」として知られ、各国政府代表や高官との会談でもその真摯な態度は好感をもって受け入れられた。しかし、アナン氏は会談の中でただ話を聞くばかりでなく、国連事務総長として言うべきことは、相手が大国の代表であろうと小国の代表であろうと、きちっと申し入れた。

筆者は、アナン事務総長の会談に数多く同席する機会を得たが、事務局が用意した想定問答資料を完璧に自分のものにし、国連の立場を自らの言葉で相手方に申し入れるアナン氏の外交交渉術には、卓越したものがあった。そして、語り口がソフトで静かなだけに、アナン事務総長の言葉が相手方の心に深く染み込み、国連の立場への同意や協力を取り付けることに繋がったこともしばしばであった。

(UN Photo 107463 by Evan Schneider)

アナン事務総長

国連のような官僚機構で仕事をするうえで、物事を進めるためには、いつ、どこのボタンを押せばよいかということを的確に判断することが大切になる。世界保健機構（ＷＨＯ）の職員を皮切りに国連一筋、政策畑のみならず、人事や予算といった行財政分野の幹部ポストをも歴任してきたアナン氏は、文字通り官僚機構を動かし政策を履行していくにはどうしたらよいかを熟知しており、国連事務総長就任後は、まさに「水を得た魚」のごとく職務を遂行していった。

地球市民のための国連作り

アナン事務総長が特に心を砕いたのは、いかに国連を加盟国のみならず人類のために寄与する機構にしていくかということであった。アナン氏は近著 *Interventions — A Life in War and Peace* の中で、「私の事務総長としての使命は、本来人々に奉仕するために作られた国連を、いかにそうした人々により近い機構にしていくか、また同時に、個人一人ひとりの安全、成長、衛生そして人権の希求を国連の業務の中心に位置づけていくかだ」と述べている。[102] 具体的には、平和と安全の概念の中に、開発、法の支配、人権の擁護といった原則を取り入れ、真の平和と安全の維持には、単に武器を削減するだけではなく、個人の人権、成長、発展が法の支配の下に保障される民主的枠組みの強化を目途とした、国際社会による複合的かつ包括的な取り組みが必要だと訴えた。さらに、加盟国の枠を越えて、国連とＮＧＯ、民間団体との幅広い協力関係の構築に力を注いでいった。

国連を真に地球市民に奉仕する機構へと変革するために、アナン事務総長は二〇〇〇年三月、国連憲章の序文から取った「われら人民は――二一世紀の国連の役割」と題する報告書を総会に提出し、九月からのミレニアムサミット（二〇〇〇年祭記念総会における首脳会議）での検討を要請した。[103] この報告書は、それまでの人間の安全保障という概念を、単に戦争や紛争だけでなく、経済、社会、教育、衛生、人権、環境といったより幅広い面から再定義しようとするものであった。

通常、事務総長報告は、事務局内のそれぞれの担当部局が草稿を練り、それに対するコメントを書き入れて編集、完成させていくが、こうした方式では、最終稿はどこの部署や関連諸機関にも受け入れやすい妥協の産物になってしまうことが多い。「われら人民は…」の報告書は、アナン事務総長が前出の *Interventions* の中で述べているように、こうした最低公約数を求めるプロセスを排し、事務総長室のジョン・ラギーとアンドリュー・マックの二人の高官によって草稿が練られ、事務総長室の少数のスタッフによって完成された。[104] この中でアナン事務総長は、近年の紛争の質的変化、さらにグローバル化が人間の安全保障に及ぼす影響を分析し、二〇一五年までに飢餓に苦しむ人や安全で安価な水を持たない人の割合を半減する、二〇一五年までにすべての児童が初等教育を受けられるようにする、あらゆる教育の場で男女間の差別を撤廃する、今後一〇年で一五歳から二四歳までのエイズ感染者を二五パーセント削減する、地球温暖化防止のために京都議定書を実行する、などの大胆な提言を打ち出した。

国連による問題への複合的かつ包括的な取り組みを可能にするために、アナン事務総長はまた、事務局および関連諸機関の改革にも着手し、ブトロス－ガリ事務総長の下で悪化したアメリカとの関係改善にも尽力した。名目上は事務総長に報告するが、実態は、事務局からの干渉や束縛を嫌う関連諸機関や独立した国連の専門機関などとの調整と連携強化のため、そして国連として共有する一つの戦略を実施していくために、一九九七年には、国連開発グループがニューヨークに設置された。また、世界各国に展開する関連諸機関はそれぞれの国で別々に事務所を構えるのではなく、国連事務所として一カ所に結集して国連開発計画（ＵＮＤＰ）が派遣する代表の下に連絡調整を図ることが奨励された。

事務局内の連絡調整は、パキスタン出身の外交官でベテランの国連職員のイクバル・リザ氏が官房長として三八階から睨みを利かせていたが、一九九八年には、さらに、カナダの外交官であったルイーズ・フレシェット女史が副事務総長に任命されて、アナン事務総長の政策・行財政両分野での改革を助けた。

二〇〇〇年九月には史上最大の一四七人の政府首脳を含む一八九カ国の代表が参加してミレニアムサミットが開かれ、会議は「ミレニアム宣言」を満場一致で採択し、アナン事務総長の報告書を承認した。[105] この声明に基づき、翌二〇〇一年夏、アナン事務総長は、貧困と飢餓の根絶、初等教育の世界的普及、男女の平等と女性の登用、児童死亡率の削減、母親の衛生の改善、エイズ、マラリアその他の疫病との戦い、環境保全、開発のための地球規模のパートナーシップの構築、という八つの柱からなるミレニアム開発目標（Millennium Development Goals: MDG）を打ち出した。さらに、MDGを実行せしめるために二〇〇二年にメキシコのモンテレイで開かれた開発支援会議では、すべての先進国は国内総生産の少なくとも〇・七パーセントを開発途上国向けODAに充てるべき、とした一九七〇年の総会決議の履行を再度先進国に呼びかける文書が採択された。[106]

国際社会全体の「保護責任」

ミレニアム宣言は、それまでの一〇年に五〇〇〇万人の命を奪った国家間の戦争や内戦から人類を救うべく、人権擁護、法の支配の強化、そして国連の機能強化などを確認した。基本的人権の擁護は、国連の平和と安全分野の活動にも大きな影響を与えてきていたが、国際社会が一九九四年のルワンダおよび一九九五年のボスニアでの大量虐殺を許した苦い経験から、アナン事務総長は二〇〇〇年のミレニアムサミットに向けた報告書の中で、人類を戦争犯罪や甚大な基本的人権の侵害から守るためには、それまで不可侵とされてきた国家主権に一定の制限を加えるべきだとの問題提起をした。[107]

アナン事務総長の問題提起は、その後彼が設置した「脅威、挑戦と変革に関する高級諮問委員会」

によって、国家主権は権利と共に国民を保護する義務を有し、かつ法の支配の下、基本的人権を擁護することは一義的に主権国家の義務であり、もしそれがなされない場合には、国連をはじめとする国際社会全体が介入するべき、とのいわゆる「保護責任」(Responsibility to Protect: R2P)の概念に収斂《しゅうれん》された。これを受けてアナン事務総長は、二〇〇五年春、総会に「より大きな自由」と題された報告書を提出し、その中で、加盟国による法の支配の確立とその下での基本的人権の擁護を、主権国家ならびに国際社会全体が果たすべき「保護責任」として提案した。[108]

アナン氏の提言は、二〇〇五年九月の第六〇回総会の冒頭開かれた国連世界サミットに出席した一五三カ国の国家元首および首相を含む一九一の全加盟国によって承認された。[109] ブトロス＝ガリ事務総長は、「平和への課題」の中で、東西冷戦終焉後の人種・宗教・社会・文化・言語などに起因する国内紛争の多発、および国際紛争から国内紛争への質的変化に触れ、場合によっては、主権国家によるより大きな政治的連合体への一部主権の委譲の必要性を説いたが、アナン事務総長が提唱したR2Pはこの概念をさらなる高みに置くものであった。そしてR2Pは、虐殺、戦争犯罪、人道に反する犯罪、民族浄化などの凶悪犯罪に限定されはするが、それまで不可侵かつ絶対的なものとされてきた国家主権を部分的に制限し、かつ国際社会に干渉する権利を認めた点で画期的であり、国際平和と安全の維持に大きな影響を与えた重大な指針だと言える。

国連とノーベル賞

二〇〇一年のアナン事務総長と国連によるノーベル平和賞の共同受賞は、国連に働く者すべてにとって極めて栄誉ある出来事であった。ノーベル委員会は賞の授与にあたって、アナン事務総長が国連を活性化し新しい息吹を吹き込んだこと、特に、従来の平和と安全の分野に加えて人権分野やエイズとの闘いでの努力を評価した。国連が真に地球市民に奉仕する機構へと一歩近づいた証であると言える。国連事務総長のノーベル平和賞受賞は、一九六一年飛行機事故で逝去した後に受賞したハマショルド事務総長以来二人目のことだった。

国連のノーベル平和賞受賞第一号は、国連の創設に関与し、リー、ハマショルド、そしてウ・タントと歴代事務総長の右腕として活躍し、一九四八年のパレスチナ問題調停の功績により、一九五〇年に受賞したアメリカ人のラルフ・バンチ氏である。また、国連の受賞としてほかには、一九九八年の国連平和維持軍による受賞がある。

国連の関連諸機関では、一九五四年と一九八一年の二回にわたって国連難民高等弁務官事務所（UNHCR）が、一九六五年には国連児童基金（UNICEF＝ユニセフ）が、一九六九年には国際労働機関（ILO）が、二〇〇五年には国際原子力機関（IAEA）と当時のモハメド・エルバラダイ事務局長が、そして二〇〇七年には気候変動に関する政府間パネル（IPCC）がそれぞれ受賞している。

アナン事務総長はまた、人権擁護に十分な役割を果たしていないとの批判を受けていた人権委員会の強化も訴え、総会は翌二〇〇六年の第六一会期で、それまでの人権委員会をより大きな権限を持つ「人権理事会」に改組した。一九九四年設立の人権担当高等弁務官室に加えて人権理事会が設立されたことで、事務総長や総会は、提出される報告書を通して安全保障理事会とは別の「人権」という切り口で、国際平和と安全の維持に影響を及ぼしかねない紛争あるいはそれに準じる事態に対処しやすくなった。またこの間、国連の外では、一九九八年に採択された国際刑事裁判所ローマ規定に基づいて、国際刑事裁判所が二〇〇三年オランダのハーグに設立され、大量虐殺、戦争犯罪や劣悪な人権侵害などの人道に反する犯罪を犯した個人を裁くための仕組みが作られた。

イラク対応で生じたアメリカとの溝

国連を地球市民に奉仕する機構に改革しようとするアナン事務総長の努力は国際社会から高く評価され、アナン事務総長と国連は共同で二〇〇一年のノーベル平和賞を受賞した。手法やスタイルの違いはあっても、アナン事務総長も前任者であるブトロス－ガリ事務総長同様、中立かつ独立した国連事務総長と国連事務局の役割の重要性を認識していた。著名な国際政治学者として自ら理想とする国連観を持ち、その実現に邁進《まいしん》し、それゆえにしばしば権威主義的と批判されたブトロス－ガリ事務総長と違い、国連の現状を熟知し、コンセンサス方式を重視するアナン事務総長は、政策履行にあたっても加盟国には細心の注意を払い、総会や安全保障理事会との良好な関係維持に心を砕いた。

しかし、第一次湾岸戦争以後、イラクの大量破壊兵器所持疑惑をめぐる駆け引きは、安全保障理事会内部のみならず、アナン事務総長とアメリカの間にも深い溝を作り出した。イラクのサダム・フセイン大統領が、イラクの大量破壊兵器の破棄を監視・検証するために安全保障理事会によって設立された国連監視検証査察委員会の入国を拒み続けると、イラク制裁の声がアメリカやイギリスを中心に高まった。二〇〇二年一一月八日には、安全保障理事会が決議案一四四一号を採択し、イラクに対し大量破壊兵器破棄を求めた安保理決議の履行を求める、いわば「最後通牒」を突きつけた。この決議案は、イラクが再び数々の安保理決議案を無視し、大量破壊兵器破棄を履行しなかった場合の安全保障理事会としての対応を明確には定めておらず、アメリカとその同盟国であるイギリスは、そうした事態が発生した暁には、国連としてイラクに対し強制的な軍事行動を起こすことが可能であるという立場を取った。しかし、アナン事務総長、国連事務局およびその他の常任理事国を含む安全保障理事国のメンバーは、決議案一四四一号はそうした事態に際しても国連が自動的に軍事行動を取ることは認めていないとの立場であった。

翌二〇〇三年の二月五日、安全保障理事会の外相級会議が開かれ、ブッシュ政権のコリン・パウエル国務長官が、イラクが大量破壊兵器を隠し持っているとする「証拠」を提示したが、フランス、ロシア、中国、ドイツなど他の有力理事国の支持を得るところまでは至らなかった。こうした国々は、即軍事行動に訴えるよりは、時間制限を設けるなどより明確な規定を設けた対イラク査察活動の継続を呼びかけた。[110]安全保障理事国の見解が二分される中、あくまでサダム・フセイン排除という国益を追求するアメリカは、三月二〇日、イギリス、オーストラリアなどの同盟国を巻き込んでイラク侵攻に踏み切った。

対イラク軍事作戦は、サダム・フセイン政権の崩壊というアメリカの国益に合致する形で五月一日に終結するが、イラクが大量破壊兵器を安保理決議に違反して隠匿所持していたという決定的な証拠は見つからず、安全保障理事会の承認を得ない軍事行動は、その後の国連の世界平和と安全維持の役割における権威と信頼に大きな禍根を残した。

アナン事務総長は、アメリカ主導の軍事行動を、国連憲章に合致するものではなく、国連憲章の観点から「非合法」だと批判したが、このことがその後アメリカのアナン事務総長批判を呼び起こし、国連とアメリカとの関係に微妙な影響を与えることになった。さらに、一九九五年に始まったイラクの石油を売ってイラク人民の食糧援助に充てるとするいわゆる「オイル・フォー・フード」事業をめぐって、国連の責任者が賄賂を受け取っていたというスキャンダルが発生し、これに対するアメリカの追及がアナン事務総長の任期末を難しいものにした。

三氏が貫いた事務総長の独立性

国連は加盟国が作る機構であり、国連が世界平和と安全の維持という分野でいかなる役割を果たせるかは、一義的に加盟国、特にアメリカのような有力加盟国の支持の有無にかかっている。そうした現実の下、事務総長が自らの信念を貫き、国連を一国の利害のためではなく、国際社会全体、ひいては地球市民全体のために奉仕する機構にせんとすることは決して容易なことではない。国連はよく加盟国の意向を映す「鏡」だと言われるが、特にアメリカの意向は、誰がその職にあろうと事務総長の職務に大きく影響する。

こうした中、ハマショルド事務総長も、ブトロス－ガリ事務総長も、またアナン事務総長も、それぞれの任期中に、国連を真に国際社会の平和と安全の維持のために有効な役割を果たせる機構にすることに尽力した。ブトロス－ガリ事務総長が言ったように、事務総長の職務の根幹は「独立性」にある。三人の事務総長に共通することは、その手法こそ違うが最後まで事務総長の忠誠は国際社会に対してのみあり、事務総長は国際社会の真の公僕であるべきだとの姿勢を貫き通したことであった。

第六章

政務局の誕生

五つの政治関連部局の統合

冷戦終焉後の国際社会の平和と安全の維持に、予防外交、平和創造および平和構築などの手段をもって、いかに貢献するかという命題を受け、一九九二年、政務局（Department of Political Affairs）がブトロス・ブトロス＝ガリ事務総長によって新設された。それまで別々に活動してきた政治・総会局、政治・安全保障局、特別政治問題・非植民地・信託統治局、軍縮局および情報収集調査室という五つの政治関連部局を統合した政務局は、国際社会の平和と安全の維持に関する広範かつ重要な案件をその守備範囲に一手に収める重要部局となった。[111]

ただし、それまで五人の事務次長が統括していた五つの局を一つに統合することには、それによって事務次長という最高幹部職ポストを失う加盟国からの抵抗もあり、発足時には、暫定的に二つの政務局が設けられ、二人の事務次長がそれぞれ統括した。第一政務局を統括する事務次長には、ペレストロイカを推進したソ連のミハイル・ゴルバチョフ大統領（当時）のブレーンであった第一外務次官のブラジミル・ペトロフスキー氏が任命され、第二政務局の事務次長には、シエラレオネ出身のジェームス・ジョナ氏が特別政治問題および非植民地・信託統治局担当事務次長から横滑りした。

ちなみに、一九九二年の機構改革で新設された平和維持活動局の長には、事務総長官房の特別政治担当室事務次長を務めていたイギリス出身のマラック・グールディング氏が、また初代人道問題担当事務次長には、後に潘基文事務総長の下で副事務総長を務めることになるスウェーデンのヤン・エリアソン氏が、それぞれ任命された（人道問題局はその後、人道問題調整室と改名された）。翌一九九三年には、ペトロフスキー事務次長が国連ジュネーブ事務所長として転出し、グールディング氏が新しい政務局担当事務次長に任命された。また、グールディング氏の後任の平和維持活動局担当事務次長には、当時彼の副官を務めており、後に第七代事務総長に就任したコフィ・アナン氏が昇格した。二つに分かれていた政務局は、設立から二年を経た一九九四年、グールディング事務次長の下で正式に一つの局に統合された。

政務局は事務総長の政治的支柱

政務局は国連事務総長の政治的支柱であり、その主たる任務は、国連憲章の規定および総会あるいは安全保障理事会によって事務総長に与えられた、国際平和と安全の維持に関する職責の履行を支援することだ。二〇〇〇年に出された事務総長機構公報は、政務局の主な役割を次のように規定している。[112]

第一に、政務局は事務総長に対し、事務総長が国連憲章の関連規定と総会や安全保障理事会によって与えられた、紛争予防、紛争管理、および紛争解決など、国際社会の平和と安全の維持にかかわる責任を行使するうえでのアドバイスおよび支援を提供する。また政務局は、紛争終結後の平和構築においても、国連事務局内部で中心的な役割を負う。

次に、事務総長が加盟国や憲章第八章の下、協力関係にある地域機構を含む政府間機構との関係を維持するうえでのアドバイスと支援を、書簡、あるいは要人との会談の資料および会談記録の作成などを通して提供する。また政務局は、事務総長が加盟国から受ける選挙支援要請に関して、事務総長に対しアドバイスと支援を提供するとともに、そうした要請に対する適切な返答を準備する。政務局の事務次長は、国連の選挙支援に関するすべての活動において中心的役割を担う。

さらに公報は、政務局は、安全保障理事会およびその下部機関、ならびにパレスチナ委員会に対して、実質的・事務的支援を提供するとしている。同様の実質的・事務的支援は、総会と植民地独立付与宣言履行特別委員会を含む総会の下部機関に対しても提供される。

このように、政務局の役割は極めて広範囲にわたるが、その任務はひと言で言えば、事務総長の政治アドバイザーとして、あらゆる政治関連事項に関しアドバイスと事務および実質の両面でサポートを提供することだ。

政務局の組織構造

こうした責務を履行するために、政務局には事務次長の下に二人の事務次長補が置かれ、アジア太平洋部、中近東・西アジア部、アメリカ部、ヨーロッパ部、アフリカ第一部とアフリカ第二部、安全保障理事会部、選挙支援部、政策・斡旋部、反テロリズム政策作業室、そしてパレスチナ問題や非植民地問題を担当する部署が存在する。

政務局発足当初は、総会部や軍縮センターも政務局に含まれていたが、軍縮センターについては、一九九二年以前のように事務次長率いる独立した局の復活を望む加盟国の要請もあり、アナン事務総長就任後の一九九八年一月、軍縮局に再編された（軍縮局は二〇〇七年に軍縮室と改名された）。また、事務次長ポストの増加を求める一部加盟国と、政務局の仕事をより政策面に集中させたいという事務局サイドの思惑が一致し、総会を中心とする国連会議への事務的サポートの提供を司る総会部が、独立した総会・会議管理局に改組された。

ブトロス＝ガリ事務総長によって設立された政務局は、その後、アナン事務総長の任期中に、地域間にまたがる問題や世界共通の議題を扱うための政策・斡旋部の新設や、地域担当部署の若干の機構改革を経て今日に至っているが、国連に課せられた至上命題、すなわち国際社会の平和と安全を維持すべく努力するという、事務局の旗艦としての役割は変わっていない。

政務官の主業務は三つ

政務局で働く専門職員は、そのグレードにもよるが、通常、政務官と呼ばれる。予防外交や平和創造、平和構築にかかわる部署、特に世界のさまざまな地域を担当する部署で働く政務官の仕事には、主に担当する地域や国の情勢分析、それを基に国連が果たし得る役割と取り得る政策についての意見具申、さらに、国連として決定された政策の実行の三つがある。

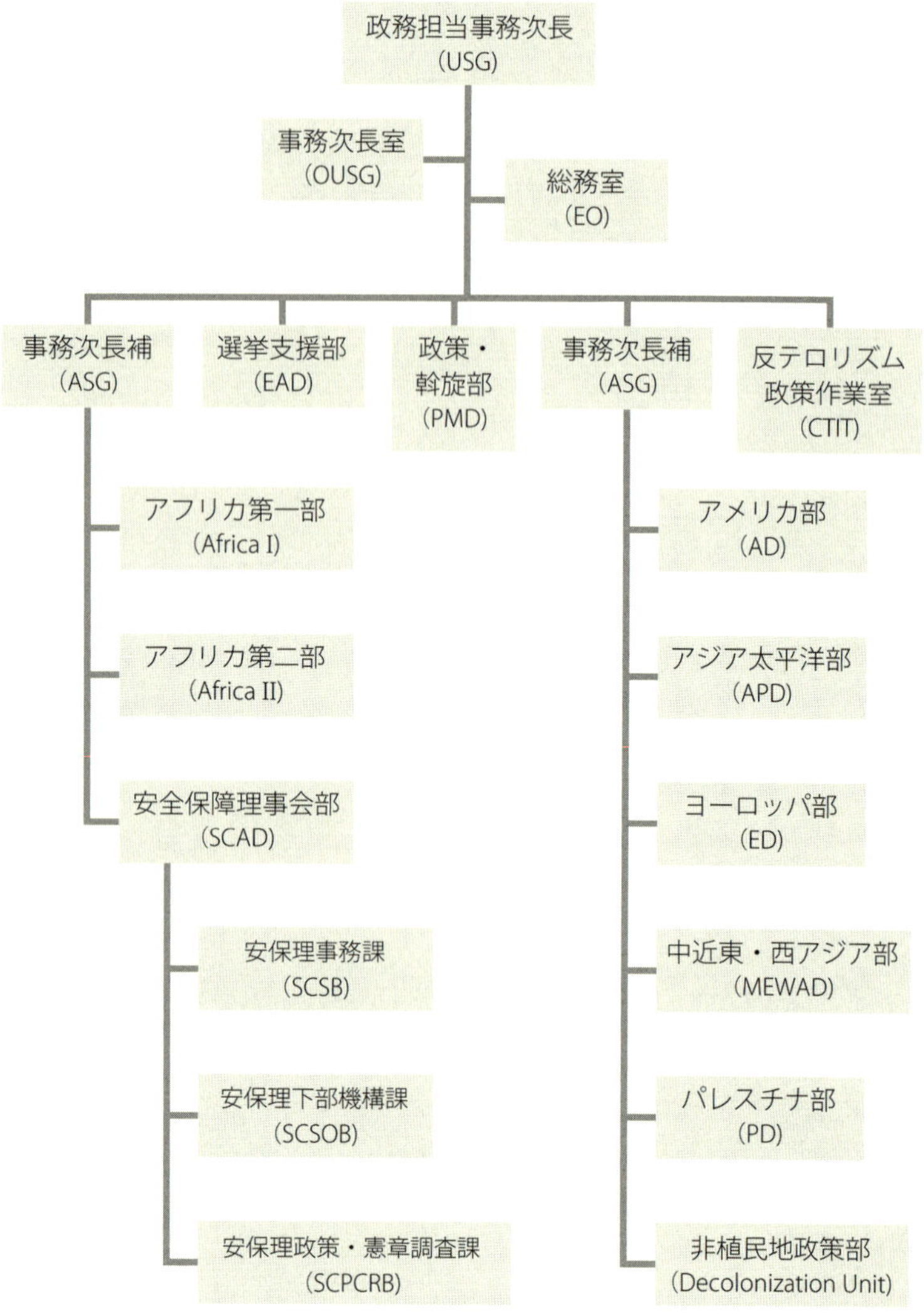

政務局組織図［2014年1月現在］

地域情勢担当部署で働く政務官は、通常三カ国から五カ国程度の国をそれぞれの守備範囲に置き、毎日の仕事はそれらの国の政治情勢をモニターすることから始まる。当然のことながら、国連は加盟国が作る国際機関であるから、加盟国に対して諜報活動を行うことは認められていない。従って、日常の情報収集や分析はすべて、報道を含む公にされた情報を基にして行われる。現場に国連の政治ミッションあるいは平和維持部隊が展開されている場合は、そうしたミッションから提供される情報や資料が加えられる。担当地域の情報収集や情勢分析を通し、国連が何らかの役割を果たせるであろう潜在的あるいは現実の紛争事案が認められると、政務官は政務局長あてに報告書や備忘録を提出し、国連として取り得るべき政策に関して具申する。

事務総長に対する政策提言が受け入れられ、幹部レベルの政策決定会議で国連としての関与およびその方向が決定されると、事務総長が取るべき具体的な諸策が検討され、実行に移される。事務総長が取り得る行動には幅広いものがあり、ある状況下で事務総長声明を出すことが適当と判断されれば、政務局がそうした声明の草稿を作成する。また、別の状況下で、当事国首脳への事務総長書簡がより有効だと判断されれば、同様に書簡の草稿作りが求められる。

事務総長は年間数百に上る世界各国からの要人と会談するわけで、こうした会談も紛争回避、あるいは情勢悪化の回避および問題の解決に重要な役割を果たす。こうした会談のために事務総長の発言要項、およびその他資料を作成することも、政務局の大切な仕事の一部だ。

さらに、事案が国際社会の注目を引き、情勢の悪化が懸念されると、事務総長は安全保障理事会や総会に対し状況説明をすることになるが、政務局はそうした際の事務総長報告書の作成、発言要項および資料作成にもかかわる。国連としての平和創造や仲介・斡旋は事務総長が果たすべき重要な仕事だが、事案によっては、事務総長が特別代表や特使を任命し、平和創造の業務に当たらせる。

また、政務局担当事務次長や事務次長補らの政務局幹部職員は、局の管理運営のほかに、事務総長の代理として、国連としての仲介や斡旋業務に従事することも多い。こうした際には、政務官もこれらの幹部職員に同行し、国際平和と安全の維持、あるいは回復を目途とした仕事に携わる。

国際社会の平和と安全に直接かかわらない事柄でも、事務総長が加盟国や地域機構などの政府間機構と良好な関係を維持するうえで必要なサポートは政務局の大切な仕事だ。年間数十回に上る事務総長の加盟国訪問の資料作りから、国連に新しく加盟した国への事務総長からの祝辞や書簡の作成、あるいは、新たに就任した加盟国の政府首班への祝辞や書簡の作成、さらに、事務局内で政治判断が求められるありとあらゆる事柄が政務局に持ち込まれ、担当の政務官がこれを適切に処理する。政策面の支援同様、政務官によって作られた資料や書簡の草稿などは、政務局の幹部によって承認された後、事務総長官房へ送られ、事務総長の決済を仰ぐことになる。また近年、国連と加盟国以外のパートナーとの連携が重要視されてきており、非政府組織（NGO）や民間のシンクタンク、研究所などを含む市民団体との協力関係の構築も、政務官にとっての大切な仕事になってきている。

政府間組織をサポート

安全保障理事会やその下部機関、あるいはパレスチナ問題や非植民地問題を担当する部署など政府間組織をサポートする部署で働く政務官の職務は若干異なり、それぞれの政府間組織の会議の準備および運営の手助け、そして、あらゆる事務的サービスの提供が主な仕事になる。

安全保障理事会の議題は、毎月初めに、持ち回りの議長国と理事国によって決められるが、国際社会の平和と安全を扱う安全保障理事会の業務は多忙を極め、突発的な事案が浮上すれば、週末でも緊急理事会が開催されることは珍しくない。さらに、理事会の業務は公式会議だけにとどまらず、ほぼ毎日非公式協議が開かれ、政務局はこうしたすべての会議や協議の円滑な推進のため、議事録作成や事務局内の調整、理事国と一般加盟国との連絡、決議案や議長声明の手配など、ありとあらゆる事務的サポートを提供する。安全保障理事会には数多くの下部機構があるが、そうした下部機関に対しても同様のサポートが提供される。

さらに政務局は、安全保障理事会が総会へ提出する年次報告書や、理事会における国連憲章と議事運営規則の適用に関する調査分析報告書を作成する。総会によって設立された「二四カ国委員会」と呼ばれる植民地独立付与宣言履行特別委員会に対しては、年次会議の準備、総会へ提出する報告書の作成、世界各地に現存する一七の非自治領に関する報告書の作成などにおいて必要な支援を提供する。同様に、総会によって設立されたパレスチナ委員会に対しても、委員会の年次会議へのサポートに加え、パレスチナ問題支援のための地域セミナー、シンポジウムやNGOの国際会議の開催などに関する支援を提供する。

政策分析から政策実行へ

冷戦後の紛争の質的変化は政務局の仕事にも大きく影響した。ニューヨーク本部に身を置いて世界各地の情勢を分析し、紛争解決に向けた政策を事務総長に具申するだけでなく、総会や安全保障理事会の付託を得て潜在的紛争、あるいは現実の紛争の解決に自ら従事する機会も格段に増えた。二〇一四年四月現在、世界中に一一の政治・平和構築ミッションが展開され、こうした現場で働く国連職員は三三三人の軍事アドバイザーを含めて三五〇〇人近くに上っている。[113] 政治ミッションは、通常、政治外交的問題を解決するため、限られた人数で比較的短期間の展開を目途として国連の通常予算をもって設立される。この点が、より大規模で展開期間も長期にわたり、かつ通常予算とは別枠の特別予算で設立される平和維持部隊とは異なる。

現在展開されている政治ミッションで最も古いのは、一九九四年に設立された国連中東問題特別調整官事務所(UNSCO)で、その後、国連西アフリカ問題特別代表事務所(UNOWA)、国連アフガニスタン支援ミッション(UNAMA)、国連イラク支援ミッション(UNAMI)、国連レバノン問題特別調整官事務所(UNASCOL)、国連中央アジア予防外交地域センター(UNRCCA)、国連ギニアビサウ統合平和構築事務所（UNIOGBIS）、国連ブルンジ事務所（BMUB）、国連中央アフリカ地域事務所（UNOCA）、国連リビア支援ミッション（UNSMIL）、国連ソマリア支援ミッション（UNSOM）などが続々と設立された。また、目的を達し任務を終えた政治ミッションには、ネパールの平和協定履行支援のための国連ネパールミッション（UNMIN）、シエラレオネや中央アフリカ共和国の平和構築に従事した国連シエラレオネ統合平和構築事務所（UNIPSIL）、国連中央アフリカ共和国平和構築事務所（BINUCA）などがある。

政治ミッションは通常、事務総長によって任命される事務総長特別代表が統括し、ニューヨークの国連本部の前線基地として、紛争当事者間の調停・斡旋や平和協定の履行の手助けなどの職務に携わっている。また、こうしたフィールドベースの政治ミッションに、事案ごとに任命される事務総長特使、さらに安全保障理事会によって設立される制裁委員会などを加えると、より大きな意味での政治ミッションの数は倍増する。

国連職員のパスポート「レセパセ」

国連職員が出張など公務で旅行する場合には、国連からレセパセ（Laissez-Passer／フランス語で「通行許可証」を意味する）と呼ばれるパスポートが発給される。レセパセには氏名、役職名などが記載され、国連事務総長から加盟国の関係機関へ対し、このパスポートを所持する職員の自由かつ安全な通行を保証するようにとの要請がなされている。出張に際しては、訪問国の駐国連代表部の領事部で、レセパセに対し当該国のビザが無償で発給され、訪問時の出入国にあたっては外交官専用窓口で速やかに入管手続きができるなど、国連職員に認められている便宜が供与される。

その一方で、ビザが取得されていないとレセパセの利便性は限られたものになる。あるとき私はミャンマー訪問を控えて、マレーシア在住のラザリ事務総長特使と合流するためにクアラルンプールを訪れたが、入管でレセパセを提示すると「マレーシア入国ビザが必要です」と言われてしまった。この時は、短期訪問には査証が免除されている日本国のパスポートで入国し事なきを得た。またある時は、バングラデッシュ訪問を終えて、ニューヨークへの帰途につく際、いったん滑走路へ出た飛行機が濃霧で飛ぶことができず、再びバングラデシュに入国し翌日の便を利用する事態になっ

た。この時も、レセパセにあった入国ビザはすでに使用済みとなっていたことから、査証が免除されている日本国パスポートが役に立った。

ちなみに、国連職員のアメリカへの入国には、国連で勤務する間はアメリカでの滞在が認められるG４と呼ばれる種類のビザが発給されるが、これにもレセパセではなく、出身国発給のパスポートが使われる。レセパセは国連職員の身分を証明する大切なドキュメントであることは間違いないが、その利便性となるといまひとつの感がある。

事務総長特別代表や特使には、当然のことながら、国際情勢に明るく、かつ調停や斡旋の分野での知識と経験が豊富なことが求められるが、実際に調停に従事する国や地域への理解、使用されている言語、そして、紛争に関する知識なども人選にあたっての重要な要素となる。さらに、国連による調停や斡旋は、すべての当事者から見て、厳正中立、かつ信頼できるものであることが求められることから、事務総長特別代表や特使には公明正大な人柄など個人的資質が要求される。一九九五年に採択された女性の地位向上を目指す北京宣言、同じく二〇〇〇年に安全保障理事会によって採択された女性と紛争に関する決議案一三二五号によって、近年は、紛争予防や解決において女性が果たし得る役割についても広く認識されるようになり、女性の特別代表や特使への登用も着実に増えてきている。

二〇〇八年には、こうした事務総長特別代表や特使の調停や斡旋努力を支援し、現実の紛争や潜在的紛争当事国の和平交渉を手助けするために、緊急展開チームが政務局に設立された。このチームは、世界各地から選抜された調停や斡旋分野で豊富な経験と知識を有する七、八名の専門家からなっている。[114] こうした専門家は、交渉、憲法起草、法律、人権、民主化移行などの専門分野の知識に加え、各地でさまざまな調停や斡旋に従事してきており、いったん国連による調停や斡旋の必要が認められると、世界各地へ直ちに展開される。国連は官僚機構であるだけに、事務局職員の出張やさまざまなミッションの派遣の準備には通常、数週間程度かかるが、有志の加盟国の自発的な拠出金によって運営される政務局の緊急展開チームは、要請を受けてから四八時間以内に、和平交渉にかかわる当該国へ派遣されることも珍しくない。

国連常駐調整官の役割

予防外交や紛争を再び繰り返さないための平和構築の分野では、当事国の民主的基盤の確立および強化が大切になってくる。多くの開発途上国や独立後間もない新生国にとって、自国の民主的政治基盤の確立および強化には、しばしば長い年月と多くの努力が必要とされ、国連の支援も、政務局のみならず、開発や人権などの諸機関と協調した幅広い取り組みが必要だ。

国連の諸機関は、ほとんどの開発途上国にそれぞれの駐在事務所を置いており、どの国でも、そうした諸機関の国連全体としての活動は国連事務総長によって任命される国連常駐調整官（UN Resident Coordinator）によって調整され、その国の開発や民主的基盤の整備に最も適切な支援政策が実施される。常駐調整官は、赴任国にあって平時における国連の代表として活動する一方で、いったん政治状況が不安定化したり紛争が勃発したりすると、当該国政府と紛争予防や紛争再発防止能力の向上を目的とした民主的基盤の整備および強化などの施策を話し合うことになる。

こうしたことから、国連常駐調整官には、単に開発事項に精通しているのみならず、国連の諸機関をまとめていける能力とリーダーシップ、さらに、国連としての当該国への包括的な支援策を打ち出していく政治力が求められ、近年、その選任において政務局による審査と推薦の重要度が増している。しかし、政務局職員が国連調整官に採用される道はまだほとんど開かれておらず、また、調整官選任にあたって政務局のアドバイスが十分考慮されないこともしばしばある。政務局職員の中には単に政務・外交経験が豊富であるばかりでなく、経済開発分野に理解を持つ人間も少なくないが、国連調整官として加盟国にあって国連を代表するポストは、多くの場合、依然として国連開発計画（ＵＮＤＰ）を中心とする開発関連諸機関出身の職員によって占められているのが現状だ。

こうした官僚機構の縦割り行政の弊害はすでに顕著になってきている。事実、アジアの某国が政情不安に陥り、国連の政治的支援が求められた際、政務局のアドバイスにもかかわらず、国連調整官として任命されたのは保健衛生分野の専門家で、当該国の政治状況をまったく理解していない人間だった。これは任命された本人にとっても気の毒なことで、相対立する政府と反政府勢力との間で翻弄され、国連の常駐代表としての職務を遂行する以前に体調を崩し、わずか六カ月で離任する事態に追い込まれた。

また逆に、国連調整官が赴任国の政治に過度に立ち入りすぎると、当該政府からいらぬ反発を招くことになる。政府と反政府勢力の間で争議が起きた場合に、政務局の要請により国連調整官が一定の政治的役割を担い、争議解決のため双方の対話を促したりすることがあるが、本来、国連調整官の職務は、現地に事務所を構える国連開発関係諸機関の活動の調整であり、政治活動ではない。事務総長や政務局に対して当該政府および反政府勢力からの政治面での支援要請がない場合には、国連調整官として政治活動に従事することには慎重であるべきで、またそうした要請があった場合も、政務局と緊密に連携することが必要になってくる。政治情勢が微妙で政府が反政府勢力との争議を抱えている国で、政務局との連携なしに政治活動にかかわったゆえに、当該政府から本来の職責を逸脱しているとの批判を受け、事実上の国外退去処分になった国連調整官の事例も少なくない。

開発諸機関の活動の調整能力に加え、高度の政治的判断能力がますます求められる国連調整官の選任には、ＵＮＤＰなどの開発機関と国連事務局との間の垣根を取り払い、政務局を含めた幅広い部署から人材を求めることが今まで以上に必要になってきている。近年、国連調整官を政治面で支援するため、また国連調整官を政治的圧力から保護するために、当該国の情勢に精通し政治面と開発面の双方で調整官に助言できる政治開発アドバイザー（Peace and Development Advisor）が政務局とＵＮＤＰによって任命され、国連常駐調整官事務所に展開されるようになった。しかし財政難の折、こうしたアドバイザーの任命はまだまだ少数で、これまで展開されたのはガイアナ、エクアドル、モーリタニア、モルジブ、ガンビア、ガーナ、ナイジェリア、ギニアビサウ、シエラレオネ、スーダン、レソト、ケニア、ジンバブエ、イエメン、フィジーなどの国に限られている。[115]

民主化移行過程での選挙支援

民主化移行過程では民意を反映した選挙の実施がおのずから重要となるが、政務局は、世界各地で加盟国の要請に従って、国連としての技術的支援を行ううえでの調整を司っている。一九九〇年代は、総会や安全保障理事会、あるいは加盟国の要請を受けて、東チモールでは国連が選挙を実施し、カンボジア、南アフリカ、エルサルバドルなどでは選挙監視の任にあたったが、近年は財政難もあり、国連が加盟国に代わって選挙を実施したり監視したりすることは、総会か安全保障理事会からの明確な要請がない限り不可能となった。

現在の国連選挙支援は、主に技術支援や後方支援といった分野に限られているが、それでも、政務局を中心とする国連の選挙支援は、アフガニスタン、ネパール、シエラレオネなど加盟国の民主化移行過程で大きな役割を果たしている。また、加盟国の要請を受けて政務局が小規模かつ非公式な選挙監視チームを派遣することがあるが、ネパールやモルジブの国政選挙では、そうした監視チームの存在自体が選挙の平和的実施を手助けする一因となった。

このように、現在の政務局の業務は、世界情勢の分析を主とするニューヨーク本部中心の業務から、世界各地で国際社会の平和と安全の維持に資すると考えられる政策の実施へと大きく移行してきている。

政務局の強化と問題点

冷戦の終焉にもかかわらず、世界情勢は相変わらず混沌とし、世界各地で潜在的紛争や現実の紛争に巻き込まれる国々は後を絶たない。国際社会の平和と安定の維持に資するという政務局の主要任務にかかわる仕事は、拡大の一途をたどっていると言っても過言ではない。

しかし、一九九二年の設立後、政務局の機能強化は遅々として進まなかった。政務局が一つに統合された一九九四年には、専門職、一般職を合わせた三一〇人の政務局職員のうち、予防外交や平和構築関連の部署で働く職員は九一名、一九九四―一九九五年度の予算は約一九六〇万ドルであった。[116]

その後一〇年を経た二〇〇四年を見てみると、紛争予防や紛争解決に従事する職員数は、選挙支援を担当する人員を含めても九〇名と一向に増加せず、予算面でも、二〇〇四―二〇〇五年度のこの分野の予算は約二二五〇万ドルとほぼ同レベルにとどまっていた。[117]

二〇〇四年一二月にアナン・パンヤーラチュン元タイ首相が議長を務めた「脅威、挑戦と変革に関する高級諮問委員会」が提出した報告書の中で国連の調停や斡旋能力の強化が指摘され、政務局の機能強化のためにより多くの財源が割かれることが提言された。[118] この提言を受けて、ようやく政務局の強化への本格的取り組みが始まり、二〇〇七年一一月には、二〇〇八―二〇〇九予算年度における政務局の機能強化を謳った事務総長報告書が総会に提出された。この報告書は、紛争の予防は国連憲章が定める世界平和と安全の維持という責務を遂行するうえでの根幹であることを説き、予防外交を国連事務総長の中心的活動と位置づけ、政務局の人的・財政的資源増を求めた。[119] この時は、約一〇〇のポスト新設が要求され、約半数のポストが実際に総会によって認められた。

二〇〇九年には、安全保障理事会からの要請を受けて、調停およびその支援活動強化に関する事務総長報告書が提出され、国連の調停活動をより効果的にする諸策が提言された。[120] この提言を受けて、二〇一二―二〇一三年度予算では、政務局職員数は三七六名に増員され、そのうち、紛争予防や解決に直接従事する職員数も一五〇名に増えた。紛争予防、紛争解決に選挙支援を含めた予算規模も二年間で約四八〇〇万ドルと、単年度ベースでも対二〇〇四年度比で倍増した。[121]

政務局の強化がなかなか進まなかった背景には、国連の財政難以外にも、政務局特有の理由がある。国連も近年、予算編成に成果主義を取り入れるようになったが、前にも述べたように、国連の予算編成の基本は積み上げ方式であり、予算を審議する行財政問題諮問委員会や総会の第五委員会で予算増を勝ち取るためには、前会計年度に達成した成果を一つひとつ説明かつ証明していく必要がある。しかし、政務局の仕事、特に予防外交や紛争防止に関する仕事は、静かな外交を基本としており、往々にして外部に公表しにくい場合がある。また、調停や斡旋に費やされる時間と努力は、直接数字に還元することが難しい。報告書を多く書き、当事者との会議を多く持てば、紛争が予防でき、問題が解決されるということには必ずしもならないのである。また、幸いに静かな外交が功を奏し、紛争が予防され、あるいは問題が解決されても、予防外交の成功は事案が表面化しないため、あまりニュースにはならず、世間の知るところとはならない。

さらに政務局が予防外交の下、国や地域の情報を収集し分析することは、潜在的紛争や問題を抱える多くの加盟国にとっては、自分の台所を覗かれるようで歓迎できないという事情もある。いったん紛争が勃発し、加盟国が紛争当事国になると、国連に援助を求めるにしても、紛争が顕在化しない時点では国連の介入はできるだけ避けたい、そして、政務局があまりに強い紛争予防機能を持つことには抵抗を示すという、加盟国の心理が政務局の機能強化を遅らせる一因になってきたのである。

不足財源を一部加盟国に頼る現状

二〇〇〇年代後半以降、通常予算における、国連の調停や紛争予防、紛争解決を目途とする活動への財源は確かに増額されたが、それでも、予算規模的にはこの分野での財源はまだまだ小さく、実際、日常業務を遂行するうえでの不足分は、紛争予防や紛争解決の重要性に理解を示す一部加盟国からの自発的拠出金に頼っている。

政務局で働く政務官の重要な仕事の一つに担当国への出張がある。担当する国が潜在的あるいは現実的紛争に巻き込まれている場合はもとより、そうでない場合も、当該国の政情を理解し、必要に応じて国連としてできる支援策を助言するためには、政務官が担当国を少なくとも数年に一度は訪問することが望ましい。しかし、政務局の通常予算で認められる出張公費は毎年微々たるもので、新年度が始まってほぼ数カ月でその年一年分の出張費が枯渇してしまう。

こうした事態は有志の加盟国からの自発的拠出金によって近年改善されてきているが、本来、通常予算によって遂行されるべき政務局の根幹をなす業務が、一部加盟国による自発的拠出金に頼っていることは、長い目で見れば決して好ましいことではない。また、先に触れた政治開発アドバイザーの派遣や調停斡旋の専門家チームの展開なども、ほぼ全額が有志の加盟国からの拠出金に依存している。ちなみに、二〇一二年には一八の加盟国が一七〇〇万ドル、二〇一三年にはほぼ同額の一六〇〇万ドル、さらに二〇一四年には一九〇〇万ドルを政務局の活動を支援するために拠出した。[122]

政務局と平和維持活動局との関係

ブトロス－ガリ事務総長は、一九九二年の報告書「平和への課題」の中で、国際社会の平和と安全の維持のために四つのP、つまり予防外交、平和創造、平和維持、さらに、紛争の再燃防止を目的とした紛争後平和構築の有機的連結と複合的実行が必要であると勧告した。そして、同年の事務局の改組で、こうした政務関連業務を担当する政務局と平和維持活動局が誕生した（一七六ページ参照）。「平和への課題」が指摘するように、こうした平和と安全に関する業務は本来、一つの局が担当することが理論的に正しい。しかし、現状では、政務局の政務官と平和維持活動局の政務官がそれぞれ、担当する国あるいは地域の情勢分析を同じように行い、同様の報告書を書き、それぞれの観点から同様な勧告を事務総長に対し具申している。両局の業務分担は、平和維持部隊が展開されているか否かで分けられ、平和維持部隊が展開されている国は平和維持活動局が主導局となり、それ以外の国々は政務局が主導する形をとる。潜在的、あるいは現実の紛争が検知された時点でまず政務局が案件を担当し、静かな外交によって問題の解決と紛争の終結に努力する。そして、紛争が終結し停戦協定が結ばれ、安全保障理事会によって平和維持部隊が設立されると、その案件は平和維持活動局に移行する。平和維持部隊がその任務を終えて撤退し、国連の業務が次の平和構築の段階に入ると、案件は再び政務局主管に戻され、紛争の根本的原因が取り除かれ、紛争が真に解決したと判断される時点で、開発業務を担当する国連諸機関に引き継がれる。

しかし、平和維持業務が独立したものでない以上、平和維持部隊が展開されている間でも、紛争の再発を防ぐべく、平和構築関連の業務は複合的に行われなければならず、政務局と平和維持活動局の主導権争いや縄張り争いが起きることも珍しくない。

国連のような官僚機構では、いったん組織ができると、すべてをその組織内でやろうとする「縦割り心理」が働き、横の連携は得てして進まない。国連の限られた財源を考えると、これは業務の重複であり、実際、予算問題を審議する行財政問題諮問委員会や総会の第五委員会では、事務総長に対し業務の重複を避けるようたびたび注文が付けられている。そして、事務局の限られた人的・財政的資源の有効利用の観点からも、政務局と平和維持活動局の統合が、一九九二年以来、何度となく非公式な話題に上ってきている。しかし、政務局と平和維持活動局という国際社会の平和と安全の維持を司る重要部局を統合することには有力加盟国からの反対もあり、今もって実現していないのが現状だ。

第四章でも述べたが、事務局の幹部ポストは、安全保障理事会の常任理事国を含む有力国に割り当てられるのが恒例だ。一九九二年の設立以来、政務局を統括する政治担当事務次長は、ロシア、イギリス、ナイジェリア、アメリカから任命されている。一方、平和維持活動局のトップには、イギリス、ガーナ、フランス出身者が任命されている。こうした有力加盟国にとって、政務局や平和維持活動局といった重要部局の幹部職を維持することは国家利益であり、両局の統合によって幹部ポストが削減されることは、なかなか受け入れられないことなのである。

両局の設立以来、それぞれのトップが政治・平和維持両分野に精通し、お互いをよく理解していたことは、政務局と平和維持活動局にある程度の協調・協力関係をもたらした。この章の冒頭でも触れたように、一九九二年に平和維持活動局の初代事務次長に任ぜられたイギリス出身のグールディング氏は、翌年、政務局の事務次長に任命され、彼の後任には、平和維持活動局でグールディング氏の副官であり、後の事務総長となるアナン氏が就いた。共に良き同僚として理解し合った両氏の協力関係は、アナン氏が事務総長に就任し、グールディング氏が退官した一九九七年まで続き、その後も事務局内の調整と協調を重視したアナン氏の下、政務局と平和維持活動局との並列関係は一種落ち着きを見せた。

しかし、政務局と平和維持活動局に業務の重複があることは事実であり、人的・財政的資源の有効利用という観点から、両局の統合を含む事務局の改組問題が将来再び論じられる可能性は否定できない。

第七章

平和と安全を求めて

事務総長によって代表される国連事務局が平和と安全の維持分野で役割を果たす場合、それが事務総長を中心とした仲介や斡旋活動であれ、平和創造や平和構築の活動であれ、通常、総会や安全保障理事会といった政府間機構によって「マンデート」と呼ばれる権限が与えられることが必要となる。加盟国から国連に対して、自国が直面する紛争あるいは潜在的紛争を含む平和と安全に関する支援要請があった場合、国連事務総長は安全保障理事会や総会にその旨を図り、こうした機関の決定に基づいて、仲介や斡旋、その他の支援活動に従事することになる。加盟国からの支援要請がない場合でも、国連憲章第九九条に基づいて事務総長自らが、国際社会の平和と安全の維持を阻害すると考えられる事案に関し、安全保障理事会の注意を換起し、国連の支援活動が始まる場合がある。また、安全保障理事会や総会による明確な権限付与がない場合でも、紛争の当事者である加盟国から事務総長に対し、調停や斡旋を含む国連への支援要請があった場合は、事務総長が国連憲章で認められている権限の下に、国連としての個別の事案に関与していく場合がある。

いずれにしろ、国連が事務総長の名の下に国際社会の平和と安全を求めて行う支援活動は、政府間機構（総会あるいは安全保障理事会）から付与される権限、当事国からの要請、あるいは国連憲章が事務総長に付与する権限のいずれかに基づくことになる。

この章では、総会により事務総長に対して必要な権限が付与されたミャンマー、安全保障理事会によってそうした権限が付与されたネパール、そして憲章によって認められた権限および当事国の要請によって事務総長が関与したモルジブを例にとり、国連がどのように国際の平和と安全分野で活動しているかを見てみよう。

（一）ミャンマー――国民和解への支援

無視された総選挙結果

ミャンマーの民主化移行および国民和解を目途とした軍事政権と民主化勢力との対話の促進に国連事務局が関与することになったきっかけは、一九八八年にミャンマー各地で繰り広げられた民主化運動の武力鎮圧、そして、一九九〇年に行われた民主的選挙の結果が軍事政権によって無効とされ、ミャンマー国内の人権抑圧に対し国際社会の批判が高まったことだった。

一三五の少数民族から成る多民族国家であるミャンマーは、一九四八年にビルマ連邦として独立し、同年、国連にも加盟した。旧イギリス植民地であったビルマは、独立以後も多数を占めるビルマ族と少数民族の間の軋轢《あつれき》に苦しみ、一九六二年には、ネ・ウィン将軍によるクーデターにより民主政権が倒され、「ビルマ式社会主義」を標榜する軍事政権が国政を牛耳ることとなった。

イギリスの統治から受け継がれた優れた行政事務機構や、比較的高い教育水準を持つ国民、さらに肥沃な国土を有したビルマは、独立以降、十数年間は内政が抱える数々の問題にもかかわらず、アジ

2002 ～2003	スーチー女史国内各地の人道支援プロジェクトを視察、全国遊説。 軍政と女史の対話停滞。	
2003・5	ダパイン事件発生。スーチー女史、再び拘束。	国連および国際社会の反発強まる。
2003・8	キン・ニュン第一書記、首相に就任。	
2003・9	軍政が7段階の民主化移行行程表を発表。	
2004・3		ラザリ特使、最後のミャンマー訪問。
2004・10	キン・ニュン首相、汚職容疑で拘束。	
2006・1		ラザリ特使辞任。
2006 春	軍政、首都をヤンゴンからネピドーへ移す。アセアン議長国就任辞退。	アナン事務総長、ガンバリ政務局長をミャンマーに派遣。
2007	軍政、僧侶による「サフラン革命」を鎮圧。	安保理で中国とロシアがミャンマー決議案に対し拒否権行使。
2008	サイクロン「ナルギス」が甚大な被害をもたらす。 軍政、民主化行程表にのっとり新憲法制定の国民投票を実施。	
2009		潘事務総長、人道支援のためミャンマーを訪問。
2010・11	国政選挙実施。連邦団結発展党が圧勝。国民民主連盟はボイコット。 スーチー女史の自宅軟禁解除。	潘事務総長、ナンビア官房長をミャンマーに派遣。
2011・3	テイン・セイン首相が大統領に就任。国家平和開発評議会が解散、軍政が終わりを告げる。	
2011・8	テイン・セイン大統領とスーチー女史のトップ会談。	(12月、クリントン米国務長官ミャンマーを訪問)
2012・4	補欠選挙でスーチー女史の国民民主連盟が勝利。	(11月、オバマ米大統領ミャンマーを訪問)
2014	ミャンマーがアセアン議長国に就任。	
2015 秋	総選挙(予定)。	

ミャンマーにおける国連の政治活動

	ミャンマー国内の動き	国連の政治的関与
1948	イギリスより独立。	
1962	ネ・ウィン将軍によるクーデター。軍事政権樹立。	
1988	軍政「8888蜂起」を鎮圧。ネ・ウィン将軍退陣。軍政は2年後の民主選挙を約束。	
1989	軍政が国名をビルマからミャンマーへ変更。民主化運動指導者のアウンサン・スーチー女史が自宅軟禁。	
1990	民主的選挙でスーチー女史の国民民主連盟が圧勝。軍政が選挙結果を拒否、民主化運動を弾圧。	
1991		国連総会が初めて「ミャンマー情勢」に関する決議案を採択、ミャンマーの民主化移行のための国民対話を呼びかける。
1993		国連総会が「ミャンマーの人権情勢」に関する決議案を採択、事務総長の支援を要請。
1995		ブトロス - ガリ事務総長、デソト特使をミャンマーへ派遣。
1997	タン・シュエ将軍、国家平和開発評議会議長に就任。	アナン事務総長就任。
2000		アナン事務総長、ラザリ特使を任命。ラザリ特使ミャンマーを訪問。
2000 秋	ラザリ特使訪問を受けて軍政とスーチー女史の対話開始。	
2001 秋〜2002 春	軍政トップとスーチー女史の極秘会談。	
2002•4		ラザリ特使、7度目のミャンマー訪問。
2002•5	軍政、スーチー女史の自宅軟禁を解除。女史の政治的自由が回復。	アナン事務総長、スーチー女史の政治的自由回復を歓迎。

ア有数の民主国家として将来の繁栄を嘱望された。しかし、八〇年代までに軍事政権の取った極端なナショナリズムに基づく実質的鎖国政策により経済は疲弊し、国民の軍事政権への不満は極度に高まっていた。一九八八年八月八日、当時のビルマの首都であるラングーンで、軍事政権の経済政策の失政と政治的抑圧に抗議する学生が蜂起し、民主化運動の波は一挙にビルマ全土に広まった。民主化要求の波に危機感を覚えた軍事政権は、民主化運動を鎮圧する一方で、九月にはネ・ウィン将軍が退陣し、新たに国家法秩序回復評議会（SLORC）を設置するとともに、複数政党制の導入と二年後の選挙実施を約束した。軍部によるこの「八八八八蜂起」の鎮圧では、数千人が犠牲になったとも言われている。

一九九〇年に実施された総選挙では、「八八八八蜂起」後に民主化運動のリーダーとして政治の舞台に登場した、アウンサン・スーチー女史率いる国民民主連盟（NLD）が、総議席の約八〇パーセントを占める三九二議席を獲得し圧勝した。しかし、軍事政権側は選挙結果を無視、まず国民会議を招集して新憲法を制定することが必要だとの理由で、引き続き政権の座に居座った。新憲法制定のための国民会議は一九九三年に始まったが、選出された七〇二人の代議員のうち、一九九〇年選挙で選ばれた議員はわずか一五パーセントで、残りは軍事政権が自らに都合の良い人間を選んだものであった。国民民主連盟は、当時すでに軟禁状態に置かれていたスーチー女史の解放などを条件に国民会議に参加するとの立場をとったが、軍政側がそうした条件を拒否したことから、一九九五年一一月、国民会議から撤退した。そして翌年三月から国民会議自体が休会となった。

民主主義への移行を促す決議案

軍事政権の政策は国の内外から大きな反発を招き、ミャンマーの民主化を求める声は国境を越えて全世界に広がった。一九九〇年選挙以前に軍事政権により軟禁状態に置かれながらも、一貫してビルマの民主化運動を導いたスーチー女史には、翌一九九一年、ノーベル平和賞が授与された。国家法秩序回復評議会は、一九八九年国名をビルマからミャンマーに、また首都名をそれまでのラングーンからヤンゴンへと変更したが、民主化を求める反政府勢力は、これ以降もミャンマーという国名を拒否、自らの国はビルマだとの立場を堅持した。国連は加盟国が作る機関であるから、当時のビルマ政府からの国名変更報告を受け、国連での公式文書に記載されるビルマの国名はミャンマーと変更された。しかし、アメリカをはじめとした、軍事政権による人権抑圧に批判的な加盟国の中には、これ以降も、反軍事政権・民主勢力支持を明確にするために、国連のさまざまな会議の場で発言する際、意図的にビルマという国名を使い続けた国も数多くあった。

こうしたミャンマー情勢を受けて国連総会は一九九一年に、「ミャンマー情勢」に関する決議案を初めて採択し、ミャンマーの民主主義移行のための政治プロセスへのすべての国民の参加などを呼びかけた。[123]この段階では、決議案は、国連総会としてミャンマーの民主主義抑圧報道への懸念を表明し、かつ早期の民主主義移行へ向けた国民対話への呼びかけに力点が置かれ、国連事務総長の役割には言及していない。また、この総会決議案に先立つ一九九〇年には、当時の国連人権委員会によって日本の緒方貞子氏が選挙後の実情調査のためにミャンマーに派遣されており、その後も人権委員会は、日本の横田洋三氏を含むミャンマーの人権問題に関する特別報告官を任命するが、人権問題特別報告官の権限は実情調査と報告であり、国連憲章によって事務総長に付与される仲介や斡旋といった、グッドオフィスと呼ばれる政治外交的権限とは異質のものである。

総会決議は、通常ある一つの国、または複数の国の集まりによって提案される。ミャンマーの人権問題に関する決議案は、スウェーデンや欧州連合（EU）加盟国など、人権問題に関心が深い北欧や西欧諸国によって提案された。決議案は本来、提案国が起草し、加盟国間の協議を通して最終草稿が作られ、しかるべき委員会で採択されるが、決議案の起草、草稿作成過程で事務局が非公式に情報や意見を提案国に対し提供することがある。これは加盟国の要請に基づいて行われることもあれば、事務局自らのイニシアティブで行われることもある。一九九三年第四八回総会で人権問題を討議する第三委員会によって採択された「ミャンマーの人権情勢」と題する決議案は、そうした決議案提案国と政務局の非公式な接触を経て採択されたものであった。

国連総会はこの決議案の中で、ミャンマーの人権問題を糾弾し、早期の民主化移行を求める文言に加えて、初めて国連事務総長に対し「本決議案を実行せしめるために助力し、第四九回通常総会に報告すること」を要請した。[124] この一項は一見さしたる意味を持たないように見える。しかし、国連の加盟国の中には、国内事情から国連事務総長の政治的介入に慎重な国々が決して少なくない。そうした国々の猜疑心を呼び起こしかねない事務総長の具体的役割に一切触れず、単に事務総長の決議案実行のための助力を要請したこの一文こそが、その後のミャンマーの民主化移行と国民和解を目途とした事務総長によるさまざまな斡旋活動への総会による権限付与の根拠となった。ミャンマーは第三代国連事務総長ウ・タント氏を輩出し、国連に対する信頼も厚い国であったことから、軍事政権も毎年決議案に注文はつけるものの、総会での無投票、全会一致方式での採択には反対しなかった。このことも、事務総長の政治的役割を付与する決議案の採択を容易にした一因だった。

特使の任命

一九九三年一二月二〇日にこの決議案が採択されると、当時のブトロス・ブトロス＝ガリ事務総長は、政務担当事務次長補のアルバロ・デソト氏にミャンマー問題担当を命じ、ここに、事務総長を中心としたミャンマーの民主化促進と国民和解を目的とした事務局による静かな外交がスタートした。デソト氏は、ペルーのベテラン外交官で、ブトロス＝ガリ事務総長の前任者であるハビエル・ペレズ＝デクエヤル事務総長の右腕として一九八二年に事務局入りし、それまでにペレズ＝デクエヤル事務総長を助けてエルサルバドル、グアテマラ、ニカラグアなどの和平交渉にかかわっていた。

デソト氏は国連事務総長のミャンマー問題に関する特使として、一九九五年から一九九九年までに数度にわたりミャンマーを訪問し、軍事政権とアウンサン・スーチー女史を中心とする民主化勢力との対話実現のために尽力した。しかし、一九九〇年選挙と民主化移行過程をめぐる民主勢力と軍事政権側の考えの隔たりは大きく、双方の対話の実現には至らなかった。デソト氏は、ミャンマーの疲弊した経済立て直しを目的とした世界銀行からの融資をテコに、軍事政権と民主化勢力との対話促進を図ろうとしたが、この目論見も、軍事政権による人権抑圧を批判し、すでに開発援助の停止などの対ミャンマー制裁を打ち出していた西側諸国や民主勢力の反発にあって実現しなかった。また、デソト氏は当時、事務次長補という要職にあり、氏の担当はアジア以外にヨーロッパおよび南北アメリカを含み、ミャンマー問題以外にもさまざまな問題を抱えていたことから、ミャンマー問題のみに専任することは難しい立場にあった。

　この時期は、一九九〇年選挙に大敗した軍事政権が自らの体制を立て直し、権力基盤を強化しようとした時期でもあった。一九九七年にはタン・シュエ将軍が軍部の権力を握り、それまでの国家法秩序回復評議会を解散し、代わって国家平和開発評議会（ＳＰＤＣ）を設置した。さらにタン・シュエ将軍は、自ら評議会議長と首相および国防相の座につき、それまで政権を担当してきた軍政幹部の多くを退職に追い込み、政権内部の引き締めを図った。またこの年、ミャンマーは念願の東南アジア諸国連合（ＡＳＥＡＮ＝アセアン）加盟を果たし、軍事政権は国内の人権抑圧への国際的批判の高まりにもかかわらず、国内外で表面的な安定を取り戻していった。

　一九九七年は国連にとっても変化の年であった。ブトロス－ガリ事務総長が退陣し、コフィ・アナン氏が第七代の国連事務総長に就任した。新しい事務総長の下、いかにミャンマーの民主化促進を支援するかについて、事務局と関係国との間で数多くの会議が開かれた。ミャンマーの国内情勢にめぼしい進展がない中、ミャンマーの民主化促進のためには、軍事政権への制裁を強化し、軍事政権をさらに孤立させるべきとの立場を取る加盟国と、軍事政権と現実的に向き合い、民主化勢力との対話を粘り強く呼びかけるべきだとの立場を取る加盟国とで、対ミャンマー政策に関する国際社会の見解も大きく二分されていた。

こうした中、デソト氏に代わってより地域に密着した専任の事務総長特使を任命するべきだとの声が上がり、二〇〇〇年四月に、アセアンの主要国であるマレーシアの駐国連大使を長く務めたラザリ・イスマエル大使がアナン事務総長のミャンマー問題担当特使として任命された。ラザリ大使に白羽の矢が立ったのは、氏が当時マレーシア外務省を退任したばかりで、ミャンマー問題に専任できること、国連常駐代表を一〇年間務め、その間、安全保障理事会の議長や総会議長などの要職にあったことから国連の事情に極めて明るいこと、また当時のマハティール・ビン・モハマド首相に近く、マレーシアばかりでなくミャンマーが加盟するアセアン、そしてさらにアジア諸国の支持が期待できることなどの理由からであった。ラザリ大使はデソト氏より上位の事務次長として任命され、デソト氏の後任として政務担当事務次長補として事務局入りしていた前スロベニア駐国連大使のダニロ・トゥルク氏と共に、アナン事務総長の下、国連の対ミャンマー外交の強化が図られた。

特使に課せられた重要な役割

国連の高官が政治的使命を帯びて加盟国を訪問するときは、原則として当該国の事前了解が必要となる。国内に政治的問題を抱えるミャンマーの場合は特に、事務総長特使の受け入れには慎重であった。特使の訪問には、訪問時期や会談する相手など、毎回事前に詳細な打ち合わせが必要で、軍事政権からの了解があって初めて、入国に必要なビザが発給されるのであった。例えば、軍事政権と国民民主連盟の関係が後者の国民会議への参加をめぐって緊張した一九九六年には、デソト特使の訪問は一度も認められなかった。当然ながら、国連とミャンマー政府との対話は、ニューヨークで開かれる国連総会へ出席するミャンマー政府代表団との間でも行われたが、ミャンマーの国民和解と民主化移行を手助けするためには、政府のみならずスーチー女史をはじめとする民主勢力や少数民族代表とも意見交換することが求められており、その意味で、事務総長特使がミャンマーを訪問することは国連の仲裁・斡旋活動にとって非常に大事なことであった。

ラザリ特使のミャンマー訪問に際しても慎重な準備がなされ、二〇〇〇年六月下旬に行われた第一回の訪問は、対外的には特使と政府、民主勢力や少数民族代表などミャンマーの国民和解にかかわる当事者との信頼関係を構築し、特使のミャンマー情勢への理解を深めることを目的とした控えめなものとして発表された。しかし実際には、国連事務総長からミャンマー政府首脳に宛てたメッセージに加え、マレーシアのマハティール首相からタン・シュエ国家平和開発評議会議長宛ての書簡をも携えたラザリ特使の訪問は、軍事政権とスーチー女史をはじめとする民主勢力の双方に、ミャンマーの発展と繁栄という大局的観点から政治対話を促す重要なものであった。

当時、軍政側の対国連政策の中心人物は、評議会第一書記という軍部ナンバースリーの地位にあったキン・ニュン将軍であった。キン・ニュン第一書記は軍部の情報省を統括し、軍政内部にあっても比較的国際情勢に明るく、考え方も穏健な人物とみなされていた。

一方の国民民主連盟のリーダーであるスーチー女史は、ビルマ独立運動の父で一九四七年、ビルマの独立を目前に暗殺されたアウンサン将軍の愛娘であり、一九八八年結婚生活を送っていたイギリスから単身、母親の病気見舞いのために帰国して以来、一貫して国民民主連盟の書記長としてビルマの民主化のために戦ってきた指導者であった。軍政による女史の自宅軟禁はのべ二十数年にわたったが、女史はそうした軟禁生活を読書と瞑想で乗り切った鉄の意志を持つ人であった。一九九七年、夫君マイケル・アリス氏が病気に倒れた際、軍政側はスーチー女史にロンドンへ戻るよう勧めたが、いったん出国すると二度と母国に戻れなくなることを恐れたスーチー女史は、ヤンゴンに留まり民主化運動を続けたことはよく知られている。

ラザリ特使のシャトル外交

ミャンマーの民主化移行を助成するにあたって、国連としては、

（一）ミャンマーの国民和解はミャンマー自身の問題であり、ミャンマーの当事者間の信頼関係にのっとった対話を通じ、内からの変化を経て達成されるべきものであること

（二）軍部による政治的抑圧や人権侵害は決して受け入れられないが、国軍がミャンマーの統一と安定に果たしてきた役割は認識されるべきであり、同時に軍政によって将来の民主化に向けて取られた行動は正当に評価されるべきであること

（三）対ミャンマーのアプローチは、制裁を含む圧力だけに頼るのではなく、説得、奨励、アドバイスとのバランスが必要であること

（四）スーチー女史はミャンマーにとって大切な「財産」であり、女史の参加なくしてミャンマーの民主化はあり得ないこと

（五）軍事政権と国民民主連盟に加えて、少数民族の代表による国民和解プロセスへの参加の必要性があること

などの点に特に留意した。[125]

こうした基本認識の下、ラザリ特使は軍事政権とスーチー女史の双方に対し、ミャンマーの将来はミャンマー国民のみが決め得るもので、未来志向の現実的観点から双方が国民和解に向けた対話を始めるよう呼びかけた。軍事政権に対しては、ミャンマーの繁栄にとって民主化とそれに伴う国際化は不可欠であり、国の「財産」であるスーチー女史と協力して国民和解を達成することの重要性を指摘

した。一方スーチー女史に対しては、ミャンマーの繁栄と国民全体の幸せに資するという大局的観点に立ち、軍政と協力するべき点は協力するように提言した。さらに、国連の役割はあくまで双方の対話の開始・促進を手助けするものであり、それは仲裁というより「触媒」的役割で、国民和解と民主化に向けた政治的プロセスの所有権はミャンマー国民の手にあることを強調した。

国連の呼びかけに対し、当局や国民民主連盟サイドからの反応は、当事者間の対話を否定するものではなかったが、双方の間に存在していたお互いへの不信感には、まだまだ抜き差しならないものがあった。外交は人間が行うものであり、交渉の成功、失敗は、ある程度仲介や斡旋活動に従事する人間の個人的要素に左右されることは否めない。その意味で、国連事務総長特使とマレーシア首相の顧問という肩書を持ち、ベテラン外交官として東南アジアの歴史文化にも精通し、人間的魅力にも富んだラザリ氏は、第一回訪問を通して、少なくともキン・ニュン氏とスーチー女史の双方と個人的信頼関係を構築することに成功した。そしてそれが、特使のその後の対ミャンマー外交交渉に大きくモノを言うことになる。

ラザリ特使は、二〇〇〇年六月下旬の第一回訪問に続き、二〇〇〇年一〇月、二〇〇一年一月とほぼ三カ月に一度の頻度でミャンマーを訪問した。氏の斡旋活動を特徴づけるものとして、キン・ニュン第一書記に加え軍政トップのタン・シュエ議長と国軍ナンバーツーのマンウェ総参謀長との会談、また毎訪問時のスーチー女史との二回の会談が挙げられる。

当時の軍政では、重要事項の決定はタン・シュエ議長、マンウェ総参謀長、キン・ニュン第一書記の合議制で決定されると言われていたが、その意味で、軍政のトップの三人と直接会って話をすることは、ラザリ特使にとって非常に有意義なことであった。マンウェ総参謀長はしばしば軍政の中では強硬派と言われていたが、実際はミャンマーの陸士卒の職業軍人であり、「国軍の父」と言われるアウンサン将軍の娘であるスーチー女史ものちのちマンウェ氏を評価する発言をしている。

一方、スーチー女史との毎訪問時二回の会談は、当事者間の直接対話が存在しない中、軍政側の見解をスーチー女史に伝え、また逆に、女史の見解を軍政側に伝えることによって、双方の対話促進を図る、いわゆる「シャトル外交」を可能にした。スーチー女史は当時、ヤンゴン市内の自宅に軟禁されており、軍政により外部との接触は一切認められていなかった。ラザリ特使との会談は、ヤンゴン市大学通りにある、広いが決して手入れが行き届いているとは言えない、スーチー女史の自宅の応接室で行われた。国連特使に女史との二度の会談を認めたことは、国連を通して国際的に活路を見出したいとする軍政側の期待の現れでもあった。

こうしたシャトル外交を通して、ラザリ特使は双方に対し、大局的見地から政治対話を始めること、またそのための信頼醸成措置として、当局に対し当時千人以上に上るとされた政治犯の釈放や国民民主連盟をはじめとする政党による政治活動の容認などを呼びかけた。一方、軍政との民主化運動を「心理戦」と捉え、いかなる譲歩も相手側には自らの弱さの披瀝《ひれき》と捉えられるとするスーチー女史に対し

（著者所蔵）
アウンサン・スーチー女史の自宅にて。左から著者、スーチー女史とラザリ国連特使

ては、軍政には是々非々な態度で対応し、長期の経済疲弊とエイズや疫病などに苦しむミャンマーの国民を救済することを目的とした人道支援などの分野での軍政側との協力を促した。

何事も交渉事には相手があるわけで、一方が百パーセント勝利することは不可能であるし、また望ましくもない。大切なことは、双方がミャンマーの発展と国民のために譲り合うべきところは譲り、協力できるところは協力して、どちらか一方が勝利するのではなく、お互いが得点を稼げる「ウィン・ウィン」の状況を作り上げるべきだというのが国連側のメッセージであった。

非公式協議グループによる国際協調

事務総長の斡旋活動にとって、国際社会の支持は不可欠なものだ。利益の相反する集団を共通の基盤に立った対話へ導こうとする努力の中で、それが説得によるものであろうと圧力を必要とするものであろうと、斡旋活動への国際社会の一致結束した支持がある場合はそうした活動の効果は増大し、国際社会の声が分裂していれば効果は半減する。こうしたことから、政務局はラザリ特使の就任とともに、ミャンマーの国民和解過程に従事する当事者の声を広く国際社会に届け、さらに国際社会の一致した要望をミャンマーの当事者に伝え、ミャンマー情勢に関する正しい理解を促進するために、ミャンマーの関係国で構成する非公式グループによる会合を活性化した。

もとより、事務総長特使を中心とした斡旋活動については、毎年総会に提出される事務総長報告書の中で詳しく説明され、そうした報告を基にミャンマーの民主化に関心を持つ加盟国によって決議案が作られ総会で採択される。しかし、ノーベル平和賞受賞者であるスーチー女史が率いるミャンマーの民主化運動は、一部加盟国の間で特に関心が高く、事務総長の斡旋活動に関して緊密な意見交換を望む声は、西側諸国を中心に非常に強いものがあった。ミャンマー問題に関する非公式協議グループはそうした声を受けて設置されたのだが、当初は、構成国の数や会合の頻度も極めて限定されたものであった。

そこで政務局では、ラザリ特使のミャンマー訪問を機に、トゥルク事務次長補が事務局と関係国間の協調を図り、事務総長の斡旋活動への国際社会の一致した支援を取りつけるため、非公式グループの会合を定期的に主催するようにしたのである。グループの構成国も拡大され、オーストラリア、カナダ、デンマーク、EU、フランス、ドイツ、インド、インドネシア、イタリア、日本、マレーシア、ニュージーランド、ノルウェー、フィリピン、韓国、ロシア、シンガポール、スウェーデン、スイス、タイ、イギリス、アメリカなどの国々が参加した。

ミャンマー問題関係国非公式協議はニューヨークの国連本部で開かれ、トゥルク事務次長補が主催する大使レベルの会合に加え、各国政府のミャンマー政策担当者を招いた高級事務レベル会議も適時、ニューヨークやジュネーブ、東京で開かれた。また毎年、秋の国連総会の際には、国連事務総長自ら主催する閣僚を含む高級レベルの会合も開かれた。さらに、参加国との個別の意見交換を図るためにラザリ特使は、ワシントン、ロンドン、東京、シンガポール、ジャカルタ、バンコクなど非公式協議グループの主要構成国の首都を精力的に訪問した。

軍事政権と緊密な関係を持ち、ミャンマーに影響力を持つとされた中国は、ミャンマーへの配慮から非公式グループに参加すること自体には消極的であったが、特使との意見交換には積極的であり、国連との非公式な意見交換がヤンゴンやニューヨーク、北京で行われた。

定期的に開かれた関係国会議の場では、国際社会全体としていかにミャンマーの国民和解および民主化移行を支援していくかについての話し合いが持たれたが、人権問題に高い関心を示す西側諸国のみならず、ミャンマーが所属するアセアンの有力メンバー国が加わったことで、非公式協議グループとしてのよりバランスのとれたミャンマー問題への取り組みが可能となった。もとより、対ミャンマー制裁を打ち出していた西側諸国と、軍事政権との現実的対話を通して民主化を進めるべきとの立場をとる東南アジア諸国や日本との温度差は、必ずしも一朝一夕に埋まるものではなかったが、関係国全体で国連事務総長の斡旋努力への強力な支持を確認できたことは、非公式協議の有用性を裏づけた。また、当初、民主化への外圧を警戒するあまり、非公式グループの存在に否定的であった軍事政権にしても、非公式グループの中にミャンマー情勢に関して現実的な評価を下すアジアの国が増えるに従って、国際社会でのイメージと地位の改善を目指す立場から、国連が主催するミャンマー問題の非公式会議に対しては一定の評価を与えるようになった。関係国による非公式グループはその後、国連事務総長の支援グループに衣替えし、ミャンマーの民主化を支援した。

短かった蜜月——希望と挫折

ラザリ特使の斡旋活動は、二〇〇二年までに、ミャンマーの国民和解に関して一定の肯定的な結果をもたらした。二〇〇一年一月の特使訪問時には、軍政とスーチー女史の双方から、前年一〇月に信頼醸成を目的とした極秘対話が始まったことが報告された。国連が求めていた少数民族の代表の対話プロセスへの参加については、軍政側がまだ時期尚早と拒み、将来のしかるべき時期に二者間の対話を少数民族代表を含む三者間に拡大することで合意した。

当初は信頼醸成を目的として始まった軍政とスーチー女史の対話は、その後、国連の斡旋や国際社会からの対話の開始に対する好意的な反応と支持を受けて、そのペースこそ遅々としたものではあったが、次第に実質的なものへと変化していった。この時期、長期の経済疲弊とエイズや疫病などに苦しむミャンマーの国民を救済するために、国連は、国際社会による人道支援を受け入れるために双方が協力すること、そして、将来の対話の場所として一九九六年以来休会中の国民会議を再開することなどを呼びかけた。

二〇〇一年の秋から二〇〇二年の春には、タン・シュエ議長、マンウェ総参謀長、キン・ニュン第一書記ら軍政トップとスーチー女史および国民民主連盟幹部との直接会談が三回にわたって行われたことが報告され、国民和解へ向けた機運が一気に高まった。そして、同年四月のラザリ特使による七度目のミャンマー訪問直後の五月六日には、スーチー女史の自宅軟禁の解除と政治的自由の完全回復が発表され、ミャンマーの国民和解プロセスは大きな節目を迎えた。

スーチー女史の軟禁解除にあたってはアナン事務総長が声明を出し、女史の国民民主連盟書記長としての正当な政治的自由の回復を歓迎するとともに、軍政と民主勢力の対話促進のために国連の一層の支援を約束した。[126] 政治的自由を回復したスーチー女史は、精力的に国民民主連盟の基盤作りに乗り出すとともに、国連がかかわる人道支援プロジェクトなどを視察、ミャンマー国内各地を訪問した。この間、軍政側とスーチー女史との対話は継続され、数百人に上る政治犯が釈放され、国民民主連盟の事務所が再開される中、国民会議の再開などの実質的問題も話し合われた。

一見順調に進んでいるかに見えたミャンマーの国民和解プロセスであったが、軍政とスーチー女史の蜜月は長くは続かなかった。スーチー女史が行く先々で国民からの熱烈な歓迎を受け、国民の女史に対する支持と人気の高さが改めて浮き彫りになると、軍事政権内部の守旧派の間に、国民和解へのペースが早過ぎるのではないか、また民主勢力との妥協は軍部の利益を損なうものではないかという声が台頭した。特に一部の軍幹部の間では、将来、民主勢力主導の政府ができると、国軍が過去に犯した人権侵害をめぐって罪に問われるのではないかと危惧する念が強かった。

また、国民和解へ向けた対話の再開や政治犯の釈放、さらに国際社会からの批判の的になっていた麻薬栽培の減少などの民主化へ向けた施策を行ったにもかかわらず、依然として対ミャンマー経済制裁が継続されたことへの不満も、軍政内部の改革派の立場を弱めることに繋がった。一方、スーチー女史や国民民主連盟サイドでは反対に、信頼醸成だけではなく真の国民和解へ向けた実質問題を話し合う対話のペースが遅すぎることや、スーチー女史のトップ会談の呼びかけに消極的な軍政側の誠意を疑問視する声が高まった。

対話は二〇〇二年後半には行き詰まり、二〇〇三年に入ると双方の不信感は増幅の一途をたどった。そして五月三〇日には、ミャンマー北部のサガイン県を遊説していたスーチー女史と支持者の車列がダパイン村にさしかかったところで、軍の守旧派の影響下にある武装集団に襲われ、多くの死傷者を出すという悲劇が起こった。スーチー女史や同行していた国民民主連盟の幹部はかろうじて難を逃れたが、この後、スーチー女史の身の安全を図ろうとする軍の改革派によって保護軟禁状態に置かれ、国民和解へ向けた対話路線は中断された。

六月にミャンマーを訪問したラザリ特使は、政府のゲストハウスに軟禁されていたスーチー女史と短時間ながら面会することを許され、女史の無事を確認するとともに、軍政側にスーチー女史の即時解放を求めた。この際、当局からは、ダパイン事件はスーチー女史に反対する暴力分子が起こしたもので、スーチー女史の身の安全を図るためには当面ゲストハウスでの保護が必要だとの説明があった。これは、軍政内部に民主勢力との国民和解の将来像をめぐって深刻な矛盾と対立が存在することを示唆するものであり、この後、軍政内部の守旧派を中心に、ラザリ特使をスーチー女史の代弁者として批判する動きが目立つようになった。

閉ざされた国民和解への道のり

二〇〇三年八月には、キン・ニュン第一書記がミャンマーの新首相に就任し、翌九月には、七段階からなる軍政側のミャンマーの民主化へ向けての行程表が発表された。その後のミャンマーが歩むことになる政治的方向性を示した行程表は、ある程度、それまでの民主勢力との対話や国連の提案を取り入れたものであった。

行程表は第一段階として、一九九六年以降休会している国民会議の再開、第二段階は、国民会議が成功裏に招集された後、真の、そして統制のとれた民主的制度の導入に必要な施策の段階的実施、第三段階は国民会議が定める原則に従った新憲法の起草、第四段階は新憲法の国民投票での採択、第五段階は新憲法にのっとった自由かつ公正な総選挙の実施、第六段階は新憲法の下での議会開催、そして第七段階を、議会によって選ばれた代表と政府および議会が定めた他の中央機関による、近代的かつ発展した民主国家の建設と定めていた。

しかし、ダパイン事件とそれ以降続くスーチー女史や国民民主連盟幹部の軟禁という状況下で発表された行程表は、対軍政への不信感を強める国際社会からの理解と支持を得ることはできなかった。民主化への行程表の発表を受けミャンマーを訪問したラザリ特使は、キン・ニュン首相に対し、民主化移行プロセスはすべての国民が参加する包括的なものでなければならず、そのためには、スーチー女史の即時解放と民主勢力との政治的対話の再開が必要だと強く訴えた。[127]

キン・ニュン首相は、スーチー女史の自宅軟禁の早期解除に向けた努力を約束したが、同時に、自らには女史の軟禁を解除する権限が与えられていないという複雑な心境をラザリ特使に吐露していた。一方、スーチー女史の軟禁解除と政治的自由の回復を求める特使に対し、軍政側のトップであるタン・シュエ議長は、ミャンマー国民の全体の利益こそが大切だと強調した。

民主化へ向けた行程表の発表後、国民民主連盟や少数民族代表は、スーチー女史の軟禁解除を条件に第一段階である国民会議への参加を検討したが、スーチー女史の政治的自由の回復は、その後の軍政内部の権力バランスの変化によって、結局実現することはなかった。

それまで軍政ナンバースリーの地位にあったキン・ニュン第一書記の首相への転身は、必ずしも氏の軍政内の権力基盤の強化を意味するものではなく、民主化への方向性をめぐる軍政内の路線対立により、タン・シュエ議長を中心とした軍政内部の守旧派が次第に勢力を増していった。キン・ニュン氏は、翌年十月には汚職容疑で逮捕され、それ以後長い軟禁状態に置かれることになった。また、キン・ニュン氏に繋がる情報省関係者も一様に政府の要職から追放され、国連がラザリ特使を通してキン・ニュン氏をはじめとする政府関係者と築いてきた信頼関係は完全に絶たれ、国連が軍政と民主勢力の双方に働きかけてきた国民和解へ向けた対話は、ここに実質終焉を迎えた。

ラザリ特使は事態打開を目指し、それ以後も何度となくミャンマーへの訪問を要請したが、二〇〇四年三月の訪問を最後に、当局からミャンマー訪問の許可が下りることは二度となかった。二〇〇六年一月、ラザリ氏はアナン事務総長宛てに辞表を提出し、約六年にわたって務めた国連事務総長特使としての職を辞した。

軍政ペースでの民主化

ダパイン事件は、ミャンマーに対する国際社会の大きな失望と憤りをもたらした。軍政に批判的であった西側諸国は態度を一気に硬化させ、対ミャンマー経済制裁の強化を呼びかけた。一方、それまで国連事務総長の対話の働きかけを中心とした斡旋活動を強く支持し、ミャンマーに対し現実的な対話外交路線を取ってきていたアセアン諸国も、軍政に対し、スーチー女史の政治的自由の回復や民主勢力との対話の再開を通して民主化への行程表を包括的なものにするよう、強く呼びかけた。一九九七年にアセアンに加盟したミャンマーは二〇〇六年にアセアンの議長国を務める予定であったが、アセアンの有力国はミャンマーに対し、準備不足を理由として、議長国就任を自ら辞退するように勧告した。ミャンマーもこれを受け入れ、ダパイン事件以後の国内の混乱と政治対話の中断は、軍事政権に屈辱的な外交的後退をもたらした。

高まる国際社会の懸念を受けて、二〇〇六年五月、アナン事務総長は、当時政務担当事務次長を務めていたイブラヒム・ガンバリ氏をミャンマーに派遣した。元ナイジェリア外相を務め、軍事政権下のナイジェリアでの経験を持つガンバリ氏は、タン・シュエ議長および軍政幹部との会談に加え、軟禁中のスーチー女史との会見も許された。外国要人としてはラザリ特使以来初めてで、約二年ぶりのことだった。

ガンバリ氏は、ミャンマーを取り巻く国際情勢が厳しさを増す中、一日も早い民主化と国民和解を目指した対話の復活を軍政側に進言したが、対外的に不信感を募らせる軍政側の反応は芳しいものではなかった。キン・ニュン氏失脚後、新首相には軍政内部の守旧派とされたソウ・ウィン将軍が任命され、タン・シュエ議長が説く「統制された民主主義」の実現という目標に向かって、軍政による、軍政のペースにのっとった七段階の民主化行程表の実施が改めて強調された。事実、二〇〇四年五月には、軍政と休戦協定を結んでいる少数民族グループの参加を得て、一九九六年以来休会されていた国民会議が再開され、その後も実質軍政によって選ばれた一〇七五人余りの代議員の出席を得て、国民会議が断続的に開かれていった。

二〇〇六年には国軍の役割などの新憲法起草の基本原則が定められ、翌二〇〇七年夏には国民会議の最終会期が開かれ、新憲法起草作業の終了が発表された。そして二〇〇八年五月、ミャンマーに甚大な被害をもたらした巨大サイクロン「ナルギス」の襲来にもかかわらず、新憲法が国民投票に付され、国会議席の二五パーセントが国軍によって占められることなどを盛り込んだ新憲法が採択された。また、新憲法下で総選挙が二〇一〇年に実施されることが発表された。

この間、一段と内向性を強めるミャンマー当局は、二〇〇六年春に突如、首都をヤンゴンから約三〇〇キロ北にあるミャンマー中部の未開の地ピンマナへと移し、新行政首都を「王たちの都市」を意味する「ネピドー」と命名した。二〇〇七年に病死したソウ・ウィン首相の後任には、キン・ニュン氏が首相に転身した後、国家平和開発評議会の第一書記として国民会議招集委員会の委員長を務めた、テイン・セイン将軍が任命された。

国際世論の分裂

二〇〇七年九月には、軍政による圧政と経済的困窮に対して、仏教国ミャンマーで広く一般大衆の尊敬を集める僧侶の集団が抗議行動を起こした。僧侶による抗議行動は瞬く間に民主勢力をはじめとする支持者によって全国に広がり、上座仏教僧侶がまとうサフラン色の衣にちなんで「サフラン革命」と呼ばれた。当初この抗議活動を静観していた軍政は、運動が拡大を見せると、武装警察と国軍による鎮圧に乗り出し、九月二六、二七日の両日の武力衝突では、僧侶を含む一般市民に多くの死傷者を出した。

国民和解を目指す政治対話の中断とその後のミャンマーの内向的姿勢を懸念する西側諸国は、軍事政権を糾弾する声を一段と強め、二〇〇六年九月アメリカとイギリスはミャンマー問題を安全保障理事会の議題とすることを提案した。先に述べたように、ミャンマー問題は人権問題を中心に総会が一義的に審議している案件で、事務総長の斡旋活動の権限も総会決議によって付与されたものであった。総会案件が同時に安全保障理事会で審議されることは極めてまれであったが、ミャンマー問題が安全保障理事会での議題として取り上げられたことこそ、国際社会の軍政に対する憤りを表したものであった。

安全保障理事会は、その後もアナン事務総長の要請でミャンマーを訪問していたガンバリ事務次長に対し理事会での報告を要請し、翌二〇〇七年一月には、少数民族や政党の代表者を含むすべての当事者との包括的な政治対話の再開およびスーチー女史の無条件即時釈放をミャンマー当局に求める安保理決議案を、アメリカ主導で提出した。しかし、ミャンマー問題を安全保障理事会の議題とすること自体に消極的であった中国とロシアは、ミャンマー問題は世界の平和と安全を脅かす案件とは言えず、さらにこの決議案は国連加盟国の内政に干渉するものであると猛反発し、投票に際しては冷戦終焉後初めて、両国が一致して拒否権を行使する「ダブルビトー」を発動し、この決議案を葬り去った。決議案の投票に際しては、南アフリカも反対票を投じ、コンゴ、インドネシア、カタールの三カ国も棄権に回った。[128] こうした国際社会の対ミャンマー政策をめぐる意見の不一致は、勢い軍事政権を利することになり、軍事政権は自ら描く民主化路線を自らのペースで進めることへの自信を深めた。

二〇〇七年に潘基文事務総長が就任すると、ガンバリ事務次長は事務総長特別顧問としてミャンマー問題に専念し、ミャンマーへの数度の訪問を通して、国民和解と民主化促進のための政治対話の再開をさらに呼びかけた。軍政側は、軟禁中のスーチー女史との連絡調整官を任命し、スーチー女史も国の発展という大局的立場に立って軍政と協力する意向を表明したが、こうした動きも双方の政治対話再開には繋がらなかった。巨大サイクロン「ナルギス」がミャンマーを襲った翌年には、潘事務総長自ら人道支援のためにミャンマーを訪問したが、スーチー女史との会見の要請は軍政によって拒否された。

二〇一〇年には、潘事務総長の初代官房長を務めたインド出身の外交官であるビジェイ・ナンビア氏が、ガンバリ氏に代わって国連のミャンマー問題担当に任命されたが、スーチー氏の自宅軟禁は結局二〇一〇年秋まで続き、軍政側とスーチー女史との間に真の国民和解を目途とした政治対話の再開に国連が影響力を行使する場面は訪れなかった。

「内なる変化」で実施された民主化

ミャンマーの民主化移行は結局のところ、国連が事務総長の斡旋活動を開始した当初分析したように、「内なる変化」を通してミャンマー自らの手で実施されていくことになる。二〇〇八年の新憲法制定に続き、二〇一〇年一一月七日には、民主化移行行程表の第五段階に位置づけられた新憲法の下での複数政党参加の国政選挙が実施された。一九九〇年以来二〇年ぶりに実施された連邦議会の上下両院選挙には、少数民族代表から成る政党を含む四〇の政党が参加した。スーチー女史に対する軟禁が続く中、国民民主連盟は総選挙をボイコットしたが、国民民主連盟から分派した国民民主勢力党は選挙に参加した。

ミャンマーの選挙委員会によって公表された選挙結果は事前の予想通り、軍事政権の息がかかった連邦団結発展党（ＵＳＤＰ）が、上院では一六八議席中一二九議席、下院では三二五議席中二五九議席を獲得して圧勝した。[129] さらに新憲法の規定により連邦議会の二五パーセントが国軍の代表に割り当てられた。軍政下で首相の座にあったテイン・セイン氏を含む多くの軍政幹部は、新憲法下では軍人の立候補が認められていないことから国軍を退役し、連邦団結発展党から民間人として立候補して当選した。

国連をはじめとして国際社会は、二〇一〇年の総選挙を信頼性を欠く「不当選挙」と糾弾したが、選挙後の一一月一三日には、二〇〇三年のダパイン事件以来拘束されてきたスーチー女史が解放され、翌二〇一一年三月には、軍服を脱ぎ民間人となったテイン・セイン首相が大統領に就任した。そして新憲法に基づく民間政府が組織され、一九六二年から五〇年にわたったミャンマーの軍事政権は形式上終わりを告げた。

当初国際世論の多くは、新政府は軍事政権の幹部が単に軍服を脱いだに過ぎない似非《えせ》民間人政府ではないかとの懐疑的な立場をとったが、その後、軍政中枢を担ってきたタン・シュエ議長やマンウェ総参謀長らの引退も報じられ、テイン・セイン新大統領が打ち出した一連の民主化への改革案は国際社会を驚かした。二〇一一年八月一九日には、テイン・セイン大統領とスーチー女史との会談が首都ネピドーで実現し、双方のその後の協力関係がスタートした。それに先立つ八月一七日には、ミャンマーの政府機関紙である「ミャンマーの新しい光」が、それまで海外で反政府民主化闘争を繰り広げてきていたミャンマー国民に対し、帰国して国家の発展に尽くすようにと大統領が呼びかけたことを報じた。

テイン・セイン大統領の下で取られた一連の措置は、ミャンマーの真の民主化移行を意味するものとして国際社会から歓迎された。二〇一一年一二月には、反軍事政権の急先鋒であったアメリカのヒラリー・クリントン国務長官が米国務長官としては実に五〇年ぶりにミャンマーを訪問した。翌年一一月には、バラク・オバマ大統領もミャンマーを訪問し、西側諸国が科していた対ミャンマー制裁も次々に解除された。二〇一二年四月には、国政選挙の補欠選挙が行われ、スーチー女史率いる国民民主連盟も参加し、候補者を擁立した四四の選挙区のうち四三で勝利するという躍進ぶりを見せた。この選挙でスーチー女史も勝利し、これ以後ミャンマーの連邦議会で晴れて野党第一党の領袖として活躍することになった。

二〇一一年以来のミャンマーの民主化過程での大きな進展は、ミャンマーの国際地位の向上にも繋がった。経済的には勤勉かつ優秀な国民を持つミャンマーは、世界から優れた投資先と注目され、政治的には二〇一四年、念願のアセアン議長国に就任した。

真の国民和解のために

ただ、民主化移行の過程で真の国民和解が成ったかといえば、まだ道半ばと言わざるを得ない。中央政府とカレン族、シャン族などの一部少数民族武装勢力との戦闘はまだ続いているし、仏教徒とイスラム教徒、特に西部ラカイン州でのロヒンギャ族との対立も激化している。長くラカイン州に居住し、ミャンマー政府からは隣国バングラデシュからの出稼ぎ者と見なされてきたロヒンギャ族は、いまだに正式なミャンマー国民として認められず無国籍の状態にあり、政府からのいかなる支援をも受けられない状態にある。ミャンマーの真の国民和解にはこうした少数民族との問題の解決が必要なのは言うまでもない。また、二〇一五年秋には次期連邦議会選挙が行われる予定だが、現行憲法の下では、外国籍の配偶者や子どもを持つミャンマー人が大統領職に就くことは禁じられており、イギリス人と結婚したスーチー女史がテイン・セイン氏に代わって大統領に就任することは、憲法が改正されない限り難しい。

次期国政選挙、少数民族との和平と真の国民和解などミャンマーを取り巻く課題はまだまだ多く、こうした課題を乗り越えてこそ初めて、ミャンマーの真の民主化が達成されることになる。その意味で、ミャンマー人民自らの努力はミャンマーの民主化に多くをもたらしたが、国民和解に基づいた真の民主化達成はいまだ道半ばだ。しかし、過去二十数年にわたる国連事務総長を中心とした国連の斡旋活動が、当事者間の信頼醸成と対話の促進への一助となったことは確かであり、今後も、ミャンマー政府と国民の要請がある限り国連の対ミャンマー民主化支援は続いていくだろう。

（二）ネパール――包括和平プロセス支援

支援を求める二通の書簡

二〇〇六年八月、アナン事務総長の手元にネパール国ギリジャ・プラサド・コイララ首相と反政府ゲリラ組織ネパール共産党毛沢東主義派のプラチャンダ主席署名の二通の書簡が届けられた。書簡はそれぞれ、一九九六年以来一〇年にわたって続いていた政府と共産党毛沢東主義派の内戦に終止符を打つべき和平合意が結ばれたこと、そしてネパールの民主国家建設のための和平プロセスへの国連の支援を求めるものであった。[130]

ネパールはヒマラヤ山脈に位置し、北と南をそれぞれ中国とインドに挟まれた人口約三〇〇〇万の内陸国で、歴史的に国王が支配する多民族国家だ。一九六二年には「パンチャヤット制」の下、国王の権限が強化され、実質、王制独裁政治が始まった。一九九〇年には、パンチャヤット制の廃止と複数政党制度の復活を求めて民主化運動（ジャナ・アンドラン）が起こり、時のビレンドラ国王は複数政党制導入を約束し、一一月には国民主権を謳った新憲法が制定された。翌年五月には、三〇年ぶりの複数政党制による総選挙が行われ、民主的政府が誕生した。しかし、民主的基盤に欠けるネパール社会に民主主義が根づくことはなく、立憲君主制の下、分裂した弱小政党が首班を持ち回る不安定な政治が続いていた。

一方、ネパール共産党毛沢東主義派は一九九六年、王制打倒を掲げ人民戦争を開始、ネパールは実質内戦状態へと突入した。二〇〇一年六月には、ビレンドラ国王および九名の皇族が時の皇太子によって射殺されるという王室殺害事件が起こり、ビレンドラ国王の弟であったギャネンドラ氏が新国王に即位した。ギャネンドラ国王は一一月、戒厳令を布告、議会は解散され、国軍と毛沢東主義派人民解放軍との内戦は激しさを増した。

国王による実質独裁は国民の不満を高め、現状を憂い、民主主義回復を求める議会内での政党間の連立と共産党毛沢東主義派との共闘に繋がっていった。二〇〇五年春には、七政党による連立勢力が形成され、秋には、七政党連立と毛沢東主義派の間で、国王専制打倒に向けて共闘することが合意された。翌二〇〇六年四月には、七政党連立と毛沢東主義派が呼びかけるゼネストが行われ、民主運動の高まりはギャネンドラ国王に直接統治断念と国民への権力委譲を約束させた。

新首相には、ネパール会議党のコイララ氏が就任し、六月には七党連立と毛沢東主義派との間で暫定政府の設立と新憲法制定を目途とした制憲議会選挙の一年以内の実施などを盛り込んだ合意が交わされた。さらに同年一一月には、両者の間で、ネパール各地に設営される宿営地への人民解放軍兵士の分割と管理、人民解放軍兵士の非武装化に伴う武器の管理、ネパール国軍の宿営地での行動および武器の管理、皇室の将来は制憲議会が決めることなどを盛り込んだ「包括的和平協定」が調印され、この和平プロセス実行のために国連の支援を求めることが合意された。[131] 八月九日付の二通の書簡に続き、一一月には、カドカ・プラサド・シャルマ・オリ副首相兼外務大臣から、包括的和平協定の締結に基づいた、ネパールの民主化移行と和平プロセス実施への国連によるより具体的な支援を要請する書簡が届いた。

国連ネパールミッションの設立

アナン事務総長は、ネパールの和平実現への機運が熟したと判断し、迅速に動いた。コイララ首相とプラチャンダ共産党毛沢東主義派主席からの八月九日付書簡を受け取ったアナン事務総長は、それ

（筆者撮影）

カトマンズの国連ネパールミッション本部

まで在ネパール人権高等弁務官事務所代表を務めていたイギリス人のイアン・マーチン氏を事務総長の個人代表に任命し、ネパール政府および毛沢東主義派との和平合意の最終確認作業に当たらせた。一一月二一日に双方の和平合意が包括的和平協定として調印されると、翌日には安全保障理事会議長に対し書簡を送り、ネパールでの七党連立政府と毛沢東主義派による和平協定が締結されたこと、そして、それに基づいて武装解除した毛沢東主義派武装兵士と武器を監視・管理するなどの和平プロセス実施に対する国連の支援に関して報告した。[132] そのうえでアナン事務総長は、国連政治ミッション展開のための調査団派遣、武器と武装兵力の監視と管理に備えるべく、軍事経験を持つ文民および暫時軍役を離れた軍人ら三五人から成る先遣隊の派遣、ネパールの選挙管理当局および政党に対し技術支援を提供する二五人から成る選挙支援チームの派遣などを提案した。

アナン事務総長の提言を受けた安全保障理事会は、翌二〇〇七年一月、一年の期限で国連ネパールミッション（UNMIN）の設立を認める決議案を採択するとともに、包括的和平協定が定める人民解放軍と国軍双方の武器と兵士の監視および管理実施に関する支援、停戦合意の監視、公正かつ自由な制憲議会選挙実施のための技術的支援、そして選挙過程監視のための国連チームの活動を認める権限

ネパールにおける国連の政治活動

	ネパール国内の動き	国連の政治的関与
1996	内戦勃発。	
2006・6	内戦終結。暫定政府の設置および新憲法制定で合意。	
2006・8	国連への和平プロセス支援要請。	
2006・11	包括的和平協定調印。	アナン事務総長、安保理へネパール支援を報告。
2007・1		安保理、ネパール支援ミッション（UNMIN）を設立。
2007・2		アナン事務総長、マーチン特別代表を任命。
2007・4	ネパール暫定政府発足。	UNMINが本格始動。
2007・6	制憲議会選挙延期。	
2007・11	制憲議会選挙再延期。	
2007・12	制憲議会選挙の実施を含む23項目合意。	
2008・4	制憲議会選挙実施。ネパール共産党毛沢東主義派が勝利。	UNMINによる選挙支援。
2008・5	制憲議会招集。王制廃止、連邦民主共和国としての新生ネパール誕生。	
2009・5	連立政権崩壊。政情不安定化。	
2010・5	制憲議会、新憲法制定できず任期延長。	
2010・9	和平プロセスの当事者がUNMINの展開期限の4カ月延長を要請。	事務総長が安保理に対し和平プロセスの停滞を報告。 安保理がUNMINの展開期限の最終延長を決定。
2011・1		UNMINの活動終了、ネパールから撤退。国連常駐調整官事務所を中心としたネパール支援への移行。
2012・5	制憲議会、再び期限内に新憲法制定できず解散。	
2013・11	新しい制憲議会選挙実施。	
2014	新憲法はいまだ制定されず。	

を事務総長に付与した。[133] この安保理決議案を受けて、二〇〇七年二月八日には、マーチン氏が潘事務総長（アナン氏は前年末で退任）によりネパール担当事務総長特別代表に任命され、国連によるネパール和平プロセス支援が本格的にスタートした。

迅速な本格始動

ＵＮＭＩＮのように複雑かつ多岐にわたる任務を期限付きで実施することを求められる政治的ミッションの迅速な立ち上げには、しばしば大きな困難を伴う。ＵＮＭＩＮの設立にあたっては、ネパール当局から、国連の支援はその国内事情に鑑み、軍人中心の平和維持部隊ではなく、文民中心の特別政治ミッションを通してお願いしたいという要請があった。しかし当時、政治ミッションの展開はまだ国連の新しい活動分野で、平和維持軍設立のように蓄積されたノウハウと本部事務局内の支援体制が確立しているわけではなかった。

まず、ミッションの立ち上げに必要な経費は、とりあえず総会によって予算措置が講じられるまでは、暫時、国連事務総長が予測不能事態に対処する際に認められている緊急ファンドから支出されることになった。あらゆる人員の派遣や器具の調達といった準備作業は予算事項を司る国連行財政問題諮問委員会が認めた緊急ファンドからの九三〇万ドルを上限とする支出で賄わねばならず、総会が安全保障理事会の決議案を受けて、ＵＮＭＩＮの二〇〇七年度予算の八八〇〇万ドルを認めたのは二〇〇七年三月下旬のことであった[134]。

こうした予算的制約は人員や機材調達の遅れに繋がるが、それに加えて短期ミッションの場合は、必要とする人材を集めがたいという傾向がある。一般に、政治分野で働くことを希望する国連職員は、平和維持活動や政治ミッションなどで経験を積んだりあるいは広げたりすることを奨励されるが、選考過程に数カ月かかることから、赴任期間が一年に満たない短期ミッションは、新しい経験を積むうえで、また自己のキャリアアップにおいて十分に役立たないと考えられる傾向がある（ＵＮＭＩＮは実際には、ネパール当局の要請によって二〇一一年一月まで四年の長きにわたってネパールに展開したが、当初は一年の期限を切って設立された政治ミッションであった）。またＵＮＭＩＮは、武装兵士および武器の監視や管理、制憲議会選挙実施への支援などその任務が多岐にわたったこともあり、軍事監視や選挙支援といった特殊なスキルを持った職員を必要とした。

人員の選考や派遣は通常であれば数カ月かかるが、ネパール和平支援は緊急を要する事案であるという事務総長の号令下、既存の平和維持軍や別のミッション、さらに国連の諸機関からも広く人材が求められた。政務局のネパール担当官をはじめとして事務局の多くの職員の不眠不休の努力の結果、通常の採用選考過程と並行して、ＵＮＭＩＮの立ち上げにあたって当面必要とされる人材が暫定的に、しかし迅速にネパールに展開されていった。

四月には、ネパール政府から、カトマンズのビレンドラ国際会議場の一部をＵＮＭＩＮの本部施設として、またビラトナガル、ポコラ、ネパルガンジ、ダンガジにはそれぞれ地方事務所としての施設が提供され、UNMINは設立後わずか三カ月で、ネパール和平支援に向け本格始動することができた。

最大規模の特別政治ミッション

UNMINのように多目的任務を負った政治ミッションの場合、その構成も多岐かつ広範にわたる。まず、事務総長特別代表をすべての面で直接サポートする事務総長特別代表室、ネパールの政治状況全般の分析や和平協定実施に向けた交渉を支援する政務室、国軍と毛沢東主義派武装兵士およびそれぞれの武器の監視と管理を司る監視団室、紛争地域に埋められた地雷撤去を支援する地雷撤去班、制憲議会選挙実施を支援する選挙支援室、制憲議会選挙が自由かつ公正な選挙になるよう環境整備を支援する民政室、男女間の差別撤廃支援室、UNMINの役割を広くネパール国民に理解してもらうための広報室、UNMIN職員の安全を確保する安全警備室、職員採用や必要機材の調達などを司る総務室などがミッション内に設置された。[135]

UNMINの活動方針は、事務総長特別代表とニューヨークの国連本部の政務局、さらに事務総長官房との緊密な連絡調整を経て決定されたが、ネパールにある国連開発計画（UNDP）や国連児童基金（UNICEF＝ユニセフ）などの既存の国連開発関係諸機関および国連人権高等弁務官室との連携も緊密に行われた。

二〇〇七年四月末までには、三万人を超える毛沢東主義派武装兵士が登録され、うち約一万九〇〇〇人が包括和平協定に準じる人民解放軍兵士として武装解除され、全国に散らばる七つの宿営地と二一に上る附属施設に収容された。一方、武器に関しては約三五〇〇に上る毛沢東主義派の武器が登録され、宿営地とその附属施設に保管された武器は、最高時一八六人に上る国連監視団員による二四時間監視体制の下に置かれた。ほぼ同数の国軍の武器も、首都カトマンズの保管施設で同様の監視下に置かれた。

選挙支援室は、ネパール選挙管理委員会に対し、選挙に関する法的枠組み、投票人登録および教育、選挙スタッフのトレーニング、選挙実施のための計画作り、後方支援や国内および国際選挙監視団の調整などの分野で支援を行った。

こうした多岐にわたる活動を反映して、ＵＮＭＩＮの人員は増加の一途をたどり、ネパールの制憲議会選挙前には、国際的に任命された職員、国内で採用された職員や国連ボランティアを含めた総人員数は千名規模に達した。これは、当時政務局が管理する特別政治ミッションの中でも最大級のものであった。

二歩前進・一歩後退を経て選挙実施へ

ＵＮＭＩＮの設立を認めた安全保障理事会の決議案一七四〇号は、国連のネパール和平プロセス支援に関して、事務総長の仲介あるいは斡旋には触れていない。しかし実際は、事務総長特別代表を中心とした静かで、かつ非公式な仲介や斡旋活動は、ネパールの和平合意を実施してゆくうえで重要な役割を果たした。もとより、和平合意はネパール人によって実施されるもので、その成否の最終責任はネパールの為政者と国民にある。しかし、一〇年の内戦を経て合意された和平案の実施への道のりは決してスムーズなものではなく、事実、ＵＮＭＩＮ展開後には時を経ずして、七党連立政府と毛沢東主義派、さらにネパールの少数民族を含めた当事者間の政治的思惑の違い、相互不信感などが一挙に吹き出した。

まず、和平プロセスの前途に影を投げかけたのは、ネパールが抱える少数民族の問題であった。ヒマラヤ山脈の裾野に広がるネパールは、北から山岳地帯、丘陵地帯、さらにインドと国境を接する肥沃なタライ平原地帯に分かれる。タライ地区には、マデシ族やタルワン族など、長年丘陵地帯に住むネパール人の主流派であるパルバテ・ヒンドゥー族から差別を受けてきた多くの少数民族が住んでいる。こうした少数民族は、七党連立政府と毛沢東主義派によって合意されたネパール和平案は彼らの利益や意向を反映するものではないと反発、タライ地区でバンダと呼ばれるゼネストなどの抗議活動を強めていった。結果、タライ地方の治安は悪化し、自由公正な制憲議会選挙実施の環境整備は困難を極めた。

一方、四月一日に発足した暫定政府内での七政党と毛沢東主義派間の、制憲議会選挙の実施方法やネパールの将来の政治体制についての意見の相違も、徐々に顕著になった。毛沢東主義派は、制憲議会が開催される以前にネパールを共和国と公布することや、制憲議会選挙は直接選挙と間接選挙の混合選挙制ではなく、すべて比例代表選挙で行われるべきとの主張を繰り返した。暫定政府内の意見の不一致は容易に解消せず、本来二〇〇七年六月の実施を目指した制憲議会選挙は、同年一一月に延期された。しかし、九月一八日には毛沢東主義派が暫定政府から離脱し、一一月に予定された選挙も再び延期された。二度にわたる制憲議会選挙の延期に加え、武装解除された毛沢東主義派の兵士を収容した宿営地の環境改善、宿営地に収容された兵士への手当の支給、国軍の民主化を含む改革と毛沢東主義派兵士の国軍への編入といった懸案事項の解決も遅々として進まず、包括和平合意案の実施へ暗雲が立ち込めた。

ネパールの山岳地帯では、一一月を過ぎると降雪のため僻地の集落への道が閉ざされ、翌年の春までは国政選挙を実施することが不可能となる。事務総長特別代表とＵＮＭＩＮはこの間、包括合意案の中心を成す制憲議会選挙を早期に実施すべく、各党や毛沢東主義派および少数民族代表との対話と説得工作を続けた。国連による静かな外交と粘り強い斡旋努力は徐々に実を結び、一二月二三日には当事者間で、制憲議会選挙後にネパールの政治体制を連邦民主共和国へ移行すること、制憲議会の六〇一議席のうち三三五議席を比例代表選挙で、二四〇議席を直接選挙でそれぞれ選び、残りの二六議席を政府の指名とすることなどを含む二三項目の合意ができた。

この合意案に基づいて、毛沢東主義派は一二月三〇日に暫定政府に復帰し、二〇〇八年四月一〇日の制憲議会選挙実施が固まった。暫定政府は二〇〇八年に入ると、二月にはマデシ族と三月にはジャナジャチ族との協議を持ち、こうした少数民族の制憲議会選挙への参加の承諾を取りつけた。

南アジアの国々では、物事が一挙に決まることはまれで、二歩前進一歩後退といった状態を何度か繰り返し、それでも合意が得られないときは交渉期限を延長し、最終的にはなんとか合意形成にこぎ着けるといったパターンを繰り返すことが多い。この時期のネパール和平プロセスはまさにこうした状況にあり、当事者間でなんとか選挙実施の合意と環境整備ができたのは、選挙の数週間前というぎりぎりの状態であった。

制憲議会選挙の実現

二〇〇八年四月一〇日のネパール制憲議会選挙は、世界が注視する中、平和的に、かつ秩序立って行われた。一七〇〇万に上る有権者の六三パーセントが投票に参加し、ネパールの近代的民主国家建設の第一歩を踏み出した。EU、アメリカのカーターセンター、タイ・バンコクに本部を置くアジア自由選挙ネットワークなどから八〇〇人に及ぶ国際選挙監視員がネパールを訪れ、六万を超えるネパール人選挙監視員と共にこの歴史的選挙を監視した。国連はネパール選挙管理委員会の要請に基づいて、委員会の本部、ネパールの五選挙地帯および七五の選挙区に選挙支援アドバイザーを展開し、選挙の実行を支援した。国連職員は現地職員とペアを組み、七五すべての選挙区に展開し、各地のネパール人選挙スタッフを援助したが、国際選挙監視団と同様に各選挙区における国連職員の存在自体が、民主主義の基盤がまだ完全に整備されていない状況下での選挙の自由かつ公正な実施に貢献した。

四月二六日にネパールの選挙管理委員会によって公表された選挙結果は、大方の予想を裏切ってネパール共産党毛沢東主義派（Communist Party of Nepal-Maoist）の勝利となった。毛沢東主義派は直接選挙で一二〇議席、比例代表で一〇〇議席を得て、過半数こそ占めるには至らなかったものの、六〇一議席の制憲議会で第一党に躍り出た。ネパール会議党（Nepal Congress Party）は直接選挙で三七議席、比例代表で七三議席を得て第二党に、ネパール共産党統一マルクス・レーニン主義派（Communist Party of Nepal-UML）は直接選挙で三三議席、比例代表で七〇議席を得、また少数民族を代表する政党も議席を得た。

また特筆すべきは、政府による任命を含めると女性が一九七人当選し、実に制憲議会の三三パーセントを占めるに至ったことである。[136] 国連は、二〇〇〇年に安全保障理事会が採択した男女の差別撤廃を目的とする決議案一三二五号にのっとり、ＵＮＭＩＮの展開を通してネパールの少数民族を含む女性の地位向上および一層の社会進出を呼びかけてきた。二〇〇七年に合意されたネパールの暫定憲法では、あらゆる公職の三三パーセントが女性のために配分されることが決定されていたが、これが実現したことで、女性が国政議会に占める割合では、ネパールは一挙に世界の「先進国」に躍り出ることになった。

すべての党が選挙結果を受け入れることを表明したことから、五月二八日には民主的選挙で選ばれた議員による制憲議会が招集され、二三九年に及んだ王制が五六〇対四という圧倒的票数で正式に廃止され、連邦民主共和国としての新生ネパールが誕生した。

国連本部による支援

政治ミッションが立ち上がると、国連本部政務局の担当官の仕事は一挙に多忙を極める。UNMINの展開によって、政務局アジア部にも少人数ながらネパール担当チームができ、本部と現地の事務総長特別代表との連絡調整にあたった。

本部からの支援は主に三つに分類される。第一は、カトマンズの事務総長特別代表と緊密に連携して、国連の対ネパール支援戦略について国連事務総長に具申し、さらに、事務総長が決定した方針や指示を現地のミッションに伝達、国連として包括的な対ネパール支援を可能せしめること。第二には、現地のミッションからのさまざまな要請を受け止め、特別代表が国連全体の支援を受けられるよう、国連本部内部の政策面での連絡調整を徹底すること。そして最後に、事務総長特別代表の本部訪問や、事務総長や政務局高官のネパール訪問への支援提供がある。

国連本部と出先ミッションとの連絡調整は、定期的に開かれる連絡会議で行われる。ＩＴ技術の進歩のお陰で、最近では、電話会議に代わって、実際に参加者の顔が見えるビデオ会議が主流になってきている。ニューヨークとカトマンズの間には一〇時間四五分の時差があるため、ビデオ会議は通常、ニューヨークの早朝、カトマンズの夕刻に開かれる。こうした会議では、ネパールの政情分析に基づいて国連として取るべき戦略が話し合われ、事務総長への提言、安全保障理事会への事務総長報告書などの重要案件が決められる。またミッション側からの予算や人員の採用など管理運営面での要望も寄せられ、本部の関係部局で必要な支援措置が取られる。

国連本部の関係部局間の連絡調整は、政務局が主催するネパール問題合同計画会議で行われた。通常、政治ミッションが立ち上がると、国連として包括的支援を提供するために、関係部局の連携を図ることを目的としたタスクフォースや合同会議といった場所が設けられる。ネパール合同計画会議には、平和維持活動局、人権高等弁務官室、人道問題調整室、管理局、フィールド支援局、ＵＮＤＰやユニセフなどの代表が招かれ、政務局からの現状分析に基づいてＵＮＭＩＮへの国連本部全体としての支援のあり方が話し合われた。

ネパールの包括的和平プロセスの重要局面では、安全保障理事会への報告のため、事務総長特別代表が国連本部を訪れ、また逆に、ＵＮＭＩＮの展開期間中に、本部から事務総長や政務局高官が和平プロセスを直接支援するためにネパールを訪問した。こうした国連高官の訪問には政務局の担当官が同行し、実質面の準備および支援を提供した。

再三延長されたUNMINの展開期限

平和的かつ秩序立った環境下で行われた制憲議会選挙は、ネパール国民全体への称賛に値する画期的な出来事であったが、国の民主化移行は一度の選挙で達成されるほど単純なものではない。事実、一〇年の内戦を経て近代民主的国家設立という大目標に向かって踏み出したネパールには、政治、経済、社会的に解決しなければならない問題が山積していた。

政治的には、制憲議会選挙で第一党に躍り出たネパール共産党毛沢東主義派を中心に連立政権が樹立されたが、過半数を持たない政党による連立政権の基盤は極めて脆弱であった。プラチャンダ毛沢東主義派主席を首班とする連立政権は、翌二〇〇九年五月には崩壊し、その後は毛沢東主義派を除いた政党が連立政権を組んだが、政党間の権力争いはこの後数年にわたってネパールの政治情勢を極めて不安定なものにしていった。

武装解除した元毛沢東主義派兵士の国軍への編入および社会復帰問題は、本来、制憲議会選挙後の新政権発足後六カ月をめどに完了されるものとされていた。しかし、国軍に編入されるべき毛沢東主義派兵士の数、編入の方法、さらに編入される兵士の階級の国軍との整合性、および編入を望まない兵士の社会復帰などの問題をめぐって政党間の意見は対立し、数万の元毛沢東主義派の人民解放軍兵士が全国七カ所の主要宿営地およびその他二一の附属施設に収容され続けたことは、ネパールの民主化移行にとって、社会的にも経済的にも極めて大きな不安定材料であった。

（筆者所蔵）

ネパールガンジの毛沢東主義派兵士宿営地を視察する筆者（右端）

一方、制憲議会によるネパールの新憲法制定作業も、将来の政府の形態、連邦制度のあり方などをめぐって政党間の思惑の違いが表面化し、毛沢東主義派兵士の国軍編入問題とも絡み遅々として進まなかった。本来二〇一〇年五月までに新憲法を制定することを求められていた制憲議会の任期は延長されたが、新しい政府の形態と連邦制度の仕組み、特にタライ地帯に住むマデシ族などの少数民族自治区の境界線問題は難航を極め、新しく策定された二〇一二年五月までに新憲法を布告するという目標の達成すら不可能な状態であった。

二〇〇七年一月に、毛沢東主義派兵士と武器の監視と管理、そして制憲議会選挙支援を中心としたネパール和平協定実施を支援するという限定した目的のために一年の期限をもって設立されたＵＮＭＩＮであったが、制憲議会選挙実施の遅れによって、二〇〇八年一月、ネパール政府の要請を受け、その期限がまず安全保障理事会によって六カ月延長された。制憲議会選挙後、ＵＮＭＩＮの人員は大幅に削減されたが、長引く政治情勢の混迷により元人民解放軍兵士の国軍への編入と社会復帰、そして新憲法の制定と布告という根本的問題の期限内での解決が難しくなり、ネパール当局は国連事務総長に対しＵＮＭＩＮの展開期限の延長を再三にわたって要請した。結果、安全保障理事会の同意を受けてＵＮＭＩＮの展開期限はこの後二〇一一年の一月まで繰り返し延長された。

安全保障理事会が撤退を決定

国連のミッションは通常、受入国の了解あるいは要請の下に展開される。ＵＮＭＩＮの期限延長も、ＵＮＭＩＮの存在が包括和平案の実施にとって必要であるというネパール政府の要請を受けてのものであり、加盟国の要請が優先されたことは言うまでもない。しかし一方で、ＵＮＭＩＮの展開期限の度重なる延長は、和平協定実施交渉の当事者に、国連の支援に対するある種の依存心や甘えをもたらし、合意された期間内に是が非でも問題解決を図らなければ和平プロセス自体が崩壊するという緊張感を薄れさせ、結果、当事者間の交渉が停滞するという否定的効果をもたらした。

本来ＵＮＭＩＮには、当事者間に存在する問題解決のために正式に仲介や斡旋活動に従事する権限は与えられておらず、ＵＮＭＩＮが非公式に当事者間の交渉を仲介しようとする試みも、その時々の政治的理由で交渉の進展を望まない当事者の一方、あるいは双方からの反発を招くようになった。二〇一〇年三月にはUNMINの設立を要請した一方の当事者であり、また、国連の良き理解者であったコイララ元首相が亡くなったことも、こうした傾向に拍車をかけた。

結局、国連としてできることは静かな外交を通して当事者間の対話の継続、および平和的な問題の解決を非公式に訴えるのみであった。また、こうしたUNMINに与えられた権限上の制約はネパール国民に正しく理解されていたとは言えず、相反する当事者間の思惑の違いが作り出す政治的混迷と相まって、四年間にわたるUNMINの活動が和平プロセス支援において十分な成果を上げていないとの批判が高まった。

UNMINの人員は、制憲議会選挙が行われた二〇〇八年四月の約千人規模をピークに徐々に削減され、同年十月には文民約三〇〇名、軍事監視員八五名程度に縮小され、二〇〇九年二月には、設立以来UNMINを率いてきたマーチン事務総長特別代表がカトマンズを去り、全体の規模も文民と監視員を含めて二七五人に削減されていた。また、この時期は世界各地で政治的ミッションの展開が、規模と数において増大の一途をたどっており、国連内部でも、政治ミッションへの財政負担増加に対し、行財政問題諮問委員会を中心に厳しい意見が出され始めていた。

こうした事態を受けて潘事務総長は二〇一〇年九月二日、安全保障理事会に事務総長報告書を提出し、長期化するネパールの政治的混迷により和平プロセスの進展はほとんど皆無であること、UNM

INの存在が当然視される一方でUNMINがその権限以外の事柄に関して批判を受けていること、数カ月から半年という期間延長の繰り返しは財政面および運営面で国連の政治ミッションの維持を極めて難しくしていることなどを指摘するとともに、和平交渉の当事者に対してUNMINの撤退時期を真摯に協議するよう再度求めた。[137]

事務総長報告に対し、九月一四日付で事務総長の手元に、ネパールのマドフ・ネパール首相とプラチャンダ共産党毛沢東主義派党首からそれぞれ、UNMINの展開期限を九月一五日から翌二〇一一年一月一五日まで四カ月間最終延長することを要請する書簡が届いた。[138] 事務総長はただちに安全保障理事会にこれを報告し、安全保障理事会は九月一五日、UNMINの展開期限の最終延長を認めるとともに一月一五日以降のネパールからの撤退を正式に決定した。[139]

和平プロセスの行方

二〇一一年一月一五日、カトマンズのUNMIN本部の国連旗が降ろされ、UNMINの四年に及ぶネパールの近代民主主義国家移行を支援する活動が終了した。しかし和平プロセス自体はいまだ完結しておらず、UNMINの言わば「道半ば」での撤退は、ネパール当事者には和平プロセス実行のための努力を倍増させるべく緊張感を与えた。

だが、新憲法制定と毛沢東主義派兵士の国軍への編入および社会復帰の問題は相互に密接に絡み合い、政党間の思惑の違いもあり一朝一夕には解決せず、短期政権と政治的混迷はその後もしばらく続いた。すでに二年にわたってその任期を延長されていた制憲議会は、二〇一二年五月という新しい期限内にも新憲法を制定することができず解散され、最高裁長官の下で新しい制憲議会を選ぶ選挙が二〇一三年一一月一九日に行われた。この選挙では、ネパール会議党が一九六議席を獲得して制憲議会の第一党に浮上し、政治的にネパール会議党に近いネパール共産党統一マルクス・レーニン主義派が一七五議席で続き、二〇〇八年の選挙で大勝した毛沢東主義派党は八〇議席で第三党に転落した。

こうした新しい勢力分布を反映してネパール政治はある種の安定を取り戻し、新しい制憲議会の下、新憲法の制定および布告に取り組んでいる。一方、一万九〇〇〇人に上る元毛沢東主義派兵士の社会復帰に関しては、二〇一一年一一月に約六五〇〇人を国軍に編入、その他は一時金を受け取って民間人として社会復帰することで大まかな合意を得た。この間、国連の支援は、在ネパール国連常駐調整官事務所を中心としたUNDPやユニセフなど社会経済開発分野の諸機関による、ネパールの平和構築分野での支援が中心となった。もともとUNMIN展開時においても、国連のネパール国内チームはUNMINと緊密に連携し、停戦終結後のネパールの復興支援のため、福祉、教育、食料、農業など多岐にわたる分野で年間一億ドルにも上る援助を行ってきた。また、国連人権高等弁務官事務所はネパール政府の要請で停戦後の人権状況改善の監視を続けた。国連常駐調整官事務所内には、またUNMIN撤退後、混迷を続ける政治状況下、ネパール政府や政党などの和平交渉当事者に対し国連からのアドバイスを提供するために、国連本部の政務局との連絡調整を図る小規模な連絡事務室が置かれた。

ネパールの和平プロセスは現在も進行中であり、論理的には、制憲議会による新憲法の制定および布告によってその帰結を迎えることになる。四年にわたってＵＮＭＩＮが果たしたネパールの和平プロセス支援には批判もあったが、展開中に包括和平案に基づいた停戦が遵守され、政府軍と毛沢東主義派兵士の間で一発の発砲事件も起こさず、当事者が和平プロセスの実施に尽力する環境をもたらしたという意味で、ＵＮＭＩＮを中心とする国連支援は、ネパールの近代民主主義国家への移行に一定の貢献をなしたことは間違いない。

（三）モルジブ――民主的社会基盤整備への支援

高級リゾートとは違うモルジブの素顔

インド洋に浮かぶ島々からなるモルジブは、トルコブルーに輝く海と白い砂浜を有する世界屈指の高級リゾート地として知られている。約九万平方キロメートルに散らばる千以上の島々のうち、実際に人が住むのは二百余り、そして、海外資本との合弁で経営される高級リゾートは百を数える。年間八〇万人に上る外国人観光客の多くは、イブラヒム・ナシル国際空港のあるフルレ島から高速ボートで直接それぞれのリゾート地に向かい、空港のすぐ対岸にあるモルジブの首都マレ島に注意を払う人は少ない。しかし、総面積わずか六平方キロメートルに満たない島に一〇万人が居住し、約二〇〇〇台の車が走り回る首都マレこそが、高級リゾートとは無縁の、南アジアの途上国として民主化を進めるモルジブのもう一つの素顔なのだ。

一九六五年にイギリスから独立し、その三年後には、長年の王制に終止符を打ち、共和国として生まれ変わったモルジブは、一九七八年以来、六期三十年にわたって大統領を務めたマムーン・ガユーム氏の下、観光立国として経済発展を遂げた。しかしその一方で、ガユーム大統領の長期政権に対してモルジブの民主化を求める勢力から批判が高まり、二〇〇四年には、ガユーム大統領自らによって新憲法の制定と二〇〇八年末までの複数政党による大統領選挙の実施を柱とした改革案が発表された。二〇〇五年七月には、モルジブの政治史上初めて複数政党制が導入され、翌二〇〇六年には、モルジブ政府によって民主主義促進を目途とした改革案が発表された。二〇〇八年八月七日には新憲法が制定され、複数政党による大統領選挙が一〇月一〇日までに行われることが決定した。こうした流れを受けて新憲法制定を前にした二〇〇八年初頭、モルジブ政府は国連に対し大統領選挙支援を求めてきたのであった。

国連合同調査団の派遣

加盟国から選挙や他の支援要請があった場合、国連事務総長はまず、国連の支援が可能であるか、またそうであれば、いかなる支援が要請国にとって最も適当であるかを判断するための調査団を派遣する。二〇〇八年五月には政務局が主導し、UNDPや現地駐在の国連調整官など関連部署の代表を含めた国連合同調査団がモルジブに派遣された。モルジブ滞在中、調査団はガユーム大統領および閣僚ら政府の要人に加えて、議会、政党、人権委員会や非政府組織(NGO)を含む市民団体の指導者たちと広く意見交換の場を持ち、モルジブの直面する政治状況、そしてモルジブが民主化移行の過程で実施を予定している大統領選挙、国政選挙および地方選挙、さらに、国連がモルジブの民主化支援過程で果たせる役割などについて実態調査を行った。ニューヨークに戻った調査団は、国連としてどうモルジブの民主化促進に貢献できるかについての提言をまとめ、事務総長宛てに報告書を提出した。

国連の選挙支援は、監視団の派遣や有権者登録、選挙関連の教育とトレーニングなど広範囲にわたるが、近年は財政難もあり、国連が加盟国に代わって選挙を組織あるいは実施したり本格的な選挙監視団を送ったりすることは、総会や安全保障理事会などの要請がある場合に限られている。モルジブの場合は紛争当事国ではないので、総会や安全保障理事会がそうした要請をすることは難しいと考えられた。さらに、選挙監視団についてはモルジブが所属するイギリス連邦(CW)やEUが送ることを決めており、また技術的選挙支援についても大統領選挙自体が調査団の訪問の数カ月後に迫っていたため、国連として十分な技術支援を提供するには時間が足りないなどの理由で見送られた。

その一方で調査団は、少数エリート層と一般大衆間の政治的、社会的、経済的な隔離、さらに人権、

モルジブにおける国連の政治活動

	モルジブ国内の動き	国連の政治的関与
1965	イギリスから独立	
2004	民主化と2008年までの複数政党による大統領選挙実施を決定。	
2008・1	国連への大統領選挙支援要請。	
2008・5		国連合同調査団派遣。
2008・10	初の民主的大統領選挙実施。モルジブ民主党党首のナシード氏が新大統領に就任。	国連選挙査察チーム派遣。
2009・5	複数政党による国会議員選挙実施。	国連選挙査察チーム派遣。
2010	政府と議会の対立。政情が不安定化。	政務局使節団派遣。平和・開発問題担当アドバイザーの展開。
2011・2	地方選挙実施。	国連選挙査察チーム派遣。
2012・2	政変。ナシード大統領辞任。副大統領のワヒード氏が新大統領に就任。ナシード氏はクーデターにより解任されたと主張。	政務局使節団派遣。政情の安定化に努力。
2012・6	真相究明調査委員会が発足。	憲法と法律専門家を調査委員会顧問として派遣。
2012・8	調査委員会が報告書を提出。	
2013	大統領選挙実施の合意。	モルジブ選挙管理委員会に対してアドバイザー派遣などの選挙支援実施。
2013・9	大統領選挙実施。最高裁判所が不正を理由に選挙の無効とやり直しを決定。	政務局使節団派遣。
2013・11	やり直し大統領選挙でモルジブ進歩党のヤミン氏が当選、新大統領に就任。	国連常駐調整官事務所を中心とした支援継続。

失業、麻薬あるいは急進的イスラム原理主義の影響などモルジブ社会が抱えるさまざまな問題を指摘し、大統領選挙だけではなくモルジブの民主化移行過程全般への中長期的な支援を事務総長に進言した。

この結果、二〇〇八年一〇月に実施された大統領選挙に合わせて、政務局から少人数の査察チームがモルジブに派遣され、大統領選挙の実施状況の分析を踏まえ国連としての中長期的支援策の提言が行われることになった。

「民主国家」としてのデビュー

複数政党制による初の大統領選挙は一〇月八日に実施され、長く単独政党支配下にあったモルジブは民主国家としての第一歩を踏み出した。現職のガユーム大統領を含む六人の候補者が立候補した選挙は国際的注目度も高く、国連やイギリス連邦、EUなどが査察チームや選挙監視団を派遣したこともあり、選挙はおおむね自由、公正かつ平和的な環境下で、秩序立って行われた。政務局が派遣した査察チームは、首都マレの国連常駐調整官事務所やイギリス連邦やEUが派遣した監視団と連携・協力していくつかの投票所を回り、約二一万人に上るモルジブの有権者の実に八五パーセントが投票に参加した選挙の実施を見守った。

選挙結果は、ガユーム大統領が圧倒的有利との事前の予測に反し、いずれの候補者も当選に必要とされる過半数を得ることができないというものだった。憲法の規定にのっとり、四一パーセントの得票を得たガユーム大統領と二五パーセントの票を得て二位につけたモルジブ民主党のモハメド・ナシード候補との間で二週間後に決選投票が行われた。その結果、「変化」を求める国民の声を背景に三位と四位候補者の支持を得たナシード候補が、五四パーセントの票を得てガユーム氏を破り、モルジブで初めて民主的に選ばれた大統領となった。[140]

おおむね平和裏に行われた選挙と民主的大統領の選出を歓迎する声が国内外で高まる一方で、圧倒的有利を伝えられた現職のガユーム大統領が、本選挙でトップの票を得ながら、決選投票で敗北したことは、政権の秩序立った交代に一抹の不安を投げかけた。モルジブが民主国家としてのデビューを飾る大統領選挙の成功には、何にも増して候補者による選挙結果の受け入れとそれに基づく秩序立った政権移譲が不可欠であった。政務局としても、モルジブ支援の一環として派遣した査察チームの報告に基づいて、この時期東南アジアを訪問していた潘国連事務総長に対し、直接ガユーム前大統領に電話をして、新大統領の秩序立った政権移譲への協力を呼びかけるよう進言した。事務総長はガユーム大統領への呼びかけと同時に、新大統領に選出されたナシード氏に対しても書簡を送り、前大統領と協力してモルジブの民主化に努力するよう要請した。国連のこうした静かな外交もあり、一一月一一日、ナシード氏が民主的選挙で選ばれたモルジブの初代大統領に就任した。

翌二〇〇九年五月にはモルジブ初の複数政党制による国会議員選挙が、さらに、若干の遅れはあったものの、二〇一一年二月には地方選挙が行われた。国会議員選挙には七七の議席をめぐって四六五人が立候補し、投票率も七九パーセントと国民の高い関心を示した。モルジブ政府からの要請を受けて、国連は二〇〇九年の国政選挙、そして二〇一一年の地方選挙に際しても少人数の査察チームを派遣し、投票所の視察や政府、政党および選挙管理委員会との対話を通して自由かつ公正な選挙の実施を支援した。

政権内部での対立が表面化

選挙は民主化プロセスの重要な一里塚ではあっても、それ自体で民主化を完了させるものではない。モルジブが大統領選挙、国会議員選挙、さらに地方選挙という三つの重要な選挙をわずか三年の間におおむね平和的かつ自由公正な環境下で実施したことは称賛されるべきだが、その後新生モルジブが歩むことになった道のりは、真の民主主義を育んでいくことの難しさを改めて確認するものであった。

ナシード新大統領率いる新政権は、大統領選決選投票で三位、四位の候補者の支援を得て誕生した連立政権であったことから、発足後まもなくして、閣僚ポストの分配などの問題をめぐって政権内部での意見対立が表面化した。一方、野党となったモルジブ人民党を率いるガユーム前大統領は、モルジブ社会で依然として強い影響力を持ち、リベラル派の新大統領批判を強めていった。

二〇〇五年以降の改革の中で多くの政党が結成されたが、長年にわたって少数のエリートによる、言わば「親分子分関係」が支配してきたモルジブの政治風土が一朝一夕に変わることはなく、政党と言えども、実態は政策を競い合う集団というよりは利益分配に基づく領袖を中心とした政治グループの色彩が強いものであった。領袖間の個人的争いは即政党間の争いに繋がり、そうした政党間の争いを対話でもって解決する仕組みは議会の中にも存在していなかった。モルジブ議会で野党が過半数を占めるようになると、ナシード大統領が率いる政府と立法府との対立は決定的になり、政府提出の重要法案が次々に否決された。

こうした対立はさらにエスカレートし、二〇一〇年夏には、国民の直接選挙で選ばれた大統領と副大統領を除く閣僚が、議会の非協力的態度に抗議して辞任する事態にまで発展した。大統領による新閣僚任命は野党が多数を有する議会によってことごとく否決され、国政の停滞は数カ月に及んだ。こうした政治的混乱は、少数エリートグループと一般大衆との間に広がる格差や、若年層を中心とした失業や麻薬汚染問題、二〇〇四年一二月インド洋を襲った津波以降停滞する経済、食料価格高騰によるインフレ、さらに、イスラム原理主義の浸透などの経済的、社会的矛盾によって増幅され、モルジブ社会全体をナシード大統領の新体制支持者とガユーム前大統領に代表される旧体制の支持者とに二分していった。

このような事態を受けて国連は、モルジブの政党間の信頼醸成と対話の促進を支援するため、首都マレの調整官事務所に、政務局とＵＮＤＰが合同で任命した平和・開発問題担当アドバイザーや紛争解決の専門家を新たに展開した。国連による努力もあり、行政府と議会の対立はいったん沈静化の兆しを見せたが、民主主義移行を目指して船出をしたばかりで、まだ民主主義国家としての基盤整備が十分にできていないモルジブが直面する数々の問題は解決されずに残った。特に司法の改革は新生モルジブにとって大きな試練となった。一連の複数政党制での選挙によって民主的に選ばれた行政府と立法府が誕生したが、司法の場では依然、ガユーム前大統領が任命した多くの裁判官が、モルジブ憲法が定める司法の不可侵によってその職を守られていた。一部裁判官の腐敗を批判し、裁判官の民主的な選任を求める大統領と司法の独立を盾に取る裁判所との対立は尖鋭化し、行政府、立法府、司法機関を巻き込んだ政党間の対立と相互不信は二〇一〇年の政治危機以降、いっそう激しさを増していった。

判事の逮捕に端を発した政変

二〇一二年一月一七日未明、ナシード大統領の命を受けたモルジブ国軍は、かねてから汚職嫌疑をかけられていた刑事裁判所判事の逮捕に踏み切った。この判事には前日までに警察への出頭命令が出されていたが、判事が高等裁判所に対しその妥当性を確認する訴えをしたことから、出頭は延期されていた。モルジブの法律では、裁判官の逮捕には、現行犯逮捕を除き、検察庁長官を通じて出される高等裁判所からの逮捕執行命令が必要とされる。しかし、警察からの出頭命令の妥当性が高裁で審議中であったことから、この判事の逮捕にはそうした逮捕執行命令は出されていなかった。また、国軍の責務は本来国の防衛に限られ、軍が司法権の行使に関与することは極めて異例のことであった。

こうしたことから、「反ナシード大統領」の旗の下に結集した野党連合は一斉に、大統領の行動を違憲として糾弾し、また最高裁判所も、刑事裁判所判事の逮捕を違憲として判事の即時釈放を求める声明を出した。一方モルジブ政府は、判事の逮捕は汚職嫌疑によるものであり行政による司法への介入には当たらないこと、国軍の動員は警察当局の要請によるものであること、従ってナシード大統領の行為は合憲かつ合法であるとの声明を出し、双方の見解は大きく対立した。[141]

この日を皮切りに、野党が主導する反ナシード大統領の抗議行動が連日首都マレで繰り広げられた。これに対しナシード大統領支持派も反野党の抗議行動に打って出て、双方の非難合戦が激化した。こうした中、政府支持派と野党支持派の間で衝突も報じられ、モルジブの政治情勢は一気に緊迫の度合いを増した。一月一七日以降二三日間にわたって続いた反政府抗議活動は、二月七日早朝、首都マレの中心部にある共和国広場を埋めた政府支持者と反政府支持者の衝突という事態に発展した。ナシード大統領は自ら、警察および国軍に対し抗議活動の鎮圧を命じたが、この命令を一部警察官や兵士が拒絶したことから情勢はさらに悪化し、モルジブの政治情勢は収拾不能の状態に陥った。

こうした事態を受け、ナシード大統領はテレビで演説し、事態を収集するために大統領職を辞任すると発表した。同日午後には、二〇〇八年の選挙で当選し、その後ナシード大統領とは疎遠になっていたモハメド・ワヒード副大統領が、憲法の規定にのっとり、国会議長と最高裁判所長官の立ち会いのもと宣誓式に臨み、新大統領に就任した。

ナシード大統領の辞任によっていったんは沈静化に向かうかと思われたモルジブ情勢は、翌日さらに悪化することになった。翌八日、ナシード前大統領は、自らの辞任は軍指導部に「銃口を突きつけられて強制された」クーデターによるものだとの声明を出した。この中でナシード氏は、ワヒード副大統領の大統領就任は違憲であり、ワヒード氏は即時辞任すること、そして新しい大統領選挙を即時実施することを求めた。

一方、新大統領に就任したワヒード氏は、権力の移譲は合憲であるとの立場を堅持した。ナシード氏の支持基盤である南部のアドゥー島では氏の声明を受けて抗議行動を起こした支持者とそれを鎮圧せんとする警察とが衝突、流血の事態を引き起こし、数多くの負傷者が出た。モルジブで初めて民主的に選ばれた大統領であるナシード氏の訴えは国際的にも大きな関心を巻き起こし、モルジブの政治混乱はもはや新生民主主義国の国内問題にとどまらず、モルジブが加盟するイギリス連邦や国連をも巻き込む大きな問題に発展した。

使節団の派遣で国連が事態収拾へ

モルジブの政情不安は、二〇〇八年以来モルジブの民主化移行を政治および開発分野で一貫して支援してきた国連にとって、極めて憂慮すべき事態であった。潘事務総長は、まず政府と野党双方が暴力ではなく話し合いで事態の沈静化を図るよう訴えるとともに、当事者間の対話を促すために、政務局ナンバーツーのフェルナンデス・タランコ事務次長補を団長とする国連使節団を首都マレに急遽派遣した。この政務局、人権高等弁務官室の代表および現地の国連調整官から成る使節団がマレに着いたのは政変が起きた二日後で、モルジブの政治情勢は社会を二分する勢力の衝突がさらなる衝突と流血事件を引き起こしかねない、まさに一触即発の様相を呈していた。

このような状況下では、もはや対話での事態沈静化を呼びかけるだけでは不十分で、使節団には、問題解決の具体的道筋を示すことが各方面から求められた。わずか五日間の滞在中、使節団は、政府指導者、反政府の野党指導者、司法界、ＮＧＯなどの代表と三〇以上の会談を持ち、まず何よりすべての当事者が暴力を慎み、憲法の規定と法の定めに従って問題を解決するように要請した。使節団はさらに、モルジブ情勢を憂慮して派遣されたアメリカ、イギリスやインドの特使、さらにイギリス連邦やＥＵが派遣した代表団とも意見交換し、国際社会として一致協力してモルジブの民主化努力を引き続き支援していくことで合意した。

各方面の努力の結果、モルジブ当事者すべてが、国連の要請に従って、暴力に訴えるのではなく憲法と人権を尊重し、法の定めにのっとった事態収拾に合意した。そして、その第一歩としてワヒード新大統領がナシード氏率いるモルジブ民主党の代表を含めた挙国一致内閣を樹立し、引き続きモルジブの民主化に向けた努力を継続することを宣言した。また、刑事裁判所判事逮捕以降二月七日の政変までの経緯、そして二月七日の事件がナシード前大統領の主張通りクーデターであったのかなかったのか、さらにワヒード副大統領の大統領就任は違憲だったのか否かなどの問題を調査する委員会の設置も決まった。

モルジブの憲法は、正副大統領の双方が同時に辞任した場合は、国会議長の下、六〇日以内に大統領選挙を実施することを定めている。しかし、ナシード氏が要求したワヒード新大統領辞任と大統領選挙の即時実施に関しては、モルジブの政情が不安定で、自由かつ公正な選挙を行う環境が存在しないとの意見が大勢を占めた結果、しばらく冷却時期を置き、国内の民主的基盤整備を進めるとともに、できるだけ早い時期に改めて選挙を行うことが当事者間でおおむね合意された。こうした合意に基づいて、国連としては政党間の対話、司法改革および警察など司法権執行機関の改革、民主的基盤整備、人権擁護制度の改革、大統領選挙に向けた国内選挙管理委員会の強化などの分野で引き続きモルジブを支援していくことが決まった。

国際社会の手を借りた調査委員会

しかし、モルジブ社会を二分する二月七日の政変が残した爪痕はあまりに深く、この後モルジブの民主化移行プロセスは大きく後退することになった。ワヒード大統領が率いる新政府にナシード前大統領の政党が参加することはなく、また政変の真相究明を目的とした調査委員会による作業も、その構成をめぐってナシード前大統領が公正さを欠くと反発したことから、発足当初から行き詰まった。

（大統領府提供）
モルジブのワヒード大統領と会談する筆者

モルジブの国内問題を調査するこの委員会は、当初からモルジブ主導で設立されることで合意していたが、対立する両当事者間の不信感は埋めがたく、調査委員会の作業を進めるために、ここでも国際社会の支援が必要となった。調査委員会をすべての当事者に受け入れられる公正なものにするために、委員会の構成を見直し、ナシード前大統領の推薦する委員に加え、イギリス連邦がシンガポール出身の判事を共同議長として送り込むことが決まった。さらに、イギリス連邦と国連はそれぞれ一名ずつ、国際法やモルジブの憲法および国内法の専門家をアドバイザーとして調査委員会に派遣し、二月の政変から四カ月が経った六月中旬、再構築された調査委員会の作業がようやく本格的にスタートした。

調査委員会はそれからの二カ月間にのべ三〇〇人以上の証人を面接し、八月三一日に、二月七日の政権交代はクーデターではなくナシード氏の自発的辞任表明によるもので合法かつ合憲である、また、二月八日アドゥー島で発生した流血事件では警察当局による過度の暴力行使があったなどとする調査結果を発表した。同時に調査委員会は、モルジブが真に民主的国家として発展していくうえで必要な民主的基盤の整備問題を指摘し、警察、司法、国会、そして人権分野での一層の改革を提言した[142]。

調査委員会による報告書は、少なくとも二月七日の政権交代の合法性に関して一定の結論を導き出したが、ワヒード政権とワヒード政権をガユーム前大統領の傀儡《かいらい》政権と批判するナシード氏との溝は埋まらず、モルジブ社会の二分化はその後も継続した。

真の民主化への険しい道のり

調査委員会の報告書を受けて、国連はモルジブ政府と各政党に対し一層の民主的改革の重要性を呼びかけるとともに、国際社会とも連携し、モルジブ社会の民主的基盤の整備支援に力を入れた。政務局と現地の国連常駐調整官、UNDPおよび社会開発関係の国連機関が一体となり、警察機関、司法、国会、人権、メディア、地方行政、市民団体の活性化、そして民主的改革を推進するための政治対話などの分野で、モルジブの改革の自助努力をいかに支援していくかが検討され、援助の具体案が作られるとともに、国際社会に対し必要な資金要請が行われた。また、次期大統領選が一年後の二〇一三年秋に実施されることが決まると、モルジブ政府の要請に応じて選挙管理委員会の強化を中心とした選挙支援を提供した。

しかしながら、当事者であるモルジブの各政党は選挙準備に没頭し、モルジブが直面していた社会基盤の充実と改革をめぐる政党間の対話は遅々として進まなかった。一方国際社会には、西側諸国を中心に、モルジブで初めて民主的に選ばれたナシード大統領への支持が強く、二月七日の政変をガユーム元大統領が率いる守旧派がワヒード副大統領を利用して起こした権力の奪還闘争と見る向きがあり、このこともモルジブ社会を二分した政治的混迷を長引かせる一因となった。

政治不安の残る環境下で、二〇一三年九月七日、モルジブ史上二度目の複数政党制での大統領選挙が行われた。この選挙には、二〇一二年二月の政変で大統領職に就き、その任期が一〇月末で切れるワヒード大統領、モルジブ民主党党首のナシード前大統領、ガユーム元大統領の弟でありモルジブ進歩党リーダーのアブドラ・ヤミン氏、そしてナシード政権で財務大臣を務め、その後ナシード氏と袂を分かったモルジブ一の富豪である共和党党首のガシム・イブラヒム氏の四人が立候補した。

政治的混乱が招いた緊張した雰囲気の下で行われた、言わばモルジブにとっての出直し選挙への国内外の関心は高く、イギリス連邦やＥＵ、さらにアメリカ、イギリス、タイ、インド、日本などから総勢一〇〇人を超す国際選挙監視員と二〇〇〇人を超す国内監視員が選挙の行方を見守った。こうした選挙監視団の存在もあり、二四万の有権者の実に九〇パーセントが投票した大統領選挙は平和裏に行われた。

しかし、結果は二〇〇八年の大統領選挙と同様、四人の候補者のいずれもが当選に必要とされる過半数を得ることができず、四五パーセントの票を得たナシード候補と二五パーセントの得票率で二位につけたヤミン候補の間で、九月二八日に決選投票が行われることになった。ところが、ヤミン候補と僅差で三位になり決選投票に進めなかったイブラヒム候補が、選挙には重大な不正があったとの申し立てを行ったことから、最高裁判所が選挙結果の無効と選挙のやり直しを命じるという異例の展開となった。やり直しの選挙は一一月九日に行われたが、ここでも過半数の票を得た候補者はおらず、その一週間後に行われた決選投票で五一パーセントの票を得たヤミン候補が四九パーセントの票を得たナシード候補を破り、新しいモルジブ大統領に就任した。選挙終了後、各候補は選挙結果を受け入れ、新大統領の下、モルジブの政治安定に努力する意向を表明したが、九月七日の選挙以降の政府、政党および司法を巻き込んだ混乱は、またしてもモルジブが歩む民主化への道のりの険しさを露呈するものであった。

社会の民主的基盤が整備されない限り、選挙を何度行おうと真の民主化を達成することは難しい。またこれは、一つの国が民主的国家として成熟してゆくには長い時間が必要だということを改めて認識させる事態であった。つまるところ、二〇〇八年に複数政党制での大統領選挙を行い、民主国家としての一歩を踏み出したモルジブが、真の民主主義国家として成熟してゆくためにはまだまだ時間が必要だということなのだろう。

国連は加盟国の意思を映す鏡

ミャンマー、ネパールとモルジブをケーススタディとして取り上げ、国連が国際社会の平和と安全の分野で果たしている役割を検証してきたが、もとより、国連による事務総長を中心とした斡旋および仲介、予防外交、平和創造、平和構築などの活動は全世界で展開しており、その実態も多種多彩にわたる。しかし、共通して言えることは、そうした支援活動は、まず何よりも当事者からの要請と当事者間にそうした支援活動を受け入れる政治的意思がなければ、なかなか有効性を発揮できないということだ。

確かに、国連は世界最高水準の技術支援や専門家からのアドバイスを提供できる経験とノウハウを所持しているが、国連はそうした支援を当事者に押しつけることはできないし、またするべきでもない。国連の提供する支援を紛争や潜在的紛争、あるいは国民和解や民主化移行などに有効に活用し得るか否かは、ひとえに国連の支援を要請する当事者にそうした支援を活用して問題の解決を図りたいという政治的意思があるか否かにかかっている。そうした意思がない場合は、いかに国連が支援を提供しても問題の解決はおぼつかない。逆に、当事者間にそうした政治的意思が存在する時は、たとえ初期段階で問題解決の緒が見えない場合でも、国連の支援が当事者間の対話を促し、そうした対話の積み重ねが徐々に当事者間の信頼醸成に繋がり、問題解決の機運が見出されてくることもある。

よく国連は鏡に例えられる。加盟国が国連を使って問題を解決しようとする意思を持つとき、国連の有用性は大いに高まるが、そうでない時はその逆もまた真なりなのである。

第八章

国連のパートナー

東西冷戦の終焉によって、長年国際関係を定義づけてきた米ソ間のイデオロギー対立という枠が取り除かれ、その結果、それまで封じ込められてきた人種や宗教などに根ざしたさまざまな問題が一挙に世界各地で吹き出すこととなった。国際平和と安全に対する脅威の概念は大きく変化し、単に国と国の間の紛争だけでなく、政治、経済、社会問題、あるいは人種、宗教や文化の違いに起因する国内紛争や地域紛争の発生、さらには国際テロリズムなどの新種の脅威が国際社会の平和と安全を脅かすことになった。

多様化する問題に国際社会が直面する中にあって、人的および財政的資源の制約を受ける国連が、すべての平和と安全に関する問題に、効率的かつ効果的に取り組むことはもはや容易ではなくなった。世界平和と安全の維持が国連の最重要課題であること自体に変化はないが、国連がすべて一手に平和の番人としての役割を果たすという必然性は薄れ、それぞれの地域にある地域機構や、さまざまな分野で専門知識を持つ非政府組織（NGO）や民間団体などのパートナーと共に、平和と安全の維持という人類共通の願いのために協力してゆく重要性が近年ますます高まってきている。

（一）地域機構

総会のオブザーバー資格取得

国連憲章第八章五二条は、地域機構が特定地方に限定される紛争の平和的解決に果たし得る役割を認め、安全保障理事会は地域機構による地方紛争の解決を奨励するとしている。さらに五三条は、安全保障理事会が適当と判断する場合には、地域機構を、その権威の下に発動される強制行動のために利用するとしている。しかし、各地域に設立されたさまざまな地域機構には、構成国数や設立趣旨、与えられた権限、さらに人的および財政的資源の規模などで大きな差があり、世界平和と安全の維持のために果たし得る役割もまた、それぞれの地域機構で大きく異なっている。

地域の平和と安全に貢献することを目的として設立された代表的地域機構としては、一九〇八年設立の米州機構（ＯＡＳ）、一九三一年設立のイギリス連邦（ＣＷ）、一九四五年設立のアラブ連盟（ＬＡＳ）、一九五七年設立の欧州連合（ＥＵ）、一九六三年設立のアフリカ統一機構（現在のアフリカ連合〔ＡＵ〕）、一九六七年設立の東南アジア諸国連合（ＡＳＥＡＮ＝アセアン）、一九六九年設立のイスラム会議機構（ＯＩＣ）などがある。通常、国連と地域機構の正式な協力関係は、地域機構が国連総会のオブザーバー資格を取得することによって始まるが、米州機構は一九四八年、アラブ連盟は一九五〇年、アフリカ連合は一九六五年、ＥＵは一九七四年、イスラム会議機構は一九七五年、イギリス連邦事務局は一九七六年に、それぞれ国連総会のオブザーバー資格を取得している。オブザーバー資格を得た地域機構は、総会の会議に参加し発言することや「手続事項」に限って投票することが認められる。また、希望すれば、ニューヨークの国連本部に常駐のオブザーバー事務所を開設することができ、現在、アフリカ連合、EU、アラブ連盟、イスラム会議機構など一〇に上る地域機構がそうした常駐国連事務所を設けている。

協力関係の拡大と強化

冷戦下での国連と地域機構との平和と安全分野での協力関係は、東西の政治対立によって極めて限られたものであったが、冷戦終了とともにその協力関係も新たな局面に入った。一九九二年、ブトロス・ブトロス＝ガリ国連事務総長は「平和への課題」の中で、地域機構が予防外交、平和創造、平和維持、平和構築などの分野で果たし得る役割を再認識し、地域機構が国連の平和と安全分野での努力を支援するよう広く呼びかけた。ブトロス＝ガリ事務総長は、そうした協力関係は世界平和と安全の維持に主たる責任を持つ安全保障理事会の負担を軽減するばかりでなく、より多くの加盟国が平和活動へ参加することによる国際政治の民主化にも貢献すると指摘した。安全保障理事会も一九九三年一月、地域機構に対し国連との協力と連携を促す同様の呼びかけを行い、総会も翌一九九四年十二月に、国際平和と安全の維持分野で国連と地域機構との協力強化を求める宣言を採択した。[143]

こうした呼びかけを受けて、一九九三年には欧州安全保障協力機構（ＯＳＣＥ）、一九九四年には太平洋諸島フォーラム（ＰＩＦ）、二〇〇四年には上海協力機構（ＳＣＯ）と南アジア地域協力連合（ＳＡＡＲＣ）、そして二〇〇六年にはアセアンと、さらに多くの地域機構が国連のオブザーバー資格を取得していった。

二〇〇三年四月に開かれた安全保障理事会と地域機構の代表との会合では、国際社会が直面するさまざまな紛争状態に効果的に対応するために、安全保障理事会と地域機構のより一層の協力関係が必要であるとの認識が示され、地域機構が平和と安全の維持に果たし得る役割の重要性は、翌二〇〇四年七月二〇日に出された安全保障理事会議長声明によっても再確認された。[144]

同様に、二〇〇五年九月に開かれた国連世界サミット（第六〇回記念総会首脳会議）では、国連と地域機構とのより強い協力関係構築の必要性が求められ、そうした要請は、二年に一度総会と安全保障理事会に提出される国連と地域機構との協力関係に関する事務総長報告書の中でも確認された。二〇一四年八月の事務総長報告書は、国連は地域機構の持つ多岐にわたる特殊性に鑑み、個別の案件に則した協力関係を戦略かつ技術レベルの双方で推進、発展させていく必要性を強調している。[145]

アフリカ連合との協力

地域機構が平和と安全の分野で国連と協力して一定の役割を果たせるか否かは、個々の地域機構が持つ独自性と、それぞれの事務局が有する人的、財政的基盤を含む行動能力によって大きく左右される。例えば、アフリカ連合やEUのように平和と安全の分野で長く活動している地域機構の場合は、当然ながら国連との協力にも深いものがある。

アフリカ連合の場合は、二〇〇五年の世界サミットで採択された決議案[146]の中でアフリカ支援の重要性が指摘されたこと、また、一九九〇年以来国連の安全保障理事会で取り上げられた事案の約四割がアフリカに関連するものであったことからも、平和と安全分野での協力関係は日々その密度を深めている。具体的には、世界サミットでの合意を受けて、二〇〇六年にコフィ・アナン事務総長とアルファ・ウマル・コナレ・アフリカ連合評議会議長の間で調印された「一〇年間のアフリカ連合機能強化枠[147]」が国連とアフリカ連合の協力関係強化の土台を提供した。この枠組みの下、(一)組織整備・人材開発および財政管理、(二)平和と安全、(三)人権、(四)政治・法律および選挙、(五)社会・経済・文化および人的開発、(六)食糧安全保障と環境保護の六分野での対アフリカ連合機能強化支援が合意され、平和と安全分野では、事務局の担当官同士の交流と連携やスタッフのトレーニングを通して、予防外交、紛争予防や仲介と斡旋、そして選挙支援などの分野でアフリカ連合の機能強化が図られた。

また、国連とアフリカ連合による地域紛争解決への共同の取り組みも、ソマリア、スーダン、ギニアビサウ、ブルンジ、マリ、中央アフリカ共和国などで行われている。こうした共同の取り組みの多くはアフリカ連合が主導し、国連が二〇一〇年にそれまでの連絡事務所を拡大して設置した駐アフリカ連合事務所を通して支援する形で行われたが、双方の連絡・協調を密にするために、国連安全保障理事会とアフリカ連合の平和安全保障理事会との会合も二〇一四年までに八回にわたって開かれている。

ＥＵとの協力

同様に、ＥＵとの協力は、二〇〇三年に調印された国連とＥＵの危機管理に関する共同宣言に基づいて進められてきた[148]。この共同宣言は、ボスニア・ヘルツェゴビナでの国連国際警察部隊からＥＵの警察部隊への任務の引き継ぎや、安全保障理事会の要請を受けてのＥＵによるコンゴ民主共和国への軍事部隊の緊急展開など、それまでの国連とＥＵ間の協力を、政策協調と機能強化を目的とした事務レベルの合同協議の場の設置を通して、さらに促進しようとするものであった。具体的には、平和維持部隊や特別政治ミッションの設立に関する計画と立案、スタッフのトレーニング、連絡強化、さらに過去のベストプラクティスと経験の検証および共有などの分野での協力が合意された。

この合意を受けて、国連事務局の政務、平和維持、あるいは人道問題部局とＥＵの担当官が共通の案件についていかに協力できるかを話し合う担当官会議が導入され、事務局同士の相互訪問を含む連絡の緊密化が図られた。二〇一〇年には、ＥＵのキャサリン・アシュトン外務・安全保障上級代表による国連安全保障理事会でのブリーフィングが始まり、こうしたハイレベルのブリーフィングはそれ以降、毎年行われている。また二〇一一年には、国連総会はEUに対し、国連にオブザーバー資格を持つ地域機構としては初めて、決議案の提案や「実質事項」の投票、さらに抗弁権の行使など加盟国に準ずる権利を認めた。

現在、EUやアフリカ連合はそれぞれ三二人と一四人と、中小規模の国連加盟国の常駐代表部を超える数の駐在官をそれぞれのニューヨークの常駐事務所に配置し、国連との連絡調整および協力関係の推進にあたっている。

アセアンとの協力

設立趣旨や与えられた権限、さらに構成国の数や規模などが違う地域機構と国連の具体的な協力内容はそれぞれの地域機構で異なることはすでに述べたが、国連と協力関係を持つ主要地域機構の中でも、筆者が長年携わったアセアンは、国連との協力関係がここ二〇年ほどで大きく発展した地域機構だ。ここでは、アセアンがどう国連との協力関係を発展させてきたかを少し詳しく見てみよう。

アセアンは一九六七年八月、インドネシア、マレーシア、フィリピン、シンガポール、タイの五カ国によって設立され、一九八四年にはブルネイが、一九九五年にはベトナムが、一九九七年にはラオスとミャンマーが、そして一九九九年にはカンボジアが加盟し、現在の一〇カ国で構成される地域機構「アセアン一〇」に発展した。構成国の多くが多民族・多宗教国家であり、また独立前に列強の植民地であったという歴史的背景もあり、アセアンは設立当初から主に域内の経済・社会・文化面での協力関係を促進するための機構であった。一九六七年のアセアン設立宣言はわずか二ページという簡潔なものであり、地域の平和と安全については「国連憲章の原則にのっとり各国の関係において正義と法の支配を尊重し、この地域の平和と安定を促進する」と謳っているものの、冷戦下でアセアンが積極的に政治的役割を果たすことは極めてまれであった。

アセアンはあくまで主権国家が構成する地域機構としての色彩が強く、域内紛争を含むさまざまな政治問題に対処する際の行動規範は、加盟国の主権の尊重、内政不干渉、法的手段よりは対話と非公式協議を中心とした静かな外交などを基礎とした「アセアン方式」(ASEAN Way) と呼ばれるものであった。域内の問題はあくまで、構成国による相互尊重、寛容および譲歩の精神をもって解決されるべきものとされていた。こうした背景もあり、長年、国連とアセアンとの協力関係は社会・経済面に限られ、平和と安全面での協力は、他の主要地域機構と比べても細々としたものであった。

アナン事務総長の働きかけ

二〇〇〇年二月、アセアンの構成国が一〇カ国に拡大したことを受け、国連とアセアンの首脳が非公式ながら初めて一堂に会し、第一回アセアン・国連首脳会議がタイの首都バンコクで開催された。

(UN Photo 20246 by Eskinder Debebe)

第一回アセアン・国連首脳会議

東南アジアという重要地域を代表する地域機構のアセアンとの協力関係に大きな期待を抱いていた国連のアナン事務総長は、会議の席上、当時アセアンがまだ国連でのオブザーバー資格を有していなかったことを取り上げ、「なぜ主要地域機構の中でアセアンだけが、まだオブザーバー資格を有していないのか」と率直な驚きを表明した。そして、ニューヨークの国連本部に戻ったアナン事務総長は、直ちに、政務局に対し国連とアセアンの協力関係強化のために何ができるか検討するよう指示を出した。

事務総長からの要請を受けて政務局は、アセアン事務局およびアセアンの有力構成国らとの協議を開始した。しかしながら、上述のごとく域内の政治あるいは安全保障問題への外部勢力の干渉を良しとしないアセアン側の反応は慎重で、国連との協力に関しても、国連総会のオブザーバー資格を取得するまでもなく、従来の非公式なアセアン方式で十分対応できるのではないかというものであった。またアセアンは、ＥＵのように法的基礎に基づいて設立された地域機構ではなく、主権国家が構成する緩やかな連合体である以上、アセアンが国連決議に基づくオブザーバー資格を有することの妥当性に関しても疑問が呈された。

国連側としては、冷戦終了を受けて世界の安全保障情勢は大きく変化し、アセアンとしても従来の社会・経済・文化面に加え、域内外の平和と安全の維持に関してもこれまで以上の役割を果たすことが期待されること、国連は平和と安全分野で豊富な経験と知識を有し、こうした分野でのアセアンの機能強化に貢献できることなどを説明した。数度の意見交換の結果、アセアン側からはまず、国連とのオブザーバー協定に基づく協力がどのような恩恵をアセアンにもたらすかについて理解を深めたいという要望が表明された。そして、そうした要望に従って、国連とアセアン双方が、アセアン構成国の政府および民間の広い範囲でお互いの協力関係がもたらす利点について、理解を深める努力をすることで合意ができた。

共通認識を深めた地域セミナー

こうした了解を受けて、翌二〇〇一年一月、国連とタイの外務省、チュランコン大学の国際問題研究所、さらにインドネシアのジャカルタに本部を置くアセアン事務局の共催で、「二一世紀の東南アジアにおける民主化と紛争予防」と題する第一回の地域セミナーがタイのバンコクで開催された。この会議には、アセアンに加盟する一〇カ国の政府代表に加え、アセアン事務局およびアセアン一〇カ国のオピニオンリーダーや研究機関の代表が参加し、国連側からは、政務局のナンバーツーである政務局担当事務次長補をはじめ、政務局および国連開発計画（UNDP）の代表が出席した。会議では、民主化と紛争予防および紛争管理における相関関係、さらに平和と安全の分野での国連とアセアンの協力の可能性について、それぞれの経験を基に、熱心な議論が四日間にわたり展開された。

外交用語では、政府間レベルの交流は通常「第一トラック」、民間レベルの交流は「第二トラック」と称される。国連とアセアンの取り組みは、政府レベルのみならず構成国のオピニオンリーダーや研究機関の代表を通して、あらゆるレベルで国連とアセアンの協力関係の促進に関しての理解を深めることを狙った「一・五トラック」と言えるものであった。この会議は、国連が世界各地で展開する平和と安全分野の活動、またアセアンが冷戦終焉後の急速に変化する世界情勢の中で、信頼醸成や紛争予防促進のために果たそうとしている努力と役割に関しての共通認識を深めるうえで極めて有意義であった。

この流れを受けて、同年二月にニューヨークで開催された国連と地域機構代表との第四回高級会議には、フィリピン出身で当時アセアン事務局長を務めていたルドロフ・セベリーノ大使が初めてアセアンを代表して参加した。この会議でセベリーノ事務局長は、国連が紛争予防や紛争解決において持つ豊富な経験と知識に触れ、そうした分野でのアセアンと国連との一層の意見交換と協力促進の有用性に言及した。

翌二〇〇二年にはフィリピンの首都マニラで第二回の国連とアセアン共催の地域セミナーが、

二〇〇三年には第三回の地域セミナーがシンガポールで、二〇〇四年には第四回の地域セミナーがインドネシアの首都ジャカルタで、さらに二〇〇六年には第五回の地域セミナーがマレーシアのクアラルンプールで開かれた。いずれのセミナーも、ホスト国の外務省、アセアン各国をネットワークで結ぶ各国の国際問題研究機関、国連そしてアセアン事務局が共催する形で行われ、第三回以降は、セミナーの表題も「東南アジアにおける紛争予防、紛争解決および平和構築」に統一された。

アセアン内部での変化

一連の地域セミナーを通しての官民レベルの交流は、アセアンの国連への理解を促進させるとともに、地域機構としてのアセアンの質的変化にも繋がっていった。一九六七年、インドネシア、マレーシア、フィリピン、シンガポール、タイの東南アジア五カ国の緩やかな連合体として、主に地域の経済交流の発展を目的に発足したアセアンであったが、国連とのオブザーバー資格に基づいた協力関係の促進のみならず、急変する冷戦後の国際情勢下で、より主体的な政治的役割を果たしていくためには、アセアンとしての法的基盤に基づいた体制作りが必要となってきていた。

長年アセアン諸国の外交規範となっていた「アセアン方式」は、歴史、文化、宗教など多くの面で異なる構成国を一つの地域機構にまとめるうえで有効であった。しかしその一方で、冷戦後の世界では、内政不干渉や非公式協議を中心としたアセアン方式では解決が難しい地域の問題も多発してきていた。例えば、ミャンマーの軍事政権による圧政と人権侵害はそうした問題の一つで、ミャンマーの民主化を求める国際世論が高まる中、アセアンとしてもミャンマーの国民和解促進のため、何らかの役割を果たすことが、また果たしていると国際社会にアピールすることが重要となってきた。アセアンとしては、ミャンマーの軍事政権をあからさまに批判することは、構成国の内政干渉と捉えられかねず、おのずから慎重な対応を迫られたが、その一方で、軍事政権の人権抑圧を黙認することは、地域機構としてのアセアン自体の信頼性、あるいは有用性に疑問を投げかけるものでもあった。

マレーシアのラザリ・イスマイル前国連大使が二〇〇〇年にアナン国連事務総長のミャンマー問題特使に就任したことは、アセアンにとって国連という枠組みの中でミャンマー問題に関与していく空間が提供されたという意味で歓迎できることであった。事実、アセアンはそれ以降、国連事務総長の斡旋および仲介努力への支持の一環として、ミャンマーの国民和解と民主化を強く呼びかけていき、ラザリ特使への支援を強化していった。アセアン外相会議や首脳会議で公表される文書では、あからさまなミャンマー批判は避けられたが、構成国からの民主化を求める呼びかけは、ミャンマーの軍政幹部にとっても徐々に無視できない圧力となった。

二〇〇六年、ミャンマーはアセアンの持ち回り議長として、アセアンの首脳会議、外相会議および日本、中国、韓国やアメリカなどの主要パートナーを招いての国際会議を主催することになっていたが、ミャンマーの国民和解と民主化の遅れは、アセアン主要国の強い懸念を呼び、二〇〇四年ラオスの首都ビエンチャンで開かれたアセアン外相会議の席上でミャンマーは、議長国就任の辞退を発表した。表向きはミャンマー自らが準備不足を理由に議長就任を辞退するという形をとったが、実際は、アセアンの主要構成国からの圧力にミャンマーが屈したことは明らかであった。

非政治分野では、二〇〇八年、サイクロン「ナルギス」がミャンマーを襲った際には、人道支援という面で国連とアセアンおよびミャンマー政府の三者が協力して立ち上げた救済組織が、イラワジとヤンゴン地区の約二四〇万人に上る被災者の救済に大きな役割を果たした。

アセアンのオブザーバー資格取得が実現

地域セミナーを通した国連とアセアンの官民レベルでの交流は、徐々に相互理解の推進という成果を発揮し、二〇〇二年には、国連総会で「国連とアセアンとの協力」と題した決議案が初めて採択された。[149]この決議案の中で総会は、国連とアセアンが相互の交流を深め、どのような協力が可能であるか検討するとともに、国連事務総長に対し、二年後の第五九回通常総会で本決議案の実行に関して報告するように求めた。この間、国連とアセアンとの首脳レベルおよび事務レベルでの交流は、国連総会や国連と地域機構との高級会議、さらに地域セミナーの開催などを通して、着実に増加した。

二〇〇四年の国連総会では、それまで総会議長、国連事務総長ならびにアセアン構成国の外相が総会の場で国連とアセアンの協力関係促進のために、アセアン事務局長の出席を含めた定期的な会合を持つべく努力してきたことを多とする決議案が採択された。[150] 翌二〇〇五年九月には、アナン事務総長とアセアンの持ち回り議長を務めていたマレーシアのアブドラ・バダウィ首相の共催の下、ニューヨークの国連本部で第二回国連・アセアン首脳会議が開かれた。会議で採択された共同声明は、それまでの国連とアセアンの協力関係の進展に満足の意を表明するとともに、特に、二〇〇一年以来国連とアセアンの共催で開かれてきた地域セミナーを歓迎するものであった。

こうしてアナン事務総長の強い呼びかけによって二〇〇〇年に動き出した国連とアセアンの平和と安全分野での交流は、五年の歳月を経て、相互理解の促進とさらなる協力関係の構築へと繋がった。翌二〇〇六年一〇月一六日、第六一回通常総会の席上、フィリピン政府代表はアセアン全構成国ならびにアメリカや日本など二十数カ国に上る共同提案国を代表して、アセアンの総会オブザーバー資格を求める決議草案を提出した。まず第六委員会で審議された決議草案は総会の本会議に送られ、一二月四日の総会において、国連とアセアンの第二回首脳会議開催を歓迎し、アセアンの総会へのオブザーバー資格を認める決議案が全会一致で採択された。[151] アナン事務総長はアセアンによるオブザーバー資格取得を大いに喜び、事務総長退任を前にした一二月、当時のアセアン事務総長であったシンガポールのオン・ケン・ヨン大使に書簡を送り、国連決議に基づいた国連とアセアン間の組織立った協力関係の一層の促進への期待を表明した。

「アセアン憲章」の制定

二一世紀のアセアンを法的な基盤にのっとった地域機構へと変えていくべきだとの意見は、アセアンの指導者の間でも徐々に強まり、そうした考えはまず、アセアンの原加盟国五カ国にブルネイを加えた六カ国と新加盟国間の格差の解消、そして政治、経済、社会・文化のそれぞれの分野でのアセアンの一体化を目指す動きに繋がった。二〇〇三年インドネシアのバリ島でアセアン首脳によって調印された、いわゆる「バリ協定Ⅱ」は、アセアンが二〇二〇年までに政治、経済および社会・文化の三分野での共同体を作ることで合意したもので、さらに二〇〇七年にはこの目標を五年間前倒しして、二〇一五年末までの政治、経済、社会・文化の三共同体の設立が合意された。

二〇〇五年、マレーシアのクアラルンプールで開かれた第一一回アセアン首脳会議では、アセアンを法的基礎に基づく地域機構へと変革させるアセアン憲章の制定が正式に合意され、アセアン共同体をまとめる最高規範としての憲章を制定するためのアセアン賢人グループと憲章起草作業部会が設立された。ちなみに、この二〇〇五年のクアラルンプール首脳会議直後には、アセアン構成国一〇カ国の首脳に加え、オーストラリア、中国、インド、日本、韓国、ニュージーランド、ロシアの首脳が一堂に会した第一回「東アジアサミット」がアセアンの主催で開催され、経済・社会分野のみならず政治・安全保障分野でも指導力を発揮しようとするアセアンの姿勢を印象づけた。

アセアン憲章は二年の準備期間を経て、二〇〇七年一一月二〇日、シンガポールで開かれたアセアンの設立四〇周年を記念する第一三回首脳会議の席上において正式に調印された。一九六七年のアセアン設立宣言とは大きく異なり、全八章五五条から成るアセアン憲章は、機構の目的として、地域における平和、安全と安定の維持および強化を第一に掲げ、アセアンに法的身分を授けるとともに、アセアンを代表するアセアン旗を正式に制定した。[152] 現在アセアンは、ニューヨークに独自の駐国連代表部は設けていないが、アセアンを構成する一〇カ国の駐国連代表部には、自国の国旗と並びアセアン旗が掲げられている。

深まる協力関係

アセアンによる自らの憲章制定を目前に控えた二〇〇七年九月二七日には、国連本部で潘基文国連事務総長とオン・アセアン事務総長の間で、国連とアセアンとの協力関係に関する覚書が正式に調印され、それ以降の国連とアセアンの組織的協力関係の促進に弾みをつけた。第三回の国連・アセアン首脳会議は、二〇一〇年一〇月に、アセアンの持ち回り議長国であるベトナムのハノイで開かれ、将来の国連とアセアンの協力関係を首脳レベル、閣僚レベル、および事務局レベルの三段階で推進してゆくことが合意された。

国連・アセアン首脳会議はそれまで五年ごとに開かれていたが、翌二〇一一年一一月には、早くも第四回首脳会議がインドネシアのバリで開催され、国連とアセアン間の包括的パートナーシップに関する声明を採択した。この中で、国連とアセアンの首脳会議の定期的開催、そして政治・安全保障分野では、二〇一五年のアセアン共同体発足へ向けての協力、東南アジア地域および国際社会の平和と安全の維持に関する協力強化、国際テロリズムや麻薬や人身売買などに対する協力の強化、地域の民主化や人権の促進およびそのほか双方が関心を持つ案件についての対話の促進、さらに、国連とアセアン両事務局間の人的交流などが合意され、双方の合意事項については、少なくとも二年ごとの検証が約束された。

包括的パートナーシップに関する共同声明にのっとり、第五回首脳会議はアセアンの持ち回り議長国のブルネイで二〇一三年一〇月に、そして、第六回首脳会議はミャンマーで二〇一四年一一月にそれぞれ開催された。

現在、国連とアセアンの協力関係は、第一回の首脳会議が開かれた二〇〇〇年当時と比べると格段に強化され、国連と地域機構が持つ協力関係のモデルと言えるほどに成長してきている。

9・11――新たな脅威との戦いの始まり

二〇〇一年九月一一日のニューヨークの空はいつにも増して青く澄みきっていた。その日はちょうど、ミャンマー問題担当であるマレーシアのラザリ事務総長特使がニューヨーク入りすることから、私は早朝出勤し、特使の国連本部訪問の準備に没頭していた。

午前九時前、飛行機がワールドトレードセンタービルに衝突したとの一報が国連本部にもたらされた。最初にその報に接したときは、小型飛行機か何かがトレードセンターに接触した事故かなと思った。当時、私のオフィスがあった事務局ビルの三七階からは、ダウンタウンにあるワールドトレードセンターが遠く望めたが、ふと見るとツインタワー北棟ビルから黒煙がもくもくと昇っているのが確認できた。

これはただごとではないと思っていると、九時六分には、ハイジャックされた二機目の民間航空機が今度は南棟ビルに突っ込んだという続報が届いた。さらに、未確認情報ながら約一一機の飛行機の消息がつかめず、そのうち一機は国連本部に向かっている可能性があるという情報も寄せられた。直ちに、事務局ビルにいた職員全員に即時避難命令が出され、私も三七階から地下一階まで非常階段を歩いて避難した。

当時の国連の避難活動は火災事故を想定したもので、職員は事務局ビル地下一階の廊下に避難するよう誘導された。もし航空機が突っ込み、本部ビルが崩壊していたら、地下にいた私たちはまず生きてはいられなかったと、あとで振り返るとゾッとした。その後、事務局の避難経路も地下ではなく、事務局ビル北側の本部庭園もしくは南側に隣接する公園へ速やかに避難するように変更された。

このテロ攻撃を受けてニューヨーク市は事実上全面封鎖され、あと数時間でＪＦＫ空港に着陸予定だった特使の飛行機もボストンへの緊急着陸を余儀なくされた。しかしボストンは、まさにハイジャックされた四機の航空機のうち二機が出発した地であり、ボストンの空港も同様に封鎖された。ボストンでまったく動きのとれなくなったラザリ特使は、ワシントンのマレーシア大使館が差し向けた車でワシントンへと向かい、数日後ワシントンから帰国の途に着いた。

9・11は、国連が、そして国際社会が、テロという国際平和と安全に対する新しい脅威に直面しなければならなくなった最初の日であった。

（二）非政府組織（NGO）と市民団体

経済社会分野から始まった活動

国連と、NGOと呼ばれる非政府組織、あるいは市民団体とのパートナーシップの歴史は古く、国連創設時に遡る。第一章でも触れたが、国連という新しい国際機構を設立した一九四五年四月のサンフランシスコ会議に集ったのは、第二次世界大戦の戦勝国の政府代表だけではなかった。当時のアメリカの新しい国際機構への期待の現れとして多くの市民団体がオブザーバーを送り、政府代表と共に国連憲章の制定に有形無形の貢献をした。

こうした市民団体の努力が顕著に反映されたのが、国連憲章第七一条だ。第七一条は、国連の主要機関の一つである経済社会理事会は「その権限内にある事項に関係のある市民団体と協議するために、適切な取り決めを行うことができる。そうした取り決めは、国際的に活動する団体との間に結ばれ、また適切と判断される場合は、関係する国連の加盟国との協議を経て国内団体との間にも行うことができる」と定めており、NGOの国連活動への参加の道を開いた。

当時は今以上に、国連は主権国家が作る国際機構であり、平和と安全の維持を含む政治問題は、加盟国政府代表によって議論されるべきという考え方が支配的であったことから、NGOの国連活動への参加は主として経済社会分野が中心となり、国連とそうした市民団体との関係は経済社会理事会の決議案をもって規定された。具体的には、一九六八年五月二三日に採択された経済社会理事会決議案一二九六号によって、国連とNGOとの協議関係は経済社会理事会が統括する国際経済、社会および文化、教育、保健、科学、技術および人権の分野に特定され、そうした分野の活動に従事するNGOと民間団体に対し、経済社会理事会との協議資格が付与されることになった。経済社会理事会との協議資格を有するNGOは、国際的に活動していると認められた団体に限られ、経済社会理事会が議論するほとんどの案件に関して活動している団体に対しては第一種協議資格が、経済社会理事会が議論するいくつかの分野で専門的知識や経験を有する団体に対しては第二種協議資格が与えられることになった。また、それ以外のNGOで経済社会理事会、あるいは国連事務総長が理事会の活動に貢献できると判断した団体に対しては、経済社会理事会のロスター（登録メンバー）に登録することもあわせて決まった。

この決議案によって経済社会理事会との協議資格を与えられたNGOは、理事会の会議にオブザーバーとして出席したり、個別の案件についての意見表明を文書で、あるいは理事会が認めた場合は口頭で行ったりといった活動を通して、国連の経済社会分野での活動に参与していった。特に、NGOの持つ専門分野での知識や経験を通しての国連の政策決定プロセスへの貢献、あるいはフィールドレベルでの政策実行への貢献には大きなものがあった。

NGOが国連との協力分野で果たすもう一つの大きな役割に情報の伝達と拡散がある。国連が発信する情報を、NGOがそれぞれの出版物などのメディア、あるいはセミナーやワークショップの開催などを通して、広く加盟国の大衆に伝達・拡散することは、国連活動への貢献という意味で大きな意義を持つ。この分野では、経済社会理事会の協議資格を有するNGOを含む数多くの市民団体が国連広報局との連携の下、情報の伝達、拡散分野で活発な役割を果たしている。

しかしその一方で、経済社会理事会との協議資格を有していても、NGO・市民団体による経済社会理事会やそれ以外の国連の活動への参加には、いろいろな制限が存在したことも事実であった。NGO・市民団体の場合、経済社会理事会が主催する国際会議への出席は理事会の招待があれば可能であったが、経済社会理事会以外の国連機関が主催する国際会議や準備会合への出席は、加盟国の了解を得て認められたことはあったものの、必ずしも法的根拠に基づくものではなく、あくまで慣例にのっとり、ケースバイケースで認められるものであった。また、経済社会理事会との協議資格の授与は、経済社会理事会によって選出された加盟国が構成するNGO委員会の推薦に基づいて理事会が決定するが、冷戦下では、人権などの特定分野で活動するNGOの存在を煙たく思う加盟国が委員会に選出されると、特定のNGOからの協議資格申請がそうした国々の反対で認められないといった事例もあった。

重要性を増すNGOの役割

国連とNGOとの関係も冷戦終焉後の世界では大きく変化した。すでに述べたように、国際社会の平和と安全を脅かすものは、伝統的な国家間の紛争だけにとどまらず、より限定的な地域紛争や国内紛争、さらに国際テロリズムなど多岐にわたるものとなった。また、地球温暖化や難民、国内避難民、食糧安全保障、人権抑圧、麻薬といった多くの問題が、広い意味で国際社会の平和と安全に影響を与えるようになった。

こうした平和と安全の概念の変化を受け、国際的にだけでなく地域や国内でも特殊な分野で専門的知識と経験を持つNGOや団体の重要性が徐々に認識されていった。実際、国連が主催する経済社会関係の国際会議へのNGOの参加は冷戦後着実に増加し、主なものでも、一九九〇年の世界子どもサミット、一九九二年の環境と開発会議、一九九三年の国際人権会議、一九九四年の人口と開発に関する国際会議、一九九五年の世界社会開発サミットや世界女性会議などがある。国連開発計画が二〇〇〇年にまとめた人間開発報告書によれば、世界規模の活動ネットワークを持つNGOの数は、一九九一年の二万三六〇〇から一九九九年には四万四〇〇〇へと急増した[153]。

NGOが国際会議を通じてさまざまな政策の決定過程により深く参画していったことは、冷戦終焉後の国連とNGOとの協力関係を見直そうという動きに繋がった。国際的なNGOのより積極的な関与を支持する西側先進国と、先進国NGOの影響力増大を警戒し、開発途上国NGOのより広範な国連活動への関与を望む開発途上国との間で協議は難航したが、約三年に及ぶ協議の結果、一九九六年七月二五日、経済社会理事会はNGOとの協力関係を見直す決議案を採択した[154]。

この決議案は、第五項で、国内や地域で活動するNGOにも経済社会理事会との協議資格を認める一方で、協議資格の承認にあたっては南北のNGOの間でできる限り適切なバランスが取られることを、NGO委員会に対し要請するものであった。また、それまで第一種、第二種およびロスター登録に分かれていた経済社会理事会との協議資格を、総合協議資格、特別協議資格、および理事会ロスター登録にそれぞれ改めた。新しい総合協議資格は、経済社会理事会のほぼ全体の事案に関し継続的に貢献できる市民団体に与えられ、特殊協議資格は、理事会の若干の分野で特殊な知識を有する団体に、またそうしたNGO以外の団体で、経済社会理事会の活動に有益な貢献ができると考えられる団体はロスター登録に、それぞれ分類された。

NGOを担当する国連の経済社会局では毎年、協議資格を持つ市民団体を公表している。二〇一三年九月現在で、約一四〇のNGOおよび市民団体が総合協議資格を、約三〇〇〇の団体が特別協議資格を、約一〇〇〇の団体がロスター登録と、全体では約四〇〇〇のNGOが経済社会理事会との何らかの協議資格を有している。[155] 総合協議資格を持つNGOには、国連の創設時以来活動している世界労働組合連盟や世界国連協会連盟などの団体があり、特別資格を有する団体には、人権分野で活発な活動をしているアムネスティ・インターナショナル（Amnesty International）やヒューマン・ライツ・ウォッチ（Human Rights Watch）などがある。こうした団体は、例えば、民主主義の抑圧や政治犯の数などに関して独自の情報を持っており、政務局でも情報交換を通して協力することは多かった。これ以外に、千を超える団体が国連の広報局と協力関係を持ち、NGOと国連の協力は経済社会理事会が管轄する事案を超えて、広がりつつある。一九九六年の決議案により、こうしたNGOが国連の主催する国際会議やその準備会合への出席を希望する場合は、出席が可能になることが明確にされた。

しかしその一方で、NGOによる経済社会理事会との協議は、憲章第六九条と七〇条が認める経済社会理事会に議席を持たない加盟国や国連の専門機関による完全な参加に基づく協議とは違うものであることが再確認された。また、NGOが長年希望している国連総会との協議資格の取得に関しては、加盟国間の意見の相違もあり、総会での議論は遅々として進んでいない。

民間企業との協力関係

近年、ＮＧＯや大学、研究機関、さらに民間企業などをまとめて「市民団体（シビルソサエティ）」と呼ぶことが一般的になってきているが、そうした市民団体と国連との協力関係において、民間企業との連携は比較的新しい。

冷戦後の激変する世界情勢により適切に対応するために、一九九九年、スイスのダボスで開かれた世界経済フォーラムに出席したアナン事務総長は、国連と民間企業とのパートナーシップ構築の重要性を指摘し、共有する価値と原則に基づいた「グローバルコンパクト」の設立を提案した。具体的には、人権の擁護、強制労働や児童労働の排除、環境保護、贈収賄や汚職などの腐敗防止を含む一〇の原則に基づいた国連と民間企業との協力関係の構築を盛り込んだグローバルコンパクトが、翌二〇〇〇年七月ニューヨークの国連本部で正式に発足した。[156] 従来、政府間機構としての国連は、営利を目的とした企業との協力には消極的であったが、企業活動を通じて一〇原則の普遍化を世界規模で促進することを目的とした民間企業との連携は、慢性的資金難に悩む国連、特に人権や、労働、環境保護や腐敗防止といった分野で活動する国連機関にとって、大きな意味を持つものであった。

二〇〇四年には、アナン事務総長が主催する国連とグローバルコンパクト参加企業のトップとの第一回会合が開かれ、第二回会合は二〇〇七年にスイスのジュネーブで、第三回会合は二〇一〇年にニューヨークで、第四回会合は二〇一三年にニューヨークでそれぞれ開かれた。こうしたトップレベルの努力もあり、グローバルコンパクトに参加する団体は現在までに、一四五カ国で約八〇〇〇の民間企業を含む一万二〇〇〇余りに上っている。[157] 国連と連携協力する企業には一定の優遇措置が認められ、例えば、通常厳しく制限されている国連の名称やロゴマークの使用が、企業活動が寄付や募金活動を含む国連の活動を支援するものであれば認められるようになった。

その一方で、グローバルコンパクトに参加する民間企業や営利団体が国連と合意した一〇の原則を順守しているかを検証するシステムはなく、国連との連携や協力が企業の営利を資することに繋がっているとの批判も、国連内部のみならずNGOなどの市民団体に根強くあるのもまた事実である。国連と民間企業との連携は、国連活動に資する可能性が大であるだけに、そのあり方は今後とも検証されていくべき課題の一つと言える。

第九章

課題と挑戦

進まない機構改革

二〇一五年、国連は創設七〇週年を迎えた。激動する国際情勢の中にあって、国連の重要性はますます増大しているが、その一方で、七〇年という年月を経て、国連が直面する課題と挑戦もまた日々大きなものになっている。

最も大きな課題の一つに、国連の機構改革の問題がある。国連憲章は、総会、安全保障理事会、経済社会理事会、信託統治理事会、国際司法裁判所および事務局を国連の主要機関と定めているが、こうした主要機関の改革は、この七〇年間ほとんど行われていない。特に安全保障理事会は、国連の加盟国が設立当初の五一から現在の一九三に増加したにもかかわらず、一九六五年に理事国数が設立当時の一一から一五に増やされたのみで、理事会の拡大の是非が大きな問題になっている。

同様に、国連の主要機関の一つである信託統治理事会は、かつての列強の植民地であり、第二次世界大戦後、国連の信託統治下に置かれた領土がすべて独立を回復したことから、一九九四年以降、実質開店休業という状態にある。世界にはいまだ、かつての列強諸国が管轄する一七のいわゆる「非自治領」が存在し、毎年総会では、こうした非自治領問題が議論されているが、そこで繰り広げられる議論は、ほとんど前年の議論の繰り返しであり、信託統治理事会が議題とするべき問題はもはや存在しない。しかし、信託統治理事会や総会で非自治領問題を担当する委員会をサポートする事務局の関連部署の廃止あるいは人員削減を含めた改革案は、加盟国の複雑な利害が絡んで一向に進まない。役割を果たし終えた信託統治理事会を廃止し、環境破壊や地球温暖化、あるいは国際テロリズムなど、国際社会が直面する、より緊急性のある問題を議論する機関に改革すべきとの意見も市民団体を中心に近年多く出てきている。

また、非自治領問題にかかわらず、総会での議論には繰り返しが多く、毎年一五〇を超える議題の削減と、より焦点を絞った議論の必要性が長く指摘されているが、今までのところ、総会の改革は複数の議題を大きな枠の中に束ねることによって全体の議題数を削減するといった表面的な改革に終始している。確かに、毎年一堂に会する加盟国の首脳たちに対し、二国間あるいは多国間外交を展開する場を提供するという意味での総会の役割には大きなものがあるが、一般演説の場で繰り広げられる演説にはインパクトに欠けるものも多く、総会での決定は拘束力を持たないことからも、総会は単なる「トークショップ」といった批判が浴びせられていることはすでに書いた。

安全保障理事会の拡大や信託統治理事会の廃止のような主要機関の抜本的改革には、加盟国の三分の二の賛成を要する国連憲章の改正が必要であり、そうした問題をめぐる加盟国の意見がしばしば総論賛成、各論反対といった様相を呈している状況下で、主要機関の実質的改革は遅々として進んでいないのが現状だ。

安全保障理事会の機能強化と「拒否権」問題

一九五〇年代後半から一九六〇年代前半にかけて、多くの旧植民地が独立を勝ち取り、この間、国連の加盟国数は一九四五年の五一から倍増した。こうした世界情勢の変化を受けて、国連創設時、常任理事国五カ国、非常任理事国六カ国の一一カ国でスタートした安全保障理事会の改革が、次第に国連加盟国の多数の支持を得るところとなる。こうして一九六三年一二月一七日、第一八回通常総会は、安全保障理事会に新たに非常任理事国四カ国を加えて、理事会の構成を常任理事国五カ国、非常任理事国一〇カ国の一五カ国に拡大する決議案を採択した。[158] 国連の主要機関の改組には、国連憲章の改正が必要である。よってこの決議案は、国連憲章第一〇八条の規定に則して、安全保障理事会の五常任理事国を含む三分の二の加盟国によって批准された一九六五年をもって効力を発し、安全保障理事会の拡大は同年八月三一日をもって実現された。ちなみに、同決議案のB項では、経済社会理事会の拡大が決定され、同じく一九六五年をもって、構成国数はそれまでの一八から二七へ増加した。経済社会理事会の構成国数は、その後一九七三年に、二七から現在の五四へ増やされた。

冷戦下ではその活動が大きく制限された安全保障理事会であったが、冷戦が終焉し、国際社会の平和と安全の維持に果たす安全保障理事会の役割が再認識されると、国連のすべての加盟国の利害が理事会で均等に代表されているかという議論が一挙に高まった。特に、一九九二年にブトロス・ブトロス－ガリ氏が国連事務総長に就任し、「平和への課題」の中で国連を中心とした国際社会の平和と安全の維持を呼びかけると、安全保障理事会の改革を含めた国連の機能強化問題が加盟国の間で大きくクローズアップされた。

同年一月には、安全保障理事会構成国の初めての首脳会合が開催され、理事会を世界平和と安全の維持分野でより効力ある機関にどう改編していくかが議論された。一九九一年末までに国連の加盟国数が一六六カ国に増加していたこともあり、安全保障理事会の拡大を通して、より多くの国が等しく理事会の業務に参加できることの重要性を多くの加盟国が指摘した。同時に、冷戦下ではしばしば安全保障理事会の活動を阻害した、常任理事国による、いわゆる「拒否権」をどうするかといった問題にも加盟国の関心が集まった。

こうした流れを受けて、総会は同一九九二年一二月、「安全保障理事会における加盟国の均等な代表権と理事国数の拡大に関する問題」と題する決議案を採択し、事務総長に対し安全保障理事会の改革問題に関する加盟国の意見をまとめた報告書を次期第四八回総会に提出するように求めた。[159] さらに総会は、翌一九九三年一二月、すべての加盟国が参加できる安全保障理事会改革問題に関する作業部会を設立する決議案を採択し、国連での安全保障理事会の改革問題に関する本格議論がスタートした。[160] 一九九四年一月から始動した作業部会の任期は総会によって毎年更新され、第五〇回記念総会は、作業部会がそれまでの討議の結果と作業部会の提案を盛り込んだ報告書を第五一回通常総会が閉幕する一九九七年八月末までに提出することを求める決定を採択した。

改革の方向性を示したラザリ報告書

こうして安全保障理事会の機構改革問題は一九九七年に一つの山場を迎えた。一九九六年の第五一回総会議長に選出され、自ら作業部会の議長に就任したマレーシアのラザリ・イスマエル駐国連大使は、副議長に選任されたタイのアスダ・ジャヤナマ国連大使とフィンランドのウィルヘルム・ブレイテンシュテイン国連大使と共に、作業部会の活発な議論を進めていった。加盟国の均等な代表権を保証するためには安全保障理事会の拡大が必要であるという大多数の加盟国の立場を反映して、作業部会の議論の中心は、(一) 全体の理事会構成国数をいくつにするか、(二) 常任理事国と非常任理事国の比率をどうするか、(三) 各地域からの代表数をどうするか、(四) 常任理事国のいわゆる「拒否権」をどうするか、(五) 安全保障理事会の議論の透明性および非理事国の議論への参加をいかに図るかといった問題であった。

作業部会では、一九九六年一〇月から翌一九九七年七月にかけて計四二回の会合が開かれ、八月にはそれまでの議論を収斂《しゅうれん》する形で作業部会報告書が提出された[161]。この報告書の付属部分には作業部会の議長提案が付記され、その中でラザリ大使は、安全保障理事会の構成国数を現行の一五から二四へと増加することを提案した。具体的には、常任理事国を五カ国、非常任理事国を四カ国増やすとして、新しい常任理事国については、アフリカから一カ国、アジアから一カ国、ラテンアメリカとカリビアンから一カ国、先進工業国から二カ国が選出されるものとした。また、新しい非常任理事国四カ国に関しては、アフリカ、アジア、東欧、ラテンアメリカとカリビアンからそれぞれ一カ国ずつ選ばれるものとした。議長提案はさらに、加盟国が一九九八年二月末までに三分の二の多数をもって、新常任理事国にどの国を充てるかを決定するよう促した。

「ラザリ報告書」は、それまでの安保理改革の議論に一定の具体性と方向性をもたらした点では評価されるべきものであったが、作業部会報告書には非同盟会議諸国、アラブ連盟やその他国連加盟国が作るさまざまなグループの提案も含まれており、ラザリ提案がそのまま加盟国に受け入れられる下地はまだ存在していなかった。

各国の思惑の違いで膠着状態に

それまでの作業部会の議論を通じて多くの加盟国の支持を得ていた有力グループの一つに、日本、ドイツ、インド、ブラジルの四カ国が構成する「Ｇ４」グループがある。日本とドイツは当時、世界第二位と第三位の経済大国であり、国連通常予算への分担率もアメリカに次いで二番目と三番目に多い有力加盟国であったことから、安全保障理事会の新常任理事国に最もふさわしい候補と見られていた。また、インドとブラジルはそれぞれ人口第二位と第五位、さらに新興国として目覚ましい経済発展を遂げていた地域の大国として、常任理事国に名乗りを上げていた。Ｇ４グループは、自らの四カ国にアフリカから二カ国の計六カ国が新たに常任理事国として安全保障理事会に加わることを提案した。

しかし、国際政治の現実が支配する国連の舞台では、有力候補には必ず敵対する国があり、インドやブラジルの常任理事国入りにはパキスタンとアルゼンチンが強く反発していた。また、イタリアやスペイン、カナダ、メキシコ、韓国といった国々はパキスタンやアルゼンチンと歩調を合わせ、安全保障理事会の改組にあたっては、常任理事国を増加するよりは地域の代表としての非常任理事国を増やすべきだと主張していた。そして、国連加盟国の中で最大の数を誇り、域内にいくつかのライバル視される有力国を抱えていたアフリカグループは、アフリカから二カ国が拒否権を持つ新常任理事国として追加されるべきとの主張を繰り返していた。しかし、具体的にどの国が常任理事国となるかについては利害の異なる国々が名乗りを上げており、その調整はまったくの白紙状態であった。

加盟国間の意見の違いによって、ラザリ総会議長が目指した翌一九九八年の第五三回総会での安全保障理事会改組問題の決着は不可能となったばかりか、第五三回総会は一一月二三日、将来の安全保障理事会の改組問題に関する決議案は加盟国の三分の二の多数決をもってのみ採択するという決議案を採択した[162]。

こうして安全保障理事会の改革問題は、総論では安全保障理事会の改組を支持するものの、具体的な各論になると、それぞれの国益から反対するという膠着状態に陥った。

アナン事務総長の提案で改革再始動

国連での安全保障理事会の改革問題に関する加盟国の議論は、二〇〇三年、コフィ・アナン国連事務総長のイニシアティブによって再燃する。一九九七年に退陣したブトロス－ガリ事務総長の後任として就任したアナン事務総長は、二〇〇三年の第五八回総会の一般演説会期の冒頭、恒例によって事務総長報告を発表した。この中でアナン事務総長は、安全保障理事会改革問題が総会の議題となってすでに一〇年以上が経つ中で、ほぼすべての加盟国が安全保障理事会の拡大に合意しているにもかかわらず、改組問題が未解決であることを指摘した。アナン事務総長は、一般演説に参加している加盟国の首脳に対し、「安全保障理事会改組問題は、その難しさを理由に未解決のままにしておいてよいというものではなく、もし国際社会が、安全保障理事会とその決定がより大きな尊敬を得るようになることを望むのであれば、この問題は大きな緊急性をもって対処されるべきである」と強く訴えた。[163]

続いてアナン事務総長は、一一月には、タイのアナン・パンヤーラチュン元首相を座長とする「脅威、挑戦と変革に関する高級諮問委員会」を設立し、国際平和と安全の維持のためにいかに国連を改革するべきかについて諮問した。そして、諮問委員会に対しては、安全保障理事会を含む国連の主要機関の改革問題を分析し、二〇〇五年の第六〇回記念総会に間に合うように提言を出すことも要請した。諮問委員会は翌二〇〇四年一二月、アナン事務総長に対し、国際平和と安全分野での国連の機能強化を目途とした提言をまとめた報告書を提出した。[164] 諮問委の報告書を受けたアナン事務総長は、翌二〇〇五年三月、二〇〇〇年に開かれた国連の「ミレニアムサミット」での合意事項の実施状況をまとめた「より大きな自由へ」と題する報告書を発表し、この中で、安全保障理事会の構成国数を一五から二四に増加するA案とB案を加盟国に対し提言した。[165]

A案は、新たに六カ国の拒否権を持たない常任理事国と三カ国の任期二年の非常任理事国を加えるもの、またB案は、常任理事国を増やさない代わりに、任期四年で再選可能な八カ国の「準常任理事国」とも言える新しい範疇のメンバーと従来の任期二年の非常任理事国を一カ国加える、というものであった。A案では、従来の常任理事国五カ国に加え、アフリカとアジア太平洋地域からそれぞれ二カ国ずつ、ヨーロッパとアメリカ大陸からそれぞれ一カ国が新常任理事国として加わり、三カ国増えて一三カ国になる非常任理事国は、アフリカから四カ国、アジア太平洋地域から三カ国、ヨーロッパからは二カ国、そして南北アメリカから四カ国が選ばれるとした。B案では、従来の五常任理事国に加え、アフリカ、アジア太平洋、ヨーロッパ、南北アメリカからそれぞれ二カ国の計八カ国が任期四年で再選可能な「準常任理事国」として安全保障理事会入りし、一一カ国に拡大される非常任理事国には、アフリカから四カ国、アジア太平洋地域から三カ国、ヨーロッパから一カ国、アメリカ地域から三カ国が選出されるものとした。

アナン事務総長はこの提案の中で、いずれの案がより望ましいかは明記しなかったが、加盟国が両案を土台に同年九月の第六〇回記念総会冒頭に予定されていた加盟国首脳が集う世界サミットまでに結論を出すことを提言した。

再び暗礁に乗り上げた安全保障理事会改革

アナン事務総長の改革案に対する加盟国の反応は、相変わらずそれぞれの国益を反映したものであり、従来の立場の差を埋めるものではなかった。G4グループは、A案は自らの四カ国に加え、アフリカから二カ国の新しい常任理事国を加えるものと解釈して、歓迎した。A案が拒否権なしの常任理事国を提案したことへの若干の不満を残しつつも、G4グループは七月、事実上A案に沿って、六つの新常任理事国と四カ国の非常任理事国を加え、理事会を二五カ国に拡大し、常任理事国の拒否権問題は一五年後に再検討されるとした決議草案を二七カ国の共同提案で提出し、安保理改革の問題を投票によってできるだけ早く解決するよう求めた。[166]

アフリカグループも、A案がアフリカから二カ国の常任理事国入りを明記したことは基本的に歓迎したが、A案が新しい常任理事国の拒否権を認めなかったことから、域内の国々は既存の常任理事国が拒否権を持つ限り、新しい常任理事国も同様の権利を認められるべきとして反発を強めた。アフリカグループ内部には、常任理事国の拒否権問題については、問題の複雑さから先送りするべきとするグループも存在したが、結局、グループの四三カ国が共同提案国となり、拒否権を持つ新常任理事国六カ国と非常任理事国五カ国を加えて、安全保障理事会を現行の一五から二六カ国に拡大するとした独自の決議草案を提出した[167]。

一方、パキスタンやアルゼンチン、イタリア、韓国など、G4グループ加盟国をライバル視する国々を主要メンバーとするグループ（「コンセンサスへの団結〔Uniting for Consensus〕」と呼ばれる）は、常任理事国をさらに増やすことは安全保障理事会での常任理事国とその他の加盟国との間のさらなる乖離に繋がると警鐘を鳴らした。さらに五〇を超える中小の加盟国を取り込んだこのグループは、安全保障理事会の改組問題は投票でなく、あくまでコンセンサスで解決されるものという立場を明確にしていった。G4グループ、アフリカグループに続き、このグループも七月、常任理事国ではなく一〇の非常任理事国を新たに加えて、安全保障理事会構成国数を現行の一五から二五に増やすとする決議草案を提出した[168]。

こうした中、安全保障理事会の改革に決定的な影響力を持つ既存の常任理事国の立場もまた、微妙に異なるものであった。中国とロシアは、安全保障理事会の改組問題は、国連加盟国全体のコンセンサスをもって決められるべきであり、そうしたコンセンサスが存在しない以上、改組は時期尚早とする立場を取っていた。イギリスとフランスは基本的に、G4グループの立場を支持していたが、最も影響力のあるアメリカは、日本の常任理事国入りは支持するものの、構成国数が二〇カ国以上に増えることは、安全保障理事会の効率的運営を妨げると難色を示した。

前年アメリカが安全保障理事会での了承を得ることなく発動した対イラク戦争を「非合法」とした

アナン事務総長への批判を強めていたブッシュ政権は、秋の六〇周年記念世界サミットを前に、アナン事務総長の改革案への文節ごとの詳細な修正案を提出した。また、対イラク戦争をめぐって立場の違いを明確にしたドイツの常任理事国入りに慎重なアメリカは、G4グループが自らの決議草案への支持を求めて比較的立場の近いアフリカグループとの連携を目指した交渉を強化すると、日本の加入に慎重な中国と連携し、G4グループ案の阻止に打って出た。AP通信は二〇〇五年八月四日の記事で、当時の中国の王光亜国連大使の発言を引用して、中国とアメリカの「現時点の目的は、国連の分裂を防ぐために、G4グループが十分な票を確保するのを防ぐことだ」と伝えている。

常任理事国を巻き込んだ安全保障理事会の改革論議はこうして、いずれのグループが提出した決議草案も採択に必要な三分の二の多数を得ることなく、秋の記念総会を迎え、加盟国の国益がぶつかり合い、相拮抗する勢力の力関係が政策を決める冷徹な国際政治の現実の下、国連は再び解決の機会を逃したのであった。

安全保障理事会の透明性確保と業務の効率化

安全保障理事会の拡大問題が暗礁に乗り上げる一方で、理事会の透明性確保と審議への一般加盟国の参加などの問題に関しては、一定の進展が見られた。一つには、安全保障理事会改組の議論を受け、常任理事国としても理事会での透明性を求める大多数の加盟国からの要求をいつまでも無視することが難しくなってきていたこと、また、この分野での改革が加盟国の三分の二の多数決による国連憲章の改正でなく、議事運営規則の改正により可能なことがその背景にあった。

当時安全保障理事会の非常任理事国であった日本の大島賢三国連大使の努力もあり、二〇〇六年、安全保障理事会は一九九三年の設立以来長らく休眠状態にあった「文書およびその他手続事項に関する非公式作業部会」の復活を決定した。作業部会の議長はそれまで、毎月の安全保障理事会持ち回り議長国が務めてきたが、審議の継続性を確保するために大島大使が一年の任期で任命された。作業部会は精力的に活動し、七月一九日には、安全保障理事会の効率性と透明性を強化するとともに理事会とその他加盟国との対話の進展を目的とする一連の施策を盛り込んだ、安全保障理事会議長の備忘録を発表した。[169]

この備忘録により、安全保障理事会の議題の国連日報への掲載、理事会議長による理事会の業務に関する一般加盟国への非公式ブリーフィング、安全保障理事会と加盟国、地域機構、あるいはその他関連機関との対話の強化、公開会議の活用、決議案草案の一般加盟国への開示など、安全保障理事会の透明性と非理事国の安保理業務への参加問題での一定の進展が図られた。なお、この備忘録は、二〇一〇年に再び作業部会の議長国に就任した日本のリーダーシップの下、安全保障理事会と地域機構、国連平和維持部隊への兵力供給国、平和構築委員会や紛争当事国らとの対話の方式などを盛り込んだ新しい議長備忘録として更新された。[170] 議長備忘録は、一九八二年一二月に改正された安全保障理事会の暫定的議事運営規則を補完する形で運用され、安全保障理事会の業務の効率化や透明性確保、そして加盟国の理事会審議へ参加の改善などに貢献した。

その一方で、安全保障理事会での実質的議論や決議案の草案作りは、相変わらず非公式協議の場で行われる傾向が続き、一般加盟国の安全保障理事会への不満は決して消えていない。そうした声を代弁して二〇〇六年三月に、シンガポール、ヨルダン、コスタリカ、リヒテンシュタイン、スイスの五カ国で構成する「スモールファイブ」と呼ばれるグループが、安全保障理事会と総会とのより緊密な協議と連携、あるいは拒否権使用時の常任理事国による国連のすべての加盟国への説明などを求める決議案草案を提出した。[171] しかし、世界の声を代表する「人類の議会」を自負する総会と、国際平和と安全は自らの専権事項と主張する安全保障理事会が繰り広げる権力闘争の中、決議草案は、総会による安全保障理事会への干渉を嫌う一部常任理事国の強い反対に遭い、決議に付されることなく廃案となった。

安全保障理事会の改革問題について、アメリカを含む常任理事国は、しばしば建前と本音を使い分け、時として友好国の常任理事国入りへの支持を表明する一方で、安全保障理事会の拡大には一貫して慎重な立場を取ってきた。本音の部分では、現在の安全保障理事会こそが彼らの国益と既得権を最もよく保障する仕組みを提供しており、現行の一五カ国を二〇数カ国に拡大することは、理事会の業務を煩雑にするばかりでなく、常任理事国による理事会のコントロールをも難しくすると考えているからだ。

変化を起こせるのは事務総長

安全保障理事会の改革問題に関する加盟国間の議論は現在も続いているが、加盟国間には安全保障理事会の改革に二度にわたって失敗したことによる無力感や議論疲れもあり、改革の議論は近年低調を極めてきた。二〇〇七年、アナン事務総長の後任として就任した潘基文事務総長は、安全保障理事会の改組問題は「国連加盟国が決める問題」との立場を取り、これまでのところ、積極的な関与はしていない。最近では、第六八回総会議長に就任したアンティグア・バーブーダのジョン・アッシュ議長が、二〇一三年の秋、新たな政府間協議の場を設け安保理改組問題の解決を模索したが、加盟国間の議論は従来の立場を超えることはなく、アッシュ議長も「安保理改革は当面期待できない」との言葉を残して議長の任期を終えた。

アッシュ氏の言葉を待つまでもなく、安全保障理事会の実質的な改革は前途多難と言わざるを得ない。拡大問題を含む国連憲章の改正を必要とする安全保障理事会の改革には、おそらく国際社会の「革命的変化」が必要だろう。そうした革命的変化がどんなものなのか、そして果たしてそうした変化が近い将来起こり得るのかどうかはわからない。ただ、アナン事務総長がいみじくも指摘したように、安全保障理事会改組問題は、その難しさを理由に未解決のままにしておいてよいというものではなく、問題が先送りされればされるほど、国連の、そして安全保障理事会自体の信頼性と有用性がますます問われる事態になることだけは間違いない。

ブトロス－ガリ事務総長の「平和への課題」、そしてその後を継いだアナン事務総長のリーダーシップが二度にわたって安全保障理事会改革の機運を大きく盛り上げたことを思い起こせば、そうした変化への触媒的役割を担うことができる存在の一つは、やはり国連事務総長だと考えられる。その意味で、国連が将来にわたっても、国際社会の平和と安全の維持にかかわり続け、真に有用性を発揮できる機関であり続けられるかどうかは、一国の国益を超えてグローバルかつ独立した立場で、国際社会が将来進むべき道へのビジョンとリーダーシップを示せる国連事務総長を選出できるか否かにかかっていると言っても過言ではない。

顔の見えない国連

二〇〇七年アナン事務総長の後任として第八代国連事務総長に就任し、二〇一一年に再選された潘基文氏は、これまで三期を務めた事務総長が皆無であることから、二期一〇年の任期が切れる二〇一六年末には退陣すると考えられている。潘事務総長の後任を選ぶプロセスはその一年前、つまり二〇一五年秋ごろから本格化する。言うまでもなく、新事務総長の選出は国連の、ひいては国際社会の今後の一〇年のあり方を決定する重大事項だ。

前回二〇〇六年の事務総長選挙時には、アメリカやその他有力加盟国は、ブトロス－ガリ事務総長やアナン事務総長のような高い独立性と強いリーダーシップを持った事務総長より、加盟国の利益を最優先に配慮してくれる行政官としての事務総長を選ぶことを重視した。また、アフリカの次はアジアとの暗黙の了解があったことから、当時韓国の外相を務めており、本国政府の強い支持を得、官僚出身で能吏として知られていた潘氏が選ばれた経緯があった。

本国政府の支持は、事務総長選挙に立候補する候補者にとって第一にクリアしなければならない関門で、どんなに事務総長にふさわしい人物であっても、事務総長の正式候補として本国政府の強い支持を得られないと選出される可能性はまずない。それは、国連が加盟国によって構成される機関であり、選挙運動も出身国政府が中心になって、最初にその国が属する地域グループ、安全保障理事会、そして、さらに広い国際的な支持の獲得を求めて行われていくという事情があるからだ。事実、二〇〇六年の選挙時にも、国際的に国連事務総長にふさわしいと思われる人物の名前が何人か挙がったが、残念ながら、そうした人たちは出身国の支持を得られなかったことから、正式な事務総長候補とはなり得なかった。

潘氏は、本人がメディアとの数々のインタビューで語っているように、人生の艱難辛苦《かんなんしんく》を努力で克服してきた人であり、自他共に認める「ワーカホリック」でもある。潘氏への評価としては、「堅実」あるいは「手堅い」といった形容詞が多々用いられ、その手堅さゆえ、二〇一一年六月には、安全保障理事会の勧告を受けた総会によって、事務総長二期目に満場一致で再選された。

しかしその一方で、潘氏の国連事務総長としての評価は決して高いとは言えない。第一に、彼の発信能力の低さがある。英語を母語としない潘氏が、英仏両言語を使用言語とする国連という舞台で、事務総長という「世界で最も困難とされる職務」を遂行してゆくには大きなハンデを負っていたことは間違いない。努力家として知られる潘事務総長は、事務方が準備した原稿や想定問答集を忠実に記憶し、それに沿って発言することが多いが、そうして語られる潘氏の言葉は多くのメディアから「官僚の作文」であり「退屈」で「面白みに欠ける」と非難された。

一国の指導者であれば、国民の生命を守り、領土を保全し、自国を繁栄へと導くことが当然のことながら最大の使命であり、国際社会の平和と安全の維持への貢献も、そうした環境が第一に自国の国益と繁栄に不可欠だからこそなされるものだ。しかし国連事務総長には、一国の領土の保全や国民の安全と幸せの確保だけでなく、国際社会全体の平和と安全、そして繁栄を追求する使命がある。そのために国連事務総長には国益を超えた世界のステーツマンとしての高みに立ち、国際社会全体の利益のために、時として大国であろうと意見を戦わせる勇気、そして国際社会が進むべき道を啓示できるリーダーシップとビジョンを持つことが求められる。

英語もフランス語も自在にこなし、強いカリスマ性をもって国連を導いたブトロス－ガリ事務総長やアナン事務総長と比べると、潘氏の国際社会への発信力は極めて弱い。ニューヨークタイムズは、ニューヨークを本拠地とするアメリカの有力紙の一つであり、国連報道にも殊のほか熱心な媒体だ。この新聞で潘事務総長を検索してみると、就任一年目の二〇〇七年こそ二四三本の関連記事が見つかるが、その数は翌二〇〇八年には一七四本、二〇〇九年には一五七本、二〇一〇年には一六九本、そして一期目最終年の二〇一一年には一三三本と減少している。これをアナン事務総長の二期目と較べてみると、アナン事務総長関連記事は二〇〇二年には三六二本、二〇〇三年には三六六本、二〇〇四年には三五五本、二〇〇五年には三二五本、二〇〇六年には四五八本が紙面を飾っており、両者の発信力の差は歴然としている。

国連内部からの批判

潘氏は国連事務総長就任にあたり、自らの出身母体である韓国外務省時代の側近を事務総長室の副官房長や秘書室長など事務局の要職に任命したが、こうした人事は、事務局内の連絡や重要政策の決定と調整がすべて事務総長と韓国外務省出身の側近の間でなされるという印象を定着させる一因となった。かつて潘事務総長に同行して韓国を訪問した国連幹部は、ソウルでは会談のほとんどが韓国語でなされ、観光以外することがなかったと筆者に語っていた。

国連事務局は言うまでもなく、世界各国から選抜された国際公務員が働く場であり、歴代の事務総長も自らのスタッフを任命する場合は、事務総長室内の国際性を維持するために、その数や配置には細心の注意を払ってきた。ブトロス゠ガリ事務総長やアナン事務総長の時代は、事務総長室および事務総長官房にはできるだけ多くの国の職員を配置し、特に事務局の要となる官房長には、事務局の出身でその業務に精通した職員を任命した。ブトロス゠ガリ事務総長の下ではハイチ出身のジョンクロード・エイメ氏が、そしてアナン事務総長時代にはパキスタン出身の腹心イクバル・リザ氏が、官房長として、事務総長の意向が国連の政策に反映されるように常に厳しい目を光らせていたことはすでに書いた。

しかし、潘事務総長の下では、インドの外務省出身の職業外交官が官房長に任命され、「労多くして功少なし」といった事務局の管理統括業務より、原局の長と同様、個々の政策案件に関する助言が官房長の主な仕事となった。事務総長に代わって事務局全体を束ねる人物が不在となると、官僚組織の常で、それぞれの部局が事務総長の名の下に、それぞれの利益を追求し始め、各部局間の連絡調整は滞り、官僚組織の縦割り行政の弊害が顕著になってくる。いわゆる「右手は左手のやっていることがわからず、左手は右手がやっていることがわからない」という状況だ。さらに、原局からあげられるさまざまな意見具申や提案は、少数の事務総長側近によって検討、決定され、その分野の専門知識を持つ原局の意見がしばしば遠ざけられるようになる。無論そうした状況下でも、事務局は旧態依然、言わば「オートパイロットモード」で機能し続けるが、事務総長が日々の案件に忙殺される一方で、事務局内部の政策は前例や慣習、そして少数の事務総長側近によって決定され、新しいビジョンやリーダーシップは歓迎されなくなる。
二〇〇九年八月、潘事務総長のノルウェー公式訪問直前に、当時ノルウェーの駐国連次席大使を務めていたモナ・ジュール女史が本国政府に送った極秘書簡が漏洩し、その中で潘事務総長を痛烈に批判したことが報道されたことで、事務局に衝撃が走った。ジュール女史は潘氏のカリスマ性とリーダーシップの欠如を指摘し、世界が直面する危機の解決に国連の存在と多国間外交がそれまで以上に必要なとき、潘事務総長を頂点とする国連は姿がまったく見えない存在だったと指摘した。さらに、ミャンマーのアウンサン・スーチー女史の軟禁やスリランカの人権問題、さらにアフリカのダルフール、ソマリア、ジンバブエやコンゴなどの危機に直面して、潘事務総長は優柔不断であり、その結果、国連の道義的権威は失墜したと厳しく断定した。[172]
また、二〇一〇年七月二〇日付のワシントン・ポスト紙は、国連内部監査室担当事務次長として五年の任期を終えて退任するインガ－ブリット・アレニウス女史が内部報告書の中で、潘事務総長の国連事務局は「腐食の過程」にあり、国際政治とは「無関係なもの」になりつつあると批判したことを報道した。[173]アレニウス女史はスウェーデン出身の官僚で、二〇〇五年に、国連事務局の内部監査を目的として総会が設置した内部監査室の長に任命された。潘事務総長が二〇〇七年に就任すると、アレニウス女史は事務総長が内部監査室の業務に過度に干渉していると主張し、両者の関係は悪化していたが、こうした批判が事務局幹部から出ること自体異例のことであった。

国連は世界政府ではないし、事務総長には、主権国家の領袖たちと違い、自らが指揮できる兵力もない。国連事務総長にあるのは、国益に縛られない、独立かつ公正な立場が生み出す道義的権威だけなのだ。国連のような多国間外交の場で意味ある政策を遂行するには、加盟国を説得し当事者間の利害を調整することが不可欠で、そのために事務総長には気の遠くなるような努力と忍耐が求められる。それゆえに、国際社会の国連事務総長への期待と尊敬には大きなものがあり、それこそが国連事務総長の道義的威信と力の根源になっている。

潘事務総長の再選後も、国際社会は、「アラブの春」がアフリカや中東地域にもたらした民主化とその過程での政治的混乱、シリアの内戦勃発と難民問題、「イスラム国」やボコハラムなどの過激テロリストグループの台頭、またアジアでは北朝鮮による衛星の打ち上げによる緊張状態の高まり、そして、ウクライナ危機の勃発とロシアのクリミア併合、さらに気候変動やエボラ出血熱問題と、多くの危機に直面している。

潘事務総長は再任にあたって、二〇一二年、副事務総長に、元スウェーデン外相で初代の人道問題局担当事務次長を務めたベテラン外交官のヤン・エリアソン氏を任命し、また官房長にも、国連に精通したスザンナ・マルコラ女史を抜擢した。また、五年間以上同じポストにとどまることを禁止した国連の「五年ルール」に当てはまる事務次長と事務次長補らの幹部職員を更迭し、新しいチームを発足させた。二期目の潘氏が、山積する問題解決にどのような手腕を発揮するか、また国連事務総長として後世に誇れるどんなレガシー（業績）を残すのかは、歴史が判断することになる。一般に、国連事務総長の持つ求心力は、残り任期が一年を切ると急速に低下し、事務総長はいわゆる「レームダック」状態に陥ると言われている。潘氏がブトロス－ガリ事務総長の「平和への課題」、アナン事務総長の「保護責任（R2P）」に代表される人権外交に匹敵するレガシーを残せるのか――潘事務総長に残された時間は少ない。

新事務総長の選出に求められる透明性

次期国連事務総長への関心が高まる中で、二〇一四年秋、「ワン・フォー・セブンビリオン」（1 for 7 billion）と呼ばれる市民団体の連合体が、国連全加盟国の行政府の長に対し公開書簡を出した。この中で、国際的にも有力な市民団体の代表者たちは、次期国連事務総長を決める選挙を「今後の一〇年に総会が扱う最も重要な案件の一つ」であると位置づけ、二〇一六年秋の次期国連事務総長選出にあたっては、従来の慣習に縛られず、「最適」な人物を選ぶよう強く求めた。さらに書簡は、一九四六年以来の事務総長選出手続きがもはや「時代遅れ」となったと指摘し、事務総長に求められる資格を明確にし、候補者の選任と選考過程のスケジュール、選出過程における透明性、性別および地域間の均等性を確立することを求めた。

事務総長の選出に際しては、国連憲章にも詳細な取り決めがなく、憲章第九七条は、「事務総長は安全保障理事会の勧告に基づいて総会によって任命される」と規定するのみだ。また、安全保障理事会の会議規則第四八項は、「事務総長選任にあたっての理事会の勧告は、プライベートな会議で協議され、決定される」としている。こうしたことから、歴代の国連事務総長選出には、安全保障理事会での秘密裏の協議および投票が用いられ、従来、理事会以外の加盟国からも選出過程の透明性の確保を求める声が高まっていた。アナン事務総長の退任を数カ月後に控えた二〇〇六年四月にも、一四の非政府組織（ＮＧＯ）が連合で、当時安全保障理事会の持ち回り議長を務めていた中国の王光亜駐国連大使および理事会メンバー国の代表宛てに、国連事務総長選出過程の透明化を求める公開書状を送付した。しかし二〇〇六年秋の事務総長選出では、ＮＧＯが公開書簡で訴えた改革は考慮されず、安全保障理事会と総会による従来の「慣例」にのっとったやり方で、韓国の潘基文外相が第八代国連事務総長に任命された。

次期事務総長の選出過程で、国連総会がより積極的かつ意味のある役割を果たすように呼びかけた今回の市民団体の公開書簡は、世界各国のメディアで紹介され、国際社会の広い関心を生んだ。しかし、国連の慣例を考えると、今回の公開書簡が次期国連事務総長選出にどこまでの影響力を行使するかは定かではない。むしろ、事務総長の選出という重要事項に関して既得権を持つ安全保障理事会が、そして特に拒否権を有する常任理事国が、選考過程における透明性確保などの改革に即応じると思われる理由は見当たらないのが現状だ。それでも、こうした市民団体による国際世論の喚起は、国連事務総長の選出という重要案件への国連内外の関心、そして、これまでの国連事務総長の何人かは必ずしも期待された仕事を成し得ていないという現実の下、長い視点で見れば、国連の改革を促進する力になり得る可能性を秘めていることは間違いない。

事務総長選出は国際社会の課題

これまで東欧から国連事務総長が輩出されていないことから、次期事務総長は東欧諸国から選出されるべきだとの見方が国連内部にはある。また、これまでの事務総長がすべて男性であったことから、初めての女性事務総長誕生を望む声も高まりつつある。こうした背景を受けて、次期国連事務総長候補として、元国連政務局事務次長補で前スロベニア大統領のダニロ・トゥルク氏、ブルガリア出身で現ユネスコ事務局長のイリナ・ボコヴァ女史、スロバキア外相のミロスラヴ・ライチャーク氏、同じくスロバキア元外相のヤーン・クービッシュ氏、ルーマニアの元外相のミルチカ・ジョオナ氏らの名前がすでに非公式には挙がっている。トゥルク氏、ボコヴァ女史、そしてアフガニスタンの事務総長特別代表を務めたクービッシュ氏は、国連の業務にも精通している。

その一方、最近のロシアと東欧諸国との関係から、東欧出身の候補者には、ロシアが拒否権を行使するのではないかという見方もある。東欧からの次期事務総長選出が困難な場合は、国連で西欧およびその他グループに属すニュージーランドの元首相で、現国連開発計画（ＵＮＤＰ）事務局長を務めるヘレン・クラーク女史を推す声もある。

こうした人々が最終的に次期国連事務総長候補として残るのか、あるいはまた、加盟国政府や地域グループの推薦を受けて他の候補者が新たに名乗りを上げるのか、次期国連事務総長選挙をめぐる動きが二〇一五年の秋から活発化することは間違いない。そして、次期国連事務総長に誰を選ぶか、安全保障理事会の常任理事国に受け入れられるだけの「安全パイ」でなく真に事務総長としてふさわしい人物を選べるかは、数々の重要な課題に直面する国連のみならず、国際社会全体に課せられた最重要課題と言っても過言ではない。

激動する世界情勢に対応してゆくには、長期的かつ戦略的視点に立って、独立した立場から国際社会全体の利益のために行動できるビジョンとリーダーシップを兼ね備えた人物を国連事務総長に選出することが求められる。安全保障理事会の常任理事国を含む国連の有力加盟国の指導者たちは、それこそがそれぞれの国益にも叶うことを理解するべきだ。新事務総長の下、国連がこれからも世界平和と安全の維持に有用性を発揮できる機関であり続けられるか、あるいは国際政治とは無関係な存在に成り下がるか、設立七〇周年を迎えた国連は今まさに岐路に立たされている。

あとがき

国連での二五年余りにわたる政務官としての本部勤務を終えて、その間自ら経験したことを書いておきたいと思った。二度の大戦を経て、人類を再び地球規模の戦争の戦渦にさらさないという崇高な理念に基づいて設立された国連は、過去七〇年間、曲がりなりにもその使命を果たしてきた。しかし、地球上から紛争や局地戦争がなくなったわけではなく、難民や国内避難民を含む戦渦に苦しむ人々は後を絶たない。また冷戦の終焉は、国際平和と安全への脅威の質を一変させた。それまでの国家間の紛争に代わり、政治、社会、宗教、人種や文化などに起因する国内紛争の多発、さらに国際テロリストグループの台頭など、国際社会は、今まで以上に多岐にわたる平和への挑戦と対峙することとなった。

私が国連に奉職したのは、ソビエト連邦の崩壊によって世界情勢が激変する数年前の一九八八年であった。冷戦の終焉は国連を中心とした国際の平和と安全の維持への期待を一挙に高め、ブトロス＝ガリ、アナンという二人の傑出した事務総長の登場は、予防外交、平和創造、平和維持、平和構築を中心とした国連の国際平和と安全の維持に関する役割の規範を確立するうえで大きな役割を果たした。

しかし、そうした国連への期待感が、加盟国間、特に安全保障理事会の常任理事国間の意見の不一致という国際政治の冷徹な現実に取って代わられるのにそう時間はかからなかった。加盟国間の利害の対立は、局地紛争や国際テロリズムへの対応が、時として合意が難しい安全保障理事会の承認を受けずに、特定国が主導する「有志連合」によって行われるという新しい事態に繋がった。国際社会全体の意思を代表しない有志連合による行動が多発すれば、安全保障理事会の、そしてひいては国連全体の権威と有用性が問われることになる。一方、安全保障理事会の改革に代表される国連の機構強化は、ブトロス－ガリ、アナン両事務総長のイニシアチブにもかかわらず、大国のエゴと加盟国間の利害の不一致により、遅々として進んでいない。

国連は決して人類の直面するすべての問題を解決してくれる「万能薬」ではないし、ハマショルド事務総長がかつて述べたように、「人類を天国へと導いてくれる機構」でもない。ハマショルド氏の言葉を借りれば、国連は「平和の追求という基本的枠組みの中で、和解を目指して異なる見解をぶつけ合うことが許される場」だということだろう。また「もし国連が存在していなかったら、人類は国連という機構を必ず作り出していただろう」という常套句があるように、詰まるところ国連は、その多くの欠点と矛盾にもかかわらず、人類が現時点でより良き国際社会の建設のために必要とする組織であることは間違いない。だが、そのことと、国連が今後も人類にとって有用な国際機構であり続けられるかは別問題だ。国連は、加盟国が作る国際機関であることから、一義的には、加盟国がどう国連を使っていくかが国連の将来を決める。しかし、国連憲章の序文が「われら連合国の政府は…」ではなく「われら連合国の人民は…」という書き出しで始まるように、国連は単に加盟国政府のみならず全地球市民に奉仕する機構でなければならない。その意味で、われわれすべての地球市民が、人類の平和と繁栄のために、いかに国連というメカニズムを活用していくべきかを真剣に考える時が来ているのではないだろうか。

本書は、大部分を筆者のメモやノートおよび記憶を基に執筆された。当然のことながら、一切の文責は筆者個人にある。また、ここに書かれた見解や意見はすべて筆者個人のものであり、国連の意思や考えを代表するものではないことをお断りしておく。本書が、将来国連で働くことを希望されている方、現在国連について研究されている方、または国連についてもう少し知りたいと思われている方々への一助となれば望外の幸せである。本書の出版に際しては、ジャパンタイムズ社の小笠原敏晶会長、堤丈晴社長、伊藤秀樹執行役員、大野裕幸出版営業部長、そして佐藤淳子さんに一方ならぬお世話になった。特に伊藤氏と佐藤女史には、原稿を精読していただき、貴重なアドバイスを多々頂戴した。改めてお礼申し上げたい。

二〇一五年七月　ニューヨークの自宅にて

田　仁揆

田 仁揆（でん ひとき）

1954年、東京生まれ。米国コーネル大学修士課程（政治学）修了。ジャパンタイムズ報道部記者を経て、1988年国連本部に奉職。ハビエル・ペレズ－デクエヤル、ブトロス・ブトロス－ガリ、コフィ・アナン、そして潘基文と四代の国連事務総長に仕え、その間、上席政務官として国連事務局改組およびミャンマー、アセアン、ネパール、モルジブなど東南アジアや南アジア問題を担当。2014年1月、国連事務局を退官、執筆活動に入る。著書に*The Role of the PLA in the Cultural Revolution, 1966-1967*（Cornell University）などがある。

国連を読む 私の政務官ノートから

2015年8月5日　初版発行

著　者　田 仁揆

発行者　小笠原 敏晶
発行所　株式会社 ジャパンタイムズ
〒108-0023 東京都港区芝浦4丁目5番4号
電話　(03) 3453-2013（出版営業部）
振替口座　00190-6-64848
ウェブサイト　http://bookclub.japantimes.co.jp
印刷所　図書印刷株式会社

本書の内容に関するお問い合わせは、上記ウェブサイトまたは郵便でお受けいたします。

定価はカバーに表示してあります。

万一、乱丁落丁のある場合は、送料当社負担でお取り替えいたします。

ジャパンタイムズ出版営業部あてにお送りください。

Printed in Japan　ISBN978-4-7890-1612-4

出典

［第一章］
1. 国連公式文書 A/69/292
2. United Nations Office of Publication, *Charter of the United Nations*, 1945
3. Franklin D. Roosevelt Presidential Library and Museum, *Franklin D. Roosevelt's "Four Freedoms Speech"— Annual Message to Congress on the State of the Union: 01/06/1941*, http://www.fdrlibrary.marist.edu/pdfs/fftext.pdf.
4. Stephen C. Schlesinger, *Act of Creation* (Westview Press, 2003), p. 38.
5. United Nations Multilingual Terminology Database, http://unterm.un.org.
6. *History of the United Nations*, http://www.un.org/en/aboutun/history/.
7. Act of Creation, p. 59.
8. 同上, p. 64.
9. 同上, p.123.
10. Rosalind Rosenberg, "Virginia Gildersleeve: Open the Gate", *Columbia Magazine*, Summer 2001, http://www.columbia.edu/cu/alumni/Magazine/Summer2001/Gildersleeve.html.

［第二章］
11. United Nations, *Rules of Procedure of the General Assembly* (A/520/Rev.17), Rule 30.
12. 総会決議案 A/RES/377 (V).
13. General Assembly of United Nations, *Emergency Special Sessions*, http://www.un.org/en/ga/sessions/emergency.shtml.
14. 総会決議案 A/RES/43/49.
15. 総会決議案 A/RES/2626 (XXV), Para. 43.
16. 国連公式文書 A/59/2005.
17. The Permanent Mission of Switzerland to the United Nations, *The PGA Handbook: A practical guide to the United Nations General Assembly*, p. 79.
18. Dag Hammarskjold Library/Ask DAG, http://ask.un.org/.
19. 総会決議案 A/RES/46/1.
20. 総会決議案 A/RES/2758 (XXVI).
21. *United Nations Regional Groups of Member States*, http://www.un.org/depts/DGACM/RegionalGroups.shtml.
22. *Member States of the United Nations*, http://www.un.org/en/members.
23. Association of Southeast Asian Nations, *The ASEAN Charter* (December 2007), http://www.asean.org/archive/publications/ASEAN-Charter.pdf.
24. 総会決議案A/RES/65/309.
25. 総会決議案A/RES/66/281.
26. 総会決議案 A/RES/67/238.

27. United Nations, *Handbook on the Least Developed Country Category: Inclusion, Graduation and Special Support Measures* (2008), p.32、http://www.un.org/en/development/desa/policy/cdp/cdp_publications/2008cdphandbook.pdf.
28. 総会決議案 A/RES/67/248.
29. 国連公式文書 A/68/6 (Introduction).
30. Closing statement on behalf of the Group of 77 and China by H.E. Mr. Peter Thomson, http://www.g77.org/statement/getstatement.php?id=131227
31. 総会決議案 A/RES/68/248.
32. 国連公式文書 A/67/224/Add.1.
33. 同上
34. Stockholm International Peace Research Institute, *Stockholm International Peace Research Institute (SIPRI) Year Book 2013* (Oxford University Press, 2013).

[第三章]

35. United Nations, *Rules of Procedure of the General Assembly* (A/520/Rev.17).
36. UN General Assembly GA/11160, http://www.un.org/press/en/content/general-assembly/meetings-coverage.
37. UN General Assembly GA/11161, http://www.un.org/press/en/content/general-assembly/meetings-coverage.
38. UN General Assembly GA/10528, http://www.un.org/press/en/content/general-assembly/meetings-coverage.
39. UN General Assembly GA/11464, http://www.un.org/press/en/content/general-assembly/meetings-coverage.
40. UN General Assembly GA/11570, http://www.un.org/press/en/content/general-assembly/meetings-coverage.
41. United Nations Security Council, http://www. Un.org/en/sc.
42. *Highlights of Security Council Practice 2012 & 2013* (SCPCRB/SCAD/DPA), http://www.un.org/en/sc/documents/highlights.shtml.
43. Reports of the Security Council Missions, http://www.un.org/en/sc/documents/missions/.
44. United Nations Security Council, http://www. Un.org/en/sc.
45. The UN Refugee Agency, "World Refugee Day: Global forced displacement tops 50 million for first time in post-World War II era", http://www.unhcr.org/53a155bc6.html.
46. United Nations Security Council—Veto List, http://research.un.org/en/docs/sc/quick/veto.
47. 国連公式文書 S/2007/14.
48. United Nations Security Council—Veto List, http://research.un.org/en/docs/sc/quick/veto.

49. BBC News, “Iraq war illegal, says Annan”, 16 September 2004.
50. 国連公式文書S/2014/189.
51. 国連公式文書S/PV/7138.

[第四章]
52. 国連公式文書A/69/292.
53. *UN System Organizational Chart*, http://www.un.org./en/aboutun/structure/org_chart.shtml.
54. 総会決議案13 (I).
55. 国連公式文書A/69/292.
56. 同上
57. 同上
58. 同上
59. 同上
60. 同上
61. *United Nations Salaries, Allowances, Benefits and Job Classification*, http://www.un.org/Depts/OHRM/salaries_allowances/allowanc.htm.
62. 同上

[第五章]
63. *Provisional Rules of Procedure of the Security Council* (S/96/Rev.7, December 1982), http://www.un.org/en/sc/about/rules/.
64. Brian Urquhart, *A Life in Peace and War* (W.W. Norton & Company, 1991), p. 99.
65. Brian Urquhart, *Hammarskjold* (Harper & Row, 1972), pp. 11-12.
66. UNA-USA, *Selecting the Next UN Secretary-General—A Report by the United Nations Association of the United States of America* (2006), p. 20.
67. 同上, p. 21.
68. 同上, p. 22.
69. *Candidates for UN Secretary-General*, http://www.unsg.org/candidates.html.
70. 総会決議案 A/RES/51/241.
71. *Hammarskjold*, p. 72.
72. 国連公式文書 A/2533.
73. 総会決議案 A/RES/784 (VIII).
74. 国連公式文書 A/2731.
75. *Hammarskjold*, p. 73.
76. 総会決議案 A/RES/906 (IX).
77. 国連公式文書 A/2888.
78. *Hammarskjold*, p. 105.
79. 同上, p.126.

80. 同上, p. 162.
81. 同上, p. 173.
82. 総会決議案 A/RES/997 (ES-I).
83. 総会決議案 A/RES/998 (ES-I).
84. 国連公式文書 A/3302.
85. 総会決議案 A/RES/ 1000 (ES-I) & A/RES/1001 (ES-I).
86. United Nations Peacekeeping, http://www.un.org/en/peacekeeping.
87. 総会決議案A/RES/69/246.
88. 国連公式文書 A/47/277 & S/24111.
89. United Nations Peacekeeping, *Peacekeeping fact sheet*, http://www.un.org/en/peacekeeping/resources/statistics/factsheet.shtml.
90. Boutros Boutros-Ghali, *An Agenda for Peace* (A/47/277, S/24111) (1992), Para. 70.
91. 総会決議案 A/RES/47/120 A & B.
92. 安保理決議案 S/RES/795(1992).
93. 総会決議案 A/RES/47/217.
94. Brian Urquhart, "The making of a scapegoat", *The New York Review of Books*, 1999.
95. A private paper presented to the Secretary-General in 1991.
96. 総会公式文書 A/46/882.
97. 総会決議案 A/RES/46/232.
98. "The making of a scapegoat".
99. 国連公式文書 A/51/PV. 88.
100. 同上
101. 同上
102. Kofi Annan, *Interventions—A Life in War and Peace* (Penguin Books, 2012), p. xiii.
103. 国連公式文書 A/54/2000.
104. *Interventions*, p. 223.
105. 総会決議案 A/RES/55/2.
106. United Nations, *Monterrey Consensus of the International Conference on Financing for Development* (2003), http://www.un.org/esa/ffd/monterrey/MonterreyConsensus.pdf.
107. *Interventions*, p.116.
108. 国連公式文書 A/59/2005.
109. 総会決議案 A/RES/60/1.
110. 国連公式文書 S/PV.4701.

[第六章]

111. 国連公式文書 A/46/882.
112. 国連公式文書 ST/SGB/2000/10.
113. United Nations Department of Political Affairs, *United Nations Political and*

Peacebuilding Missions (Fact Sheet: 31 March 2015), http://www.un.org/wcm/webdav/site/undpa/shared/undpa/pdf/ppbm.pdf.
114. United Nations Department of Political Affairs, *Annual report on multi-year appeal for 2014*, http://www.un.org/wcm/webdav/site/undpa/shared/undpa/pdf/DPA%20Annual%20Report%202014%20web.pdf.
115. 同上
116. 国連公式文書 A/50/6 (Sec.2).
117. 国連公式文書 A/58/6 (Sec.3).
118. 国連公式文書 A/59/565.
119. 国連公式文書 A/62/521.
120. 国連公式文書 S/2009/189.
121. 国連公式文書 A/68/6 (Sec.3).
122. United Nations Department of Political Affairs, *Annual report on multi-year appeal for 2014*, http://www.un.org/wcm/webdav/site/undpa/shared/undpa/pdf/DPA%20Annual%20Report%202014%20web.pdf.

[第七章]
123. 総会決議案 A/RES/46/132.
124. 総会決議案 A/RES/48/150.
125. 国連公式文書 A/56/505.
126. 国連公式文書 SG/SM/8221.
127. 国連公式文書 A/58/325/Add.1.
128. 国連公式文書 SC/PV.5619.
129. *Xinhua News*, "Myanmar election commission publishes election final results", November 17, 2010.
130. 国連公式文書 S/2006/920.
131. 同上
132. 同上
133. 安保理決議案 S/RES/1740 (2007).
134. 国連公式文書 S/2007/235.
135. 国連公式文書 S/2007/7.
136. 国連公式文書 S/2008/313.
137. 国連公式文書 S/2010/453.
138. 国連公式文書 S/2010/474.
139. 安保理決議案 S/RES/1939 (2010).
140. *The Guardian*, "Maldives human rights activist wins presidential election", October 29, 2008.
141. *Reuter*, "Crisis in paradise in Maldives' new democracy", February 8, 2012.
142. *Report of the Commission of National Inquiry, Maldives*, 2012.

［第八章］

143. 総会決議案 A/RES/49/57.
144. 国連公式文書 S/PRST/2004/27.
145. 国連公式文書 A/69/228-S/2014/560.
146. 総会決議案 A/RES/60/1.
147. 国連公式文書 A/61/630.
148. Joint Declaration on UN-EU Cooperation in Crisis Management, http://eu-un.europa.eu/articles/en/article_2768_en.htm.
149. 総会決議案 A/RES/57/35.
150. 総会決議案 A/RES/59/5.
151. 総会決議案 A/RES/61/46.
152. *The ASEAN Charter*.
153. *UNDP Human Development Report 2000*, p.80.
154. 経社理決議案 E/RES/1996/31.
155. 国連公式文書 E/2013/INF/6.
156. 国連公式文書 A/56/323.
157. United Nations Global Compact, *Participants & Stakeholders*, https://www.unglobalcompact.org/ParticipantsAndStakeholders/index.html.

［第九章］

158. 総会決議案 A/RES/1991A (XVIII) & A/PV. 1392.
159. 総会決議案 A/RES/47/62.
160. 総会決議案 A/RES/48/26.
161. 国連公式文書 A/51/47.
162. 総会決議案 A/RES/53/30.
163. 国連公式文書 A/58/PV. 7.
164. 国連公式文書 A/59/565.
165. 国連公式文書 A/59/2005.
166. 国連公式文書 A/59/L. 64.
167. 国連公式文書 A/59/L. 67.
168. 国連公式文書 A/59/L. 68.
169. 国連公式文書 S/2006/507.
170. 国連公式文書 S/2010/507.
171. 国連公式文書 A/60/L. 49.
172. *Reuter*, "Norwegian memo sparks PR crisis for UN's Ban Ki-moon", August 21, 2009.
173. Colum Lynch, "Departing UN official calls Ban's leadership 'deplorable' in 50-page memo", *Washington Post*, July 20, 2010.

参考文献

［英文］

Annan, Kofi. *Interventions—A Life in War and Peace*. Penguin Books, 2012.

Aung San Suu Kyi. *Freedom from Fear*. Penguin Books, 1991.

Barros, James ed. *The United Nations*. Free Press, 1972.

Boutros-Ghali, Boutros. *An Agenda for Peace* (A/47/277, S/24111). United Nations, 1992.

Goulding, Marrack. *Peacemonger*. John Murray, 2002.

Magnusson, Anna and Morten B. Pedersen. *A Good Office? Twenty Years of UN Mediation in Myanmar*. IPI, 2012.

Plate, Tom. *Giants of Asia: Conversations with Ban Ki-Moon*. Marshall Cavendish, 2012.

Schlesinger, Stephen C. *Act of Creation*. Westview Press, 2003.

The Permanent Mission of Switzerland to the United Nations. *The PGA Handbook: A practical guide to the United Nations General Assembly*. The Permanent Mission of Switzerland to the United Nations, 2011.

Traub, James. *The Best Intentions—Kofi Annan and the UN in the Era of American World Power*. Picador, 2007.

UNA-USA. *Selecting the Next UN Secretary-General—A Report by the United Nations Association of the United States of America*. UNA-USA, 2006.

United Nations. *Charter of the United Nations and Statute of the International Court of Justice*. United Nations, 1945.

United Nations. *Handbook on the Least Developed Country Category: Inclusion, Graduation and Special Support Measures*. United Nations, 2008.

United Nations. *Provisional Rules of Procedures of the Security Council* (S/96/Rev.7). United Nations, 1982.

United Nations. *Rule of Procedure of the General Assembly* (A/520/Rev.17). United Nations, 2008.

United Nations. *The Blue Helmets—A Review of United Nations Peace-keeping*. United Nations, 1990.

Urquhart, Brian. *Hammarskjold*. Harper & Row, 1972.

Urquhart, Brian. *A Life in Peace and War*. W.W. Norton & Company, 1991.

Williams, Ian. *The UN for Beginners*. Writers and Readers Publishing, 1995.

［和文］

アークハート，ブライアン『炎と砂の中で』（中村恭一訳）　毎日新聞社，1991年

明石康『国際連合』　岩波新書，1975年

綾部恒雄・石井米雄編『もっと知りたいミャンマー』　弘文堂，1994年

緒方貞子『国連からの視点』　朝日イブニングニュース，1980年

カウフマン，ヨハン『国連外交の戦略と戦術』（山下邦明訳）　有斐閣選書R，1980年

国際連合広報局『国際連合の基礎知識』(八森充訳)　世界の動き社，2004年
総合研究開発機構『国連シンポジウム――国際平和のための国連の役割(Vol.6)』　1993年
村田聖明『国連日記』　原書房，1985年
最上敏樹『国連とアメリカ』　岩波新書，2005年
吉川元編『予防外交』　三嶺書房，2000年
ワルトハイム，クルト『世界で最も厄介な仕事』(畔上司訳)　サイマル出版会，1980年